厦门社科丛书

总 编 辑：中共厦门市委宣传部
　　　　　厦门市社会科学界联合会
执行编辑：厦门市社会科学院

编委会

主　　任：吴子东
副 主 任：潘少銮
委　　员：戴志望　温金辉　傅如荣　纪　豪　彭心安
　　　　　陈怀群　吴文祥　陈艺萍　李建发　曾　路
　　　　　洪文建　赵振祥　陈　珍　徐祥清　王玉宗
　　　　　李建钦　陈振明　朱　菁　李　桢

编辑部

主　　编：潘少銮
副 主 编：陈怀群　吴文祥　陈艺萍　王彦龙　李　桢
编　　辑：李文泰

厦门社科丛书
厦门特区建设
40年研究专辑

新时代小区治理创新的
湖里模式

朱仁显 等 —— 著

厦门大学出版社
XIAMEN UNIVERSITY PRESS

国家一级出版社
全国百佳图书出版单位

图书在版编目（CIP）数据

新时代小区治理创新的湖里模式 / 朱仁显等著. --
厦门：厦门大学出版社，2022.10
（厦门社科丛书. 厦门特区建设 40 年研究专辑）
ISBN 978-7-5615-8732-4

Ⅰ．①新… Ⅱ．①朱… Ⅲ．①社区管理－研究－厦门
Ⅳ．①D669.3

中国版本图书馆CIP数据核字(2022)第161380号

出 版 人	郑文礼
责任编辑	章木良

出版发行 厦门大学出版社

社　　址	厦门市软件园二期望海路 39 号
邮政编码	361008
总　　机	0592-2181111　0592-2181406(传真)
营销中心	0592-2184458　0592-2181365
网　　址	http://www.xmupress.com
邮　　箱	xmup@xmupress.com
印　　刷	厦门集大印刷有限公司

开本	720 mm×1 000 mm　1/16
印张	17.25
插页	2
字数	250 千字
版次	2022 年 10 月第 1 版
印次	2022 年 10 月第 1 次印刷
定价	78.00 元

本书如有印装质量问题请直接寄承印厂调换

厦门大学出版社
微信二维码

厦门大学出版社
微博二维码

目　录

导　言

习近平总书记指出，推进改革发展稳定的大量任务在基层，推动党和国家各项政策落地的责任主体在基层，推进国家治理体系和治理能力现代化的基础性工作也在基层。党的工作最坚实的力量支撑在基层，经济社会发展和民生最突出的矛盾和问题也在基层。社会治理的重点在基层，难点也在基层。基层是一切工作的落脚点，社会治理的重心必须落实到城乡、社区。要提高社会治理社会化、法治化、智能化、专业化水平，就要更加注重在细微处下功夫、见成效。要坚持以人民为中心的发展思想，坚持共建共治共享，坚持重心下移、力量下沉，着力解决好人民群众关心的就业、教育、医疗、养老等突出问题，不断提高基本公共服务水平和质量，让群众有更多获得感、幸福感、安全感。这些论述是以人民为中心的发展思想在社会治理领域的重要体现，关系人民幸福安康、社会和谐稳定、国家长治久安，为完善基层社会治理制度体系提供了根本遵循，是我们不断探索创新基层社会治理新模式、推进基层社会治理体系建设和治理能力现代化的根本坐标。

多年来，为了更好地落实习近平总书记关于社会治理方面的重要论述，大力弘扬习总书记在厦门工作期间留下的宝贵精神财富，将"远亲不如近邻"的优秀传统文化有机融入党建引领小区治理之中，激活小区治理全细胞，夯实党在城市中的执政根基，打通社会治理最末端，解决城市基层社会治理的痛点与难点问题，湖里区委、区政府领导以人民

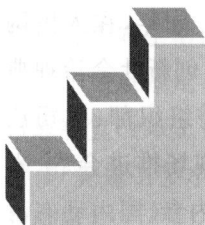

第一章
从社区到小区：
基层治理场域的转换

　　改革开放初期，我国城市政府行政管理大都停留在街道层面，政府与居民并没有直接连接在一起。20世纪90年代以来，民政部倡导城市社区建设，主张以社区为单位进行城市基层社会管理，社区就成了政府基层社会治理的微观场域，也成为城市居民参与基层自治的试验场。但实际上，在社区和居民之间还横亘着小区，这是基层治理的真空地带，也往往被人们所忽视。湖里区小区治理创新的重要方面是将基层社会治理的场域从社区进一步迁移到更加微观、星罗棋布的小区，不仅在空间上更贴近居民，也拉近了党和政府与居民的距离，更好地体现了以人民为中心的发展理念。基层社会治理场域从社区迁移到小区既是社会治理的客观要求，也是湖里区党建引领小区治理的第一个创新。

一、小区治理场域转换的缘起

　　厦门市湖里区成立于1987年11月，是厦门经济特区的发祥地，同时也是改革开放的前沿阵地，位于厦门岛北部，"八山横贯两水，三面海域环抱"，与金门岛隔海相望。全区陆地面积72.26平方公里，占厦门本岛面积的48%，辖有5个街道、57个社区、442个小区。截至2021年

12月,区总人口103.7万人,常住人口102.5万人,流动人口793436人。① 改革开放40多年来,湖里区在经济领域取得了耀眼的成绩,近年来也深耕基层社会治理,尤其在小区治理方面大胆探索,不断创新,让曾经困扰重重的小区问题得到有效解决,小区环境美化了,楼道干净了,停车有序了,居民心齐了,家园焕发出勃勃生机与活力,实现了华丽转身。湖里区小区治理的创新探索,不仅凝聚着区委、区政府对国家治理现代化的宏观领悟和创造性落实,也汇聚了国内外基层社会治理的成功经验,更体现了以人民为中心、服务人民的理念和情怀。

(一)从社区到小区:落实中央基层治理现代化部署的必然要求

从政治层面来看,党建引领小区治理创新是湖里区进一步落实中央关于社区治理的战略部署,推进基层治理现代化的应有之义。习近平总书记提出社会治理现代化的概念,强调基层治理是国家治理的基石,基层治理现代化程度直接影响国家治理现代化水平;还提出要加强社区治理体系建设,推动社会治理重心向基层下移,发挥社会组织作用,实现政府治理和社会调节、居民自治良性互动。党的十九大报告提出要加强社会治理制度建设,完善"党委领导、政府负责、社会协同、公众参与、法治保障"的社会治理体制,提高社会治理社会化、法治化、智能化、专业化水平。同时,将"创新社会治理体制"细化为"打造共建共治共享的社会治理新格局",并具体提出了社区治理的要求,即"加强社区治理体系建设,推动社会治理重心向基层下移,发挥社会组织作用,实现政府治理和社会调节、居民自治良性互动"。2021年4月28日,

---

① 本书数据均来自湖里区小区办提供的翔实材料。社区、小区、党组织等方面的数据随时间变化而有变化,本书在具体论述时的时间节点不同,故数据会有不同。截至2021年12月,湖里区共有57个社区、2个筹备组、442个小区、365个小区党支部。

中共中央、国务院在《关于加强基层治理体系和治理能力现代化建设的意见》中再次强调:"基层治理是国家治理的基石,统筹推进乡镇(街道)和城乡社区治理,是实现国家治理体系和治理能力现代化的基础工程。"

从学理来讲,社区作为一个区域性小型社会,是一定地域范围内存在某种社会关系的人们组成的生活共同体,承载着连接群体与个体社会属性的功能。20世纪90年代以来,民政部倡导在城市基层开展社区建设,主张以社区为单位进行城市基层社会管理和社会整合。因此,一直以来城市社区既是居民参与基层自治的试验场,也是开展社会治理最微观的场域,弥合了国家和基层社会之间的真空地带。

随着城市化进程的加快,各类住宅小区如雨后春笋般出现,成为城市板块中的重要结构单元,给社区基层治理带来了新的挑战。一方面,密集的住宅小区改变了城市的物理形态,导致了大型甚至超大型社区的出现,基层社区的治理容量不断扩大。截至2020年底,湖里区最大的湖里街道下辖18个社区,198个小区,3个城中村,平均每个社区下辖11个小区,社区的治理压力陡然加大。另一方面,随着城市建设向纵深发展,社区内小区类型趋于多样化,管理样态日益复杂,基层治理难度日益增大。湖里区作为厦门特区发祥地,建成早,发展快,区内老旧小区多,约占全区小区的2/5,治理的"老大难"问题多;同时区内住宅小区既有生活配套齐全、物业管理到位的成熟小区,也有基础设施陈旧老化、配套服务缺失的"双无小区"(无物业管理、无业委会的小区),各小区面临的治理难题不尽相同,但之前的社区治理却相对简单划一,存在"一刀切"管理问题。

面对社会治理的新形势和新挑战,湖里区委、区政府为了进一步落实国家关于基层社会治理的战略部署,开拓基层社会治理空间,及时将治理场域从社区进一步迁移转换到小区,同时创造性地提出"支部建在小区上",开启了以党建引领小区治理的崭新探索。"支部建在小区上"的创新之举整合各种内外治理要素和治理资源,将原来分散的、原子化的小区居民组织起来，强化了居民的共识，调动了居民参与小区公共事务的积极性，也激活了社会资源，有效地协调了小区内外部关系，化解了小区内部各种矛盾冲突，推动湖里区逐步迈向共建共治共享的城市小区治理新格局。

（二）从社区党委到小区支部：创新党建引领社会治理的理性选择

基层党组织是党执政的组织基础，是党密切联系群众、发动群众的中间桥梁，直接关系到党的路线方针政策的贯彻与落实。加强基层党组织建设既是厚植党的群众基础、巩固党的执政地位的根本保证，也是更好地发挥党建引领社会治理作用的重要途径。

改革开放以来，我国社会利益主体逐渐多元化，人口流动性增强，社会整合机制弱化，社会结构发生深刻变化。在这种背景下，新时代的基层党建工作呈现出多样性、复杂性和综合性，传统"全能性"的治理思维已经不适应当前社会发展，社会治理形势对党的建设提出了新要求。面对新时代、新形势、新问题、新局面，党需要将基层党组织的建设与国家、社会建设发展的战略需求紧密结合。[①] 为了加强党的基层组织建设，巩固其领导地位，使之更好地承担起新时代的伟大历史使命，需要发挥党建在社会治理中的引领作用，将党的政治优势、组织优势和制度优势转化为治理效能，落地基层，在服务群众中凝聚人心，整合社会，全面强化基层党组织的战斗堡垒作用，以新的方式推进基层治理现代化。

据统计，截至 2021 年 12 月，湖里区 55 个社区党委（总支）共有 365 个小区党支部，党组织架构相对完善。但总体来看，依旧存在着一些管理漏洞，需要进一步调整党建思路。从党组织的覆盖面来看，和全国各

---

① 韩福国."开放式党建"：基于群众路线与协商民主的融合[J].中共浙江省委党校学报,2013,29(4):31-38.

地大致相同,之前湖里区的基层党建主要停留在社区一级,在小区内多按照党员在职情况、组织关系转接顺序等方式,根据需求相应设立小区党支部或联合党支部,但这种管理方式往往挂一漏万,难以对居住在社区内的所有在职党员、离退休党员进行有效管理。从党建工作的覆盖面来看,社区党建不仅涉及"党"的建设,还关涉社区事务的方方面面,基本包罗了社区管理和服务工作的所有事务,自然也包含了对小区事务的有效治理。① 湖里区传统的以社区为单位进行党建的方式,与基层治理机制并未完全兼容,党建工作实际上与基层治理需求有所脱节。② 从基层党组织的效能来看,由于社区资源有限,而需要管理的事务多而繁杂,难以调拨人手对小区历史遗留问题和发展中的顽症进行综合治理,也难以破解小区内自治组织步调不一、各自为政、软弱涣散的乱象。由此,很多问题就在小区滋生、延伸,甚至扩散出来。这些治理乱象源自基层治理失调,本质上是基础不牢的问题。在湖里区,很多小区党的领导薄弱,有些小区甚至没有建立党支部,党组织的缺位是造成小区乱象最重要的根源。不论是出于巩固党的领导,还是治理小区乱象的需要,都必须把治理重心下移,将党的领导延伸到小区去,从小区治理抓起、把小区问题解决好,从源头上消除乱象,这样才能做到固本强基。

总之,湖里区迫切需要通过完善社区党建架构、加强小区党建工作,让党的基层组织进一步压实做细,使党在治理末梢继续占据核心主导地位,从而建构起能够将原子化个体重新有序地纳入治理结构中的新体制,③实现党组织与小区自治组织的有效沟通与衔接、党的意志向社会完整准确的传达,厚植党的群众基础,夯实党的执政根基。

---

① 董万云.关于和龙市社区党建工作创新的几点思考[J].延边党校学报,2011,26(6):43-45.

② 贺先平.城市社区党组织建设与党在城市基层执政地位的巩固:对广西城市社区党组织建设的调查与研究[J].广西社会科学,2011(5):9-15.

③ 袁方成.国家治理与社会成长:城市社区治理的中国情景[J].南京社会科学,2019(8):55-63.

（三）从管理到服务：因应基层治理精准化的现实要求

按照马斯洛（A. H. Maslow）的需求层次理论，居民在物质生活得到满足后，就会转而追求更高的生活品质、更多样的生活方式以及个人价值的实现，精神文化需求取代物质生活追求成为主导性需求。随着需求层次的升级，居民对公共服务供给和社会治理水平的期待也会随之上升。在以往"行政管理"的模式下，城市基层治理资源由区政府职能部门统一规划，之后向街道、社区下放，由于管理链条长，难以及时满足居民对小区公共服务的多样化、差异性需求。同时，各行各业、形形色色的人共同生活在小区，对美好生活的需要呈现出多元多样多层次的特点，所以在公共服务、管理、安全、环境等方面的要求上众口难调，矛盾丛生。这些问题对传统的社区治理格局提出了挑战，基层治理亟须创新方式，以满足新的需求、应对新的挑战。

湖里区历史悠久，社区治理水平、治理能力一直处于厦门前列，但由于建成早，发展快，区内老旧小区多，外来人口多，治理难度大，各下辖街道、社区或多或少面临着基层公共服务供给能力不足，难以满足居民的美好生活需要的现实困境。这些困境具体表现为：其一，公共服务供给方式陈旧，街道、社区等传统治理单元尚未及时调整治理手段，服务能力呈现整体性不足；其二，社区公共服务针对性不强，不能完全根据小区性质把握小区治理的关键性主体；其三，公共服务供求矛盾尖锐，社区的服务导向与居民需求不能完全匹配，大部分民生亟须的服务尚未提供，某些小区缺少改善人文环境的服务；其四，公共服务制度供给短缺，作为最小治理单元的小区治理组织缺位，难以与街道、社区等传统治理单元对接服务资源，实现政府对小区的精准化、精细化服务。

为了解决上述问题，进一步完善公共服务组织体系，拓宽公共服务供给渠道，湖里区需要在现有的治理基础上将治理末梢进一步延伸进小区，以居民需求为导向，改变服务资源供给方式，把群众对美好生活的向往回应到"家门口",实现小区居民足不出户享受各类公共服务,着力提升广大业主的获得感、幸福感、认同感。

(四)从群龙无首到多元共治:提升社会治理绩效的客观需要

小区是城市的细胞,也是基层社会治理发生的最终场域。在城市化快速发展进程中,小区作为居民生活的基本场所,作为城市治理体系的末梢单元,越来越成为城市基层治理的重要领域,小区居民聚集、需求多元、事务繁多、矛盾频发,加强小区治理迫在眉睫。当前,由于城市发展,湖里区社区中的居民小区越来越多,平均每个社区 1~2 平方公里,一般辖区内有小区 5~12 个,总人口数从几千至几万人不等,社区党组织的现行组织架构、工作模式,已经难以对人口众多、素质不一、需求各异的社区居民实施高效顺畅的集中领导,导致社区治理对小区的覆盖空白较多,一些小区处于低级自治状态。从 20 世纪 90 年代开始,湖里区的小区治理便由政府主导向群众自治转变,虽然在一定程度上尊重了业主的主体性,但由于单一管理维度带来的组织失灵、治理失范、主体间关系失调等问题,小区治理容易陷入"群龙无首"的失序困境。

一是"集体行动困境"带来组织失灵。美国经济学家曼瑟尔·奥尔森(Mancur Olson)提出,"除非一个集团中的人数很少,存在强制或其他某些特殊手段促使个人按照他们的共同利益行动,理性的、自利的个人将不会采取行动以实现他们共同的或集团的利益"①。这就是所谓的"集体行动困境"。"集体行动困境"揭示了个人理性与集体理性之间的内在冲突,人人都想尽可能地避免承担集体行动的成本,而又试图分

---

① [美]曼瑟尔·奥尔森.集体行动的逻辑[M].陈郁,郭宇峰,李崇斯,译.北京:生活·读书·新知三联书店,1995:2.

享由他人提供的集体收益。由于每个集体成员都想成为搭便车者，"集体行动困境"就会出现。在以往湖里区的小区治理中，业主作为松散的个体，自治意识不强，很难被充分动员参与小区公共事务的治理，因此也难以形成集中的利益表达，这直接导致了小区业主委员会的运行不畅，亦即"组织失灵"。组织失灵使得业主委员会的功能发挥极易受阻，物业公司缺少外部监督，不作为情况更为明显，小区治理陷入困境。

二是"零和博弈"导致治理失范。在小区治理过程中，物业公司、开发商、业主各自追求的目标不一致，作为维护自身利益的"理性经济人"，三方容易陷入"零和博弈"的陷阱。其根本逻辑是，小区业主希望物有所值，期待开发商和物业公司能够提供与物业价格相匹配的房屋设施设备和服务水平，但物业公司和开发商出于追求商业利润的目的，总是倾向于减少投入，争取利益最大化。这样的博弈模式最终导致小区管理无序，小区业主的权益得不到保障。湖里区许多商业小区的业主与开发商、物业公司都存在着较为尖锐的矛盾纠纷。业主和开发商之间的矛盾主要表现为开发商不完全兑现承诺，对小区规划不清，建设遗留问题大等一系列后续问题，如延迟交房、停车位规划不足、基础设施不全、配套设施不完善等。这些遗留问题往往导致部分小区维权需求突出，业主经常上访，成为远近闻名的"问题小区"，小区治理乱象难以破解。而业主与物业公司的矛盾一般是由物业公司不作为，在保安、保洁、绿化、房屋及设施设备维修养护、车辆管理等日常管理服务上不到位引起的，长期的治理失范导致双方矛盾激化，形成小区物业费难收缴、公共环境"脏乱差"等问题，小区治理陷入恶性循环。

三是"公地悲剧"引起小区失序。"公地悲剧"是小区内常出现的状况。所谓"公地悲剧"，指的是由于公共资源的有限性，自由不受限制的使用最终会导致公共资源被过度消费，进而损害公共福利。湖里区小区中的"公地悲剧"形式多样，如随意占用公共资源、高空抛物、养犬等易引发邻里生活矛盾的问题。具体如：某些业主将公共绿地、公共架空层占为私有；在楼道随意堆放杂物，阻碍正常通行，占用消防通道；随意停放车辆,导致小区居民出行困难;某些高层业主素质不高,随意高空抛物,危害小区出行安全;某些业主饲养宠物犬又缺乏公心,对巨型犬管理不善、任由犬吠扰民、任由宠物犬随地便溺,导致小区公共环境恶化、邻里矛盾频发,等等。"公地悲剧"的化解,需要调动居民的公共精神,这就需要一个组织在其中扮演润滑剂和组织者的角色。在湖里区小区治理的实践中,小区党支部就是公共精神的培育者,居民参与公共服务的引导者。

四是公共精神缺乏导致居民参与不足。与农村社区的"熟人"环境不同,现代化的城市社区由于缺乏血缘基础,且多属于新建社区,居民的流动性、疏离感较强,从而形成了"陌生人"的社会环境。生活在"陌生人"环境中的小区居民,相互之间的互动较少,更不容易合作,对小区缺乏归属感,进而导致参与不足,小区管理效能低下。这主要表现为以下两个方面:一方面,业主缺乏参与小区治理的积极性,参与率低。小区治理本质上需要回归到住户的需求与意见,透过居民的主动性参与来达成有效治理。[①] 小区居民作为小区治理的重要主体,应当活跃于小区治理的全过程。但是,由于主客观方面的原因,居民参与小区治理的积极性和主动性还比较弱,大多数的小区居民未能参与到小区治理之中。在参与人数和参与人员结构方面,相当多的年轻住户、外来租户等群体由于工作时间、认同感等主客观原因,未积极参与到小区治理活动中,热心参与小区治理活动的主要是一些老年人,尤其是一部分老年妇女。许多居民对小区的责任意识没有觉醒,尚未意识到自己是小区治理的主体,有的业主甚至认为小区治理与自己无关,完全是居委会的责任,应该由政府主导治理。另一方面,小区居民参与城市社区治理的深度与广度有限,参与效果欠佳。从治理来看,受到社区管理体制滞后、小区居民参与机制不完善、小区内部分居民素质不高等主客观因素

---

① 赵永茂,曾瑞佳.区级小区治理中跨部门伙伴关系之研究:以台北市北投区为例[J].南开学报(哲学社会科学版),2013(2):10-22.

的影响，小区居民很少参与小区的自治组织选举，小区公共事务的协商活动也难以开展，居民对小区公共事务的决策权缺乏保障，小区居民参与治理的深度不足；从公共服务来看，由于社区的文体娱乐资源尚未下沉，小区大型文化、体育活动较少，更不用说广泛动员居民参与了，因而居民参与治理的广度不足。

我们翻阅有关小区治理的文献资料，在一份材料中找到一组非常能说明开展"小区党建"这项工作必要性的数据：湖里区某街道，针对小区治理的群众信访量超过全街道信访量的60％。长期以来，由于小区党组织覆盖不到位、相关制度不健全等原因，部分业委会和物业公司不作为或乱作为，小区成为矛盾纠纷的集中地和多发地，小区乱象没人制止，小区没人管，"脏乱差"等问题成堆，老百姓意见很大，认为政府不作为，影响党和政府的形象。因此，湖里区基层治理亟须打破多元主体"零和博弈"的僵局，破解小区治理组织缺位、群龙无首的难题，突破小区集体行动的困境，激活小区内部的治理资源，建构起"社区党组织—小区党支部—小区业主委员会—小区物业公司"的多元治理体系。

中央基层治理现代化的部署、传统社区党建的困境、小区居民对美好生活的呼唤、小区治理面临的困难等表明基层社会治理亟须变革，正是在这样的情境下，湖里区党建引领小区治理的创新性改革应运而生。湖里区委、区政府高度重视小区治理工作，经过深入调研和试点探索，在广泛听取部门、街道、社区、社会各方意见基础上，形成了"1＋4＋N"的小区治理框架，小区治理被纳入区五大重点工作，成为区委书记、街道书记、社区书记、小区书记四级都要抓的"书记"工程。

二、小区治理场域转换的轨迹

作为对转型期基层治理种种困境的回应，湖里区开始探索"支部建在小区上"的治理模式,尝试推动社区治理体系建设向居民小区延伸,打造共建共治共享的小区治理体系。从 2017 年开始,小区治理创新探索历经以下三个阶段:

(一)因应需求,自主探索(2017 年 4 月前)

这一阶段是湖里区小区治理创新的萌发期。湖里区内一些小区由于治理矛盾尖锐,开始尝试以小区为单位进行群众自治,探索建立小区自治组织,破解小区治理难题。

达嘉馨园小区就是其中的先行者。达嘉馨园小区地处厦门市湖里区金山街道,建成于 2007 年,系成功大道南段建设拆迁安置房,小区房屋空间小,建筑质量差,建筑功能欠缺,是一个"先天不足"的小区。长期以来,小区居民与物业矛盾重重,不满情绪深重。2010 年,现任小区党支部书记、业主委员会主任张朝麟主动站出来,带领小区党员队伍,发挥先锋模范作用,从解决小区居民的生活难题入手,着力改变小区面貌。在金山社区的指导下,达嘉馨园小区自 2010 年起先后成立了小区党支部、业主委员会、老年协会,形成党支部、业主委员会、老年协会、物业公司共议共管的协同自治模式,实行党支部书记与业主委员会主任"一肩挑",充分发挥党支部的核心引领作用,实现党支部对小区主要管理工作的介入、融合与指导。达嘉馨园小区党支部成立之后,充分发挥了基层党组织的战斗堡垒作用和党员的先锋模范作用,在协调小区内各主体的基础上,实现了小区治理工作的有序推进,极大改善了小区的生活环境,营造出良好的小区生活氛围。

达嘉馨园小区的成功经验引起了湖里区委、区政府的重视。2016 年 8 月开始,湖里区领导就解决小区党组织缺位、小区矛盾纠纷多发等问题数十次下小区调研,在广泛征求各方面意见建议,总结达嘉馨园等小区治理成功经验的基础上,深切地认识到:小区治理乱象的根源在于缺乏小区党组织这一坚强领导核心,只有建强小区党组织,才能为城市基层治理提供坚强有力的组织保证，从而初步形成了"支部建在小区上"的工作思路。

（二）试点培育，顶层设计（2017 年 4—11 月）

2017 年 4—11 月，湖里区小区治理进入启动阶段，主要是深入调研，加强顶层设计，将党建引领小区治理纳入城市基层党建工作，指导湖里区试点探索并向全市推广经验。湖里区委、区政府总结达嘉馨园小区等先行者的党建经验，精确选择试点单位，在不同性质的小区内广泛开展"业委会＋党建"模式的探索；在政策上，湖里区委、区政府强化小区治理的顶层设计，探索完善小区治理相关配套方案。11 月在厦门召开全省城市基层党建工作经验交流座谈会，湖里区党建引领小区治理成为会议突出亮点。

2017 年 7 月 19 日，中共中央组织部专门在上海召开了全国城市基层党建工作经验交流座谈会，明确要以街道社区党组织为核心，有机联结单位、行业及各领域党组织，实现组织共建、资源共享、体制完善、机制衔接、功能优化的系统建设和整体建设，要求大力推进党的基层组织设置和活动方式创新，切实加强党对城乡社区治理的领导，将党建引领基层治理纳入城市基层党建工作系统工程，努力构建城市基层党建工作新局面。在这样一个大背景下，湖里区提出了"小区党建"的工作思路，以党建为纽带，把各领域、各行业的资源下沉运用到小区治理中。

2017 年 4 月，湖里区委、区政府在综合社区资源、小区性质的基础上，选定 5 个街道 13 个住宅小区进行"业委会＋党建"的试点工作。4 月 23 日，13 个试点小区之一的禾山街道翰林苑小区率先换届成立新一届业主委员会，同时正式挂牌成立小区党支部，标志着湖里区开启了把党支部建在小区上，以党建引领小区治理创新的全新探索。从此，小区党建的星星之火开始在湖里区点燃。

与此同时，湖里区委、区政府开始摸索小区治理的制度化之路，着手完善顶层设计。根据中共中央、国务院关于《关于加强和完善城乡社区治理的意见》和省市相关文件的精神,在结合湖里区区情的基础上,2017 年 7 月,区委正式印发了《关于加强城市居民小区党支部建设的指导意见(试行)》(以下简称《意见》)、《关于组织机关和区属企事业单位在职党员到本人居住小区报到服务的通知》两份文件,在全区全面推行、规范推进小区党建工作。《意见》是湖里区小区治理工作的基础性文件,为新时代湖里区小区治理创新工作提供了基本架构,彰显了湖里区委以小区为基本治理单元、打通基层治理最末端、提升自身治理能力的决心。《意见》明确了湖里区小区治理工作的指导思想、工作目标和基本原则,指出了小区治理的主要工作是要激发小区自治主体的内生动力,联合政府部门、社会组织等多重外力,内外联动,凝聚起小区治理的强大合力,推动湖里区小区治理创新向纵深发展。《意见》还提出了小区治理的若干保障措施。同时,湖里区委、区政府相继出台关于物业管理、小区业主委员会建设、社区管理体制改革、小区党支部建设的一系列暂行办法和指导意见,形成了关于小区治理的四个重点框架性文件,改革了社区管理体制中不适合小区治理创新的部分机制,界定了小区党支部、业委会、物业三大主体的行动边界,初步建构了小区治理"三驾马车"并驾齐驱的治理体系。

(三)全面推广,统筹建设(2017 年 11 月至 2021 年 12 月)

2017 年 11 月至 2021 年 12 月,属于全面推进阶段,主要是落实全国组织工作会议精神和全国基层党建工作重点任务推进会精神,将党建引领小区治理作为基层治理创新的突破口。这一阶段的主要任务是全面总结试点经验与教训,在全区统筹普及小区党支部的建设,全面支持小区党建平台配套建设,提升小区党支部书记理论水平和政治素养,连接特性各异的小区资源,着力打造共建共治共享的小区治理格局,实现党领导下政府治理、社会调节、居民自治的良性互动。

2018年，湖里区委、区政府陆续出台了系列文件，相关职能部门结合各自工作职责，积极参与小区治理，先后出台了14个有关小区治理的配套规范性文件，从多个层面进一步细化丰富了小区治理创新的实施路径，明确了各职能部门的职责分工，初步建立起责任清晰、分工明确的部门协同工作机制。由此，湖里区形成了"1＋4＋N"的小区治理制度框架，在明确小区党支部在小区治理中领导核心作用的同时，也对小区治理的主体建设、管理体制改革等领域进行了全面统筹。

在湖里区委的正确领导下，湖里区党建引领小区治理创新成果斐然。截至2021年12月，湖里区全区已成立365个小区党支部、近900个楼栋党小组，建成120多个集办公、议事和服务为一体的小区党建阵地，在实现小区党支部对小区居民全面引导的同时，也提升了党组织建设的整体水平。全区除了65％的小区成立业主委员会外，还成立34个业主监督委员会、41个小区共建理事会，业主监督委员会实施财务公开、事务公开，对物业公司履职情况进行督查，成为小区内部运行机制的"监督者"，小区治理体系粗具雏形。全区共连接492家驻区单位，与小区党支部签订共建协议，配套小区基础设施、公共空间建设，累计投入近千万元帮助改善小区生活环境，形成了"党员同管、活动同办、资源共享"的大党建工作格局。全区推行"在职党员到居住小区报到"制度、"在职党员参与小区党员志愿服务队"制度，成效显著，5000余名在职党员主动到所住小区党支部"亮身份"，创新"党员网上服务超市"等平台，建立465支"党员志愿服务队"，将党员的先锋模范作用转换为助推小区建设的内生动力，切实为小区居民办实事。

同时，湖里区委进一步深化党建对小区治理的引领作用，加大力度推进小区党支部与业主委员会深度融合，将更多的目光聚焦在破解小区群众关心的大事急事难事上，大力推动资源服务下沉，在小区深入开展小区秘书、小区医生、小区调解员、小区警察、小区律师等精准化、精细化服务。截至2021年2月，湖里区全区共选派339名社区工作人员担任小区秘书，配套小区党支部管理，常态化服务小区居民；共选聘小区警察100多名、小区教师200多名、小区调解员近1200名、小区医生200多名、小区律师160多名,协助业主委员会等小区群众组织一同解决各种矛盾纠纷4000余起,真正做到"矛盾纠纷不出小区"。随着联系群众、服务群众的"最后一百米"被打通,长期以来困扰湖里区小区的环境"脏乱差"、设施损坏老旧、车辆乱停乱放、邻里纠纷频发等突出问题得到较好解决,小区面貌焕然一新,群众获得感、幸福感、安全感不断攀升。

多年来湖里区委、区政府认真贯彻落实党中央国家治理现代化和打造共建共治共享社会治理新格局的战略部署,按照"总体部署、试点先行、稳妥推进、梯次展开、全面推行"的工作思路,在总结社区治理创新经验基础上,向中心聚焦、为大局聚力,将目光投向了小区这个城市的最基本细胞,在探索中前进,在前进中探索,创造性地提出"党建引领小区治理"的模式,开拓了城市基层社会治理的新路径。以基层党建为引领,围绕夯基垒石、改善环境、扩大参与、健全服务、优化管理、化解矛盾、促进社会转型,做了大量工作,呈现出专业化、职业化、精细化高位推进的整体态势,形成了独具湖里特色的治理模式和治理经验。以"小区"为单位搭建起基层社会治理有效运行架构的尝试,不仅激发了社会的自治活力,还为基层党建找到了扎根的场域,激活了基层党组织的生命力。特别是通过坚持问题导向的工作法,全面推行"支部建在小区上"和"党支部与业委会深度融合",充分发挥小区党支部的战斗堡垒作用和党员的先锋模范作用,夯实了党的执政根基,打通了社区治理"最后一百米",小区旧貌换新颜,群众认同感、获得感和参与感进一步增强。小区党建工作得到了省市领导和相关部门的高度肯定,厦门市、福建省也相继出台了党建引领小区治理的实施意见,在全市、全省范围推广湖里做法。新华社内参《国内动态清样》《人民日报》《学习时报》《法制日报》《中国组织人事报》、人民网、中央电视台等国家级、地方级重要媒体相继做出专题报道,小区党建已然成为湖里的一个亮丽品牌,成为基层治理创新的一道独特风景,走出厦门、福建,走上了全国的舞台。

三、小区治理场域转换的意义

与传统的基层社会治理将社区作为最微观的治理场域不同，湖里模式聚焦小区这个社会的基本组成单元，将小区治理作为新时期基层社会治理的重要内容和主要抓手，深耕小区治理，致力于夯实国家治理的微观基础，激活社会治理的活力源泉，服务广大小区居民，是基层社会治理模式的创新探索，别具意义。

（一）开拓了基层社会治理的疆域

近几年，探讨城市基层治理模式的文章层出不穷，各地也不断创新基层治理模式和路径。综观当前国内各类具有代表性的城市基层治理实践，可以将其概括为政府主导、市场主导、社会自治、专家参与和党建引领等五种模式。其中，北京"街乡吹哨、部门报到"的社区治理创新，是典型的政府主导模式；深圳的桃源居社区等地的社区治理中，市场力量和市场机制发挥了关键作用；在无锡的太湖国际社区等，社区居民自发组织起来参与社区治理，社区自组织的特征十分突出；上海浦东塘桥街道等社区治理中，许多专家学者的参与起到了引领社区发展、推动社区治理创新的重要作用；湖南省长沙县的"三五新模式"、江苏苏州平江新城的"五位一体"模式、上海的"徐汇范式"，则以基层党组织为领导核心，充分发挥党组织统筹全局、协调各方的治理核心作用，形成多元共治格局。这些模式各具特色，在实践中成效颇为显著，在促进基层治理体系和治理能力现代化方面作用明显。

统而观之不难发现，不论是学理层面的探讨，还是实践层面的操作，城市基层治理都基本以国家、社会、公民等治理参与者的互动合作为主要路径来探求社区治理的良性发展道路,形成了社区治理的"政府—市场—社会"三元"合作—共治"模式。该模式以社区为覆盖面,以为社区居民提供公共服务为主要内容,是一种"大社区"治理模式。然而随着我国市场经济的发展和城市住房制度的改革,越来越多的城市居民正在实现从"单位人"到"社会人"即业主这一崭新的角色转型。与此同时,我国城市规划和人口居住方式也在发生着改变,超大城市和超大社区也如雨后春笋般涌现。在城市中,"一个社区居委会对应服务多个小区"的社区治理情境司空见惯,由于各个小区的人员组成、建成时间、地理位置、设施配备等基本情况不同,社区居委会、社区服务站需要针对不同小区提供不同性质与类型的服务,这无疑增加了基层治理的困难。[①] 如何因地制宜、灵活多样做实做细做好基层治理,无疑是一个新的课题、新的挑战。有鉴于此,湖里区将治理阵地前移至小区,把小区作为城市基层治理的真正微观单元和培育社区自组织力量的基本场域,[②]开创了与国内其他地区"大社区"治理模式不同的城市基层治理道路,成为新时期基层社会治理的一个亮点。

实践中,湖里区将小区作为一个微治理单元与推进国家治理体系和治理能力现代化的试验场,突破以往"大社区"的治理模式,在各级政府部门与社区的指导下,以小区党支部为治理核心,推动小区建立业主委员会、共建理事会、老人协会等社区自组织,引入物业作为第三方市场主体进行产权监管,带领小区居民自我服务、自我管理、自我教育、自我监督,实现有效的小区治理。湖里区的小区治理,拓宽了一般意义上的社区治理范围,将小区作为基层治理的最前沿阵地,通过构建制度化的小区治理机制,推动治理资源下沉,鼓励和支持市场主体、社会主体参与,实现政府治理和社会调节、居民自治良性互动,真正实现了公共

---

① 徐勇.中国农村村民自治[M].武汉:华中师范大学出版社,1997:225.

② 杨骝.从"社区治理"到"小区治理":反思当下社区治理的"合作—共治"模式之一[J].常州工学院学报(社科版),2015(5):94-97.

利益的最大化，切实做到了社会协同、公众参与、共同发展。

（二）夯实了国家治理的基石

对国家而言，小区治理是国家治理的重要基石。加强基层社会治理，是国家治理体系和治理能力现代化的重要内容，而小区则是基层社会最基础的公共场域，是基层社会治理的起点。小区既是人们的生产生活空间，人们的衣食住行、生老病死、文化娱乐等大都发生在这里；也是社会治理的基础单元，城乡不同的群体、利益多元的各个阶层、多样化的公共服务需求交织在这里。小区已然成为人们居家生活、公共服务的最基础平台，成为社会交往、利益关联的最前沿阵地，成为社会问题和社会矛盾预防化解的最源头防线。这也导致了小区治理具有直接面对群众、事务琐碎复杂甚至艰巨繁重等特点。传统的以大社区为基础的社会治理模式很难适应当前小区公共事务的复杂性特征，只有将小区纳入基层治理的视野和重要组成部分，才能有效化解小区治理的难题。而加强小区治理能够为人民群众生存和发展创造出既有秩序又有活力的基础运作条件和生活环境，能够拉近党群干群关系，把人民群众和党、国家团结在一起。小区治理的质量和效率越高，居民的幸福感就越强，人民对于党和政府各方面的工作满意度就越高，国家治理的根基就越稳定。

（三）优化了基层社会治理

对社会而言，小区治理是社会的活力源泉。2021年正是国家"十四五"规划的开局之年，厦门市发布"十四五"规划及2035年远景目标纲要，提出到2035年，建成国际航运中心、国际贸易中心、国际旅游会展中心、区域创新中心、区域金融中心和金砖国家新工业革命伙伴关系创新基地等"五中心一基地"，实现治理体系和治理能力现代化，充分保障人民平等参与、平等发展权利,全面建成法治厦门、法治政府、法治社会,市民素质、人居环境、城市品质和社会文明程度全面提升,乡村振兴取得新成效,人的全面发展、人民共同富裕基本实现,人民生活更加美好。而这一系列目标的实现都必须依赖强有力的基层作为支撑,各项政策和措施的实施都需要在基层落地。开展小区治理,有助于全面贯彻厦门"十四五"规划和2035年远景目标的各项部署,推动各项具体任务的有效落实;有助于激活基层动力活力,发挥人民群众的智慧,引导小区居民参与文明城市、乡村振兴、生态文明、爱心厦门、智慧厦门建设,提炼和弘扬"厦门精神",为厦门社会治理注入活力,从而加快更高水平的高素质高颜值现代化国际化城市建设。

(四)提升了基层社会治理绩效

对个人而言,小区治理是居民获得感和幸福感的保证。当前城市社区内部的异质性进一步扩大,导致社区内难以形成共同的利益基础,其结果就是社区陷入了"集体行动困境""零和博弈""公地悲剧"的问题当中,基层治理失序、失效,居民的获得感和幸福感显著削弱。而在小区层面,在由业委会、物业公司、居委会等多元主体组成的治理体系中,治理主体的功能失灵、角色缺位以及彼此关系松散与失衡的情形也是屡见不鲜,小区难以实现善治,反而时常陷入失序状态。[①] 湖里区将城市基层治理的具体场域从社区进一步下探到小区,强化小区的治理能力和服务能力,有助于推动小区治理失序困局的解决。一方面,在小区层面开展源头治理,积极对本小区居民需求进行调查,对小区的工作情况做前瞻性预测,对影响小区秩序的潜在问题做出快速反应,从长远的眼光出发,用最优的办法解决;善于顺应社会治理环境复杂化的趋势,

---

① 田先红,张庆贺.再造秩序:"元治理"视角下城市住宅小区的多元治理之道[J].社会科学,2020(10):94-106.

应用大数据等智能化技术提升小区治理的可预见性，变被动应对为主动预防，创新治理模式。另一方面，强化小区服务供给，推行"三张清单"（需求清单、资源清单、项目清单）机制，全面、精确、实时掌握居民的需求信息动态，及时、高效、针对性地加以处理，提升小区治理集约化和精细化水平，营造温馨和谐的小区氛围，提高居民的获得感和幸福感。

总而言之，小区治理是国家治理在基层的创新发展，相比较传统的社区，形式上只是治理场域的改变，但实质上是一次制度创新。[①] 湖里区基层治理的小区路径，让基层治理直达城市末梢，填补了国家治理的真空地带，激活了社会治理与发展的活力，切实有效满足了居民日益增长的服务需求，提升了居民的获得感和幸福感，夯实了城市基层治理的基础。

【案例】

"1号议站"：事事有回应，件件有落实

联发五缘湾 1 号小区位于厦门"新客厅"——五缘湾畔，建成于 2010 年。十年前，这里交通荒凉，人心涣散；十年后，这里生机勃勃，欣欣向荣。这一系列的改变，既离不开湖里区委、区政府对小区党建的支持，也离不开街道、社区、小区党支部的共谋共建。

联发五缘湾 1 号小区属于禾缘社区，在成立小区党支部之前，曾与其他小区成立联合党支部。但联合党支部缺乏主心骨，并非以小区为治理单位，很难实现小区间的共治，难以达到预期的治理效果。因此，2017 年，在湖里区委、区政府文件精神指导下，联发五缘湾 1 号小区成立小区党支部，成立之初，党支部只有 5 名党员。小区党支部成立后，以社区为平台链接的共建资源、服务资源得以通过党支部下沉到小区。

---

① 夏建中.中国城市社区治理结构研究[M].北京：中国人民大学出版社,2012：213.

2019年暑期,禾缘社区为小区引进了17个辅导机构,举办了68次夏令营课程,开展了富有成效的公益服务。这既为社区居民带来了多样化的服务,也极大地降低了基层的治理成本。除此之外,社区链接的各类共建单位,例如市民宗局、文化博物馆、弘爱医院、中药厂、中山医院等,也都为小区居民带来了实惠。同时,在社区党员"双报到"的制度下,小区的党员管理状况也得到了极大改善,越来越多的党员走出家门,发挥自身力量,主动认领岗位,成为小区服务居民的主力军,例如认领小区"梦想书屋"公益岗、利用小区"百草园"上科普课、义务开办亲子国学课堂等。截至2019年10月,联发五缘湾1号小区党支部已有48名在册党员、75名在职党员,党支部力量越来越壮大。

为了更好地发挥小区党支部的核心领导作用,联发五缘湾1号小区党支部广泛吸收社区民警、业委会和物业公司工作人员,创建了"1号议站",一站式解决问题,实现小区内"事事有回应,件件有落实"。每周一到周五,小区党支部书记、业委会主任、党代表、人大代表都会在"1号议站"轮流值班,组团为群众解决民生问题。此外,小区党支部、业委会委员、物业及热心居民还共同制定了"1号议站"的联席会议、民主决策、评议监督制度,这意味着小区内重大事项都要通过联席机制讨论决定,实现小区事务小区居民管,大大提升了居民的主人翁意识。如今,"1号议站"制度完善,运作成熟,小区治理"三驾马车"凝心聚力,共建共治。"居民有事找1号,一站服务有依靠"的顺口溜也在小区居民中口口相传,越发响亮。

在社区党委、小区党支部的共同努力下,联发五缘湾1号小区的居民也深受感染,开始积极自发地参与到小区共建,逐渐形成小区党支部引领下的"群防群治"模式。在日常治理中,由小区志愿者"爱禾缘志愿队"每天排班值日,拿着桶和夹子围着小区进行巡逻,维护小区环境清洁,排除小区安全隐患。例如,发现路灯损坏、业主私拉电网等都会及时向小区党支部、业委会、物业反馈,跟踪解决。在突发的自然灾害面前,联发五缘湾1号小区更是显示出强大的凝聚力。莫兰蒂台风后,小区500多个业主自发出门清理道路,累计自救8天,一共手动清理了1282棵树,拉了400车垃圾。这些动人的场景都被相机定格下来,灾后被展览在小区内的各处草坪上,成为"1号精神"的象征。

我们看到,在社区的支持下,通过小区党支部的核心领导,联发五缘湾1号小区业委会与物业各司其职,业主积极参与,多方主体合力解决小区建设中的各种问题,着力建设"和美"小区,开创了联发五缘湾1号小区平安和谐、居民幸福安康的良好局面。

第二章
支部建在小区：
治理核心的重塑

　　全面加强党的领导，是习近平总书记关于社会治理方面重要论述的灵魂。在基层社会治理中要充分发挥党总揽全局协调各方的领导核心作用，通过党风政风建设带动和促进社会风气向上健康发展，不断提高党领导基层社会治理的能力，推进社会治理现代化。和全国多数小区一样，湖里区小区治理中存在治理主体分散、治理对象多元和治理方式混乱等突出问题。其根源在于治理体制的不完善，小区中的业主、业委会和物业公司"各唱各的调，各吹各的号"，彼此之间相互推诿，各行其是。盯住小区治理薄弱点空白点，湖里区委、区政府大胆改革创新，探索出"支部建在小区上"的崭新治理模式，把党的领导落实到小区，把党的组织健全到小区，把政治素质高、治理服务能力强、群众认可度高的骨干人才选配到小区，以党建覆盖推动治理落地，使党组织成为小区治理工作的"火车头"；搭建党员发挥作用的平台和载体，提升党员参与小区治理的能力，鼓励党员在小区治理关键环节、重大任务中有所作为，使党员成为小区治理工作的"主心骨"。这是湖里区小区治理模式的第二个创新，也是创新的关键点。

一、全面建强小区党支部

基层党建的主要任务是健全和完善党的组织及其活动方式，巩固和发展党的群众基础；其核心是党如何通过完善自身的组织建设，改善基层社会治理，保持和巩固党对社会的领导地位。湖里区的经验之一是从党的组织建设入手，搭建小区组织架构，为进一步推进党的基层组织建设，巩固党的群众基础开辟新路。

（一）建立健全小区治理领导体系

为更好发挥党支部在小区治理中的引领作用，湖里区不断进行大胆改革创新，厦门市政府和湖里区政府分别出台了《党建引领小区治理实施意见》和《关于加强城市居民小区党支部建设的指导意见（试行）》文件，加强区、街道、社区、小区党支部建设，强化党对小区的领导，有效增强了党的组织力、凝聚力和影响力。

1.加强小区治理三级领导体系建设

为加强党对小区治理工作的组织领导，在小区之上强化了区、街道、社区三级领导体系建设。一是成立湖里区城市居民小区治理工作领导小组及办公室，对小区治理工作进行统一部署、统一协调。区领导高度重视小区治理工作，把小区治理作为全区重大改革行动纳入"一把手工程"，区委书记任领导小组组长，区长为第一副组长，区委副书记任常务副组长，常务副区长、组织部部长、政法委书记、宣传部部长任副组长，小组成员由相关职能部门领导担任。区委书记、区长等主要领导多次下基层调研指导，分管领导召开多场小区治理和社区管理体制改革现场推进会。二是各街道成立小区治理领导小组，由街道党工委书记兼任组长、街道办事处主任兼任副组长,一名街道领导班子成员具体负责,党政、街政、综治等部门和驻街公安、司法、环保、市场监督、城市管理行政执法、消防等单位负责人参加,统筹推进小区治理。三是社区成立小区事务服务中心,社区党委(总支)书记兼任主任,社区居委会主任兼任副主任,一名社区领导班子成员具体负责,党建、事务、综治、环境和物业等委员和社区民警、城市管理行政执法员、调解员、网格员等参加,服务指导小区治理。由此构成"小区治理工作领导小组及办公室—街道小区治理领导小组—社区小区治理事务中心"三位一体的领导体系。小区治理领导体系的形成,增强了改革的整体性、系统性和协调性,推动区、街道、社区体制改革与小区治理改革之间的衔接、协同推进,有效形成小区治理的合力。

2.构建以小区党支部为核心的组织体系

一是搭建小区内三级纵向组织体系。为便于党组织开展活动,湖里区在小区内建立起党支部,实行楼栋党小组制,楼栋党小组由该楼党员担任,一般由 3～4 名党员组成的党小组负责该楼栋党建活动。同时,从党小组成员中选拔一名素质优异者充当"党员中心户",负责宣传和接洽小区党支部各项事务。这样,就在小区内形成了"小区党支部—楼栋党小组—党员中心户"纵向到底的三级组织体系。二是成立"兼合式"党支部。为进一步巩固并推广既有成果,湖里区鼓励并帮助小区成立"兼合式"党支部,①强化支部执行力。根据《关于加强城市居民小区党支部建设的指导意见(试行)》的规定,"凡是在册正式党员达 3 名以上的居住小区,均应成立建制性党支部,并通过建立'兼合式'党支部等形式,积极吸纳非在册党员"。优先选拔群众信得过、服务有本事、治理

---

① "兼合式"党支部是指由跨支部党员单独或与已转组织关系的本支部党员组成的"开放式"党组织,其性质介于临时党组织和传统党组织之间。在不转移组织关系或临时组织关系的情况下,根据"一方隶属,多方管理"的原则,除接受组织关系所在地党组织的教育监督管理外,还应接受本人居住地党组织的监督管理,确保党员时刻置于党组织的监督管理之下,全方位发挥党员的先锋模范作用。

有办法的在职或离退休党员领导干部担任支部书记，有条件的社区安排在社区工作的党员担任所在小区的党支部副书记或组织委员。"兼合式"党支部的成立，为党员在小区发挥作用提供了广阔平台，切实让广大党员在完成既有工作之余，融入小区生活，成为湖里区小区治理的带动者和骨干力量。小区党员相较于一般居民具有个人素质好、办事能力强、影响带动大的优势，可以有效发挥党员的先锋模范作用，不断提升小区治理的整体效能。

厦门市湖里区殿前街道铁路家园小区就是以完善小区党支部建设，推动小区治理的一个典型缩影。作为自治自管的老旧小区，铁路家园小区党支部以"1＋4＋N"小区治理系列文件精神为指引，充分发挥小区党支部的战斗堡垒作用，激活沉睡在小区居民中的"老铁"精神，以列车乘务组的模式打造小区治理的五星级标准服务团队。铁路家园小区在小区党支部成立后，积极开展"党员回家"活动，让党员作为小区服务骨干，积极参与到各种志愿服务、小区治理的行动中。截至 2019 年 5 月，铁路家园小区党支部拥有在册党员 22 名，划分成了 4 个党小组，构建起"小区党支部—楼栋党小组—党员中心户"纵向到底的组织体系，形成了小区有事找党员、处处有党员的氛围。自小区党支部成立以来，小区党员通过走访，召开听评会，共收集民情民意百余条，解决困难问题 30 余条，认领服务项目 12 个。正是通过以小区党支部为中心，以小区党员为骨干，有效重组小区治理组织体系，有效带动居民积极参与，实现了城市基层社会治理扎根城市小区，融入居民日常生活。

(二)选贤任能配好小区领路人

支部书记作为小区党支部的"领头羊"，担负着推进小区改革发展，促进和谐小区建设的使命。小区基层党建工作的重要任务之一就是培养或推选优秀的党支部书记。湖里区坚持有能力、有威望、有热情的标准，优先选拔小区党员中在职或离退休的党员干部担任小区党支部书记。

1.严格党支部书记的选拔

面对新形势新任务,如何加强基层党支部书记队伍建设,提高基层党支部书记队伍整体素质,建强基层党组织,成为厦门市各级党组织十分关注的重要课题。找准基层党支部书记队伍建设的着力点,努力建设一支政治素养高、专业能力强、作风形象好的基层党支部书记队伍,使其成为基层党建最可信赖的基本力量。支部书记是小区党支部的核心骨干,支部书记的选拔和任用必须严格标准,以保证小区治理的质量。湖里区始终秉持"严选、严进、严评"的要求,把好选人用人关。

一是建立任职资格准入制度。坚持德才兼备,以德为先的原则,细化完善基层党支部书记选用标准,坚持以事择人、人岗相适的原则,大力推行党支部书记岗位认证制度,采取统一考试对拟任人选的综合素质和业务能力进行考核检验,认证成绩与认证资格挂钩,从源头上提升党支部书记队伍整体素质。根据《湖里区城市居民小区党支部管理办法(试行)》的要求,以街道为主,每年对所属小区书记履职情况进行调研、考核和评价,根据考核情况优化配齐小区书记队伍。

二是规范选拔任用行为。正确把握基层党支部书记选用的基准和底线,坚决打破"安置型""过渡型""照顾型"用人思维和规则,积极引入竞争机制,注重在较大范围内采取个人自荐、群众推荐、笔试面试、组织考察等程序,择优公开选拔优秀党员担任基层党支部书记,变"伯乐赛马"为"赛场选马",进一步提高选人用人可信度。为此,湖里区特别注重从专业素养高、工作经验丰富的党员中择优选拔小区党支部书记,据统计,2019 年,在全区"由处级以上党员领导干部担任小区党支部书记的小区已达 51 个,占比 14.53％"[①]。

三是做足提前培养工作。把培养后备力量工作纳入基层干部队伍

---

① 黄巧莲,杨婷.构建共建共治共享的社区治理新格局:以厦门市湖里区党建引领小区治理创新为例[J].社会治理,2019(6):53-59.

建设规划,切实强化领导干部提前培养、储备力量的意识,形成重视梯队建设,加强后备力量培养的机制和氛围。利用组织化途径先期寻找、发现、培养、储备后备人选,分级建立起数量充足、质量较高、满足需要的后备人才库。由街道党工委书记牵头落实书记的选配工作,切实在选好带头人上下功夫。根据《湖里区城市居民小区党支部管理办法(试行)》的要求,街道社区要加大"小区党建办实事"的力度,通过重大事务或具体事件,挖掘、引导、培养一批小区党员成为小区治理的中坚骨干,充分发挥他们在小区中的影响力。

2.加强党支部书记的专业化培训

基层党支部书记是党组织最末梢的"关键少数",其精神状态、能力水平、作风形象,直接关系到全面从严治党向基层延伸的效果,影响党支部战斗堡垒作用的发挥。因此,必须坚持问题导向、实践导向、效果导向,根据基层党支部书记个性化、差异化需求,有针对性地抓好基层党支部书记培训工作。

一是加强集中轮训。把定期开展集中轮训作为提升基层党支部书记队伍整体素质的重要举措。湖里区要求将社区、小区党支部书记纳入区干部教育培训计划,每年至少参加一次集中培训,累计时间不少于3天。在培训内容上,紧紧围绕增强政治意识、组织意识、法治意识,提高服务能力、履职能力来合理安排,更加突出党性教育、党内法规教育、工作实务培训,促进基层党支部找准差距不足、掌握规程方法、解决所遇难题,更好地提高履职意愿和实际能力,增强干好工作的信心和决心。在轮训方式上,根据基层党支部书记岗位特点和工作实际,采取专题辅导、经验介绍、现场观摩、案例剖析、讨论交流、菜单选学等多种方式,确保基层党支部书记听得懂、学得会、用得上。在师资力量上,结合实际,加大投入,强化协调,充分利用好各级党校、地方高校、企业入职培训中心等培训资源,切实为基层党支部书记集中轮训工作提供充足的教师资源和阵地保证。此外,湖里区还重视在一线工作中培训基层党政骨干。多年来,湖里区制订"干部两年一线轮训计划",选派基层党政骨干 600 余人到金砖国家领导人厦门会晤筹备、东部旧村改造等重难点一线攻坚克难,深入疫情防控、招商引资、征地拆迁、扫黑除恶等开展机动式考核,注重在"岛内大提升"一线培养考察干部,大力选拔重用敢担当、善作为、有实绩的干部,营造干事创业的浓厚氛围。

二是强化实战锻炼。把搞好岗位实战锻炼作为提升基层党支部书记队伍整体素质的重要方式,切实放在构建"大政工"格局的背景下进行思考谋划,提倡和鼓励基层党支部书记在党群系统内部进行不同层次、不同岗位的摔打锤炼,有计划地选派基层党支部书记到上级部门进行挂职锻炼、轮岗交流,切实为他们搭建多层次、多渠道锻炼成长平台。《湖里区社区工作人员"六统一"工作方案》要求湖里区、街道每年组织 2~3 批优秀社区干部跨街道到先进社区挂职锻炼,社区要加强对本社区工作人员(小区支部书记)的教育和轮岗锻炼,并要安排专项社区工作者教育培训经费,切实强化小区支部书记的实战能力。

三是强化指导交流。把加强工作指导、推进工作交流作为提升基层党支部书记队伍整体素质的重要途径。加大各级党委对小区支部书记的指导责任,对于部署下去的工作,尤其是重点难点工作,要求各级党委多支持、勤指导,教思想、传方法,对力量较为薄弱的,采取选派党建工作指导员等方式,帮助解决存在的问题和困难。同时,搭建交流平台,创造更多学习交流机会,充分利用现场观摩、出去考察、召开会议、举办大赛、推广典型经验,促进对标学习,使基层党支部书记相互借鉴、取长补短、快速提高,营造比学赶超、争创一流的浓厚氛围。为进一步提升先进党员、老党员的带头示范作用,湖里区积极选配在职党员、离退休老党员领导干部、业主委员会主任、物业公司党员负责人、热心公益的优秀党员担任党支部书记,保证支部书记素质过硬、专业过强、本领超群。区委组织部每年都会邀请市级党建专家、小区治理权威和法律专业人士,定期开展优秀小区党支部书记示范培训班,街道、社区也会在每个季度、每个月开展主题培训。每年年底,各个街道对所辖小区党支部书记履职情况进行调研分析考核,全方位提高履职能力和成绩。

3.从严从实强化对党支部书记的履职考评

考核是导向器、指挥棒、航向标,直接影响干部努力的方向,湖里区根据"责任＋制度"的原则,不断健全完善适用好用管用的绩效考评体系,形成了强化工作指引、强化精准执行的有效机制。

一是在制定考核的标准上,于法有据。社区依据各项党内法规和规范性文件要求,合理确定指标名称,精准描述指标内涵,逐一明确质量要求,把软任务硬化、虚任务量化、抽象任务具体化,切实体现融入中心、刚性约束,建立"正面清单"和"负面清单",严格审查人选资格。2018 年,湖里区颁布《2018 年基层党建工作重点任务清单》,列举了基层党员的 39 项工作任务,明确小区管理职责和职责界限。在该份清单中,要求把党建引领小区治理这项工作贯彻到全年,不断增强小区党支部书记的核心作用。

二是在指标设置上,分类执行。湖里区坚持一切工作到党支部的鲜明导向,根据基层党建工作所涉及的各项工作要求,将考核指标划分为基础类、激励类、约束类和综合类四个类别。基础类指标,突出对基层党建工作中"规定动作"的统一要求,强调规范性、严肃性。激励类指标,突出对基层党建工作中"自选动作"的有效评价。约束类指标,突出对守纪律、讲规矩、重合规等方面工作成效的客观衡量,体现约束性、否定性。综合类指标,突出对中央和上级精神在基层的贯彻落实和临时交办工作任务的完成情况,强化把方向、保落实。湖里区要求各社区强化考核督察,保证各项指标能够按质按量完成,各单位要将抓党建引领小区治理情况纳入党组织年度述职评议的重要内容,纳入区对街道绩效考核、街道对社区考核指标体系。各街道要探索制定小区党支部考评办法,对工作突出的小区党支部在评先评优和小区改造、政策扶持、项目试点等方面给予倾斜。

三是在实施考核上,过程结果并重。湖里区采取日常随机抽查、阶段定期检查、年终全面考核相结合的方式,督促跟进、及时纠偏、确保责任落地。广泛组织党员代表、员工代表做"考官",参与党支部书记履职评议,通过多层面、多群体客观了解履职尽责的实际成效。要求党支部每年都要进行一次民主测评活动,严格落实制度执行的常态化机制。将考评结果有效运用于选拔任用、升降去留全过程,并将此作为年终各项奖励、业绩兑现的依据。2019 年湖里区下发《关于进一步改进和规范社区考评工作的通知》,要求各小区围绕小区治理、服务居民工作重心,进一步规范社区工作考评,健全完善社区工作考评指标体系,不断增强督查检查考核工作的科学性、针对性、实效性。制定党员活动各项考核标准,其中"小区党支部建设"这一指标,成为小区建设考核的重中之重。据此,湖里区制定《小区党支部党员民主评议参考标准》,要求居民对每位党员(特别是支部书记)进行打分,对于不合格的党员,制定了相应的处罚措施,对于表现优异者也会给予专门表彰。

(三)开创小区"三位一体"党建模式

为了在小区层面实现党的领导、业主自治、依法管理的有机统一,湖里区创造性地实行业委会、物业公司和小区党支部"三位一体"的党建模式,小区党支部应与业委会实行交叉任职,把各类组织之间的矛盾、对抗、冲突,转化为党支部内部的沟通、协商、合作,形成合力。在党支部带领下,湖里区各小区根据自身实际情况,探索出多种方式促进多主体间的联治、共治,主要有三种模式。

1.支部领导,协商共治

该模式的特点是,小区党支部与其他治理主体在结构与功能上拥有相对平等的地位,党支部作为小区治理的核心,发挥着领导与协调的功能。支部书记兼任业委会主任,支部党员积极参与业委会、老年协会和物业管理等单位的工作。当小区遇有重大事务(如大维修改造、资金安排、调价、停车管理等)时,在广泛听取各方意见的基础上,由党支部、业委会提出议案,再经业主代表大会讨论形成决议,最后由共建理事会(由党支部、老年协会、业委会等组织的代表组成)负责监督。在党支部带领下，各治理主体既各司其职，又有所侧重，以确保小区各项事务均在党支部框架下得到落实，大大提高党支部的统筹能力。

2.支部牵头，业主自治

该模式主要在没有物业公司和老年协会等组织，治理框架较为简单的小区中实施，小区的主要治理主体为党支部和业委会。因为没有物业公司，小区中的很多事情均由居民自行解决，为此，居民会自发成立小区自管小组（非正式），代替物业公司负责管理小区日常事务。党支部、业委会和自管组织之间的地位和关系没有硬性标准，依托于非正式制度和良好的社会资本，居民之间建立起牢固的社会关系网。党支部和业委会把主要精力放在小区绿化、停车费收取、安保、煤气安装等公共事务上，而其他事务则交给自管小组或居民自行处理。这既增强了党支部、业委会等主要治理主体的领导作用，也有助于实现居民自治，彰显居民的主体地位。当然，党支部与居民、自管小组在功能上并非相互隔绝，党支部作为小区治理的核心力量，还通过多种方式增强与居民之间的互动，如组织多种文娱节目、健康讲座和特困帮扶等活动，积极宣传党的宗旨、政策、主张，把党的服务理念融入居民的日常生活中，增强党的凝聚力和感染力。如湖里区东荣社区的东兴小区开展"党群智慧沙龙""新风文化园"以及倡导"知青文化"等活动，既传播了党的理念，也增强了居民共治美好家园的信念。

3.支部主导，多方参与

该模式的党支部不仅是小区治理的主体，而且主导着小区公共事务的管理。从宏观上来看支部是小区发展蓝图的制定者和实施者，从微观上来看支部通过吸纳业委会、物业公司、社会组织等治理主体中党员的方式，把支部决策融进小区治理活动中，使业委会、物业公司、社会组织主动与党支部需要进行对接。该模式具有以下几个特征。第一，小区组织架构完整；第二，公共支出多由地方政府承担；第三，居民一般不亲自参与小区重大事务的决策，但有知情权和监督权；第四，业委会、物业公司、社会组织中的党员占比较大。湖里区高林居住区一里小区是该模式的典型代表。该小区虽为保障性住房小区,小区拥有 16 名党员,全部为离退休老党员,离退休之后继续在小区发光发热,不仅组建并领导文明督导队、歌舞队、法律调解队等众多自发团体,还举办了"建党 98 周年"主题拉歌活动,组织各类就业培训 105 次,丰富了居民的业余生活。同时,一里小区党支部还通过多种途径引入社会资源,为人们提供便民服务,如开展爱心义诊 12 场,法律咨询 268 次,调解纠纷 82 场,与共建单位厦门万科集团党总支举办年终志愿者答谢感恩会。一里小区的社区活动离不开党委领导,而社会力量的参与也是在支部直接主导之下进行的。

近年来,随着厦门市城市空间的变革与调整,小区的人口结构和治理结构都显现出一定程度的多元化和碎片化状态。这不仅不利于党支部全面把握小区治理情况,更难以发挥支部在小区建设中的引领作用。湖里区探索的"三位一体"党建模式,大大增强了党的统合力,根据各小区实际情况,对小区的治理结构进行了改进和调整,充分调动了各治理主体参与小区治理的积极性,盘活了小区资源,体现了基层党建工作的科学性和民主性。

二、着力建好小区党员队伍

党员是基层党建的组织者和建设者,只有不断提升党员素质,才能树立良好形象,才会得到小区居民的信任。湖里区深入开展小区党员队伍建设,从制度、作风、思想等多方面提升党员综合素质,增强党员的凝聚力和服务能力。

（一）实施党员"双报到"制度

为进一步摸排党员底数，了解党员基本信息、个人专长和服务意愿等基本情况，湖里区开展实施"双报到"制度，即要求"辖区的市直、区直机关单位的党组织到社区报到"，"在职党员到居住小区报到"。"双报到"制度密切了党群关系，提升了党员的宗旨意识和服务水平，特别是机关党员干部放下架子、扑下身子、走进街巷里、走到群众中、坚持脚步为亲，抓住老百姓最急最忧的问题，察民情、接地气，拉近与老百姓之间的距离，打通党员联系群众的"最后一百米"。

1.建立"双报到"制度，激活党建工作活力

倡导驻地单位党组织与社区开展共建共联活动，做到"八联"：党的组织建设联建，社区重大工作任务联做，公益事业联办，党员教育管理联管，党建主题活动联建，精神文明建设联创，社区文化活动联谊，社区服务和再就业工作联帮。党员到居住小区报到亮明身份，并认领小区设定的服务岗位，通过志愿者服务队、志愿者协会、义工联盟、个人工作室等4种志愿组织开展志愿服务活动。"双报到"制度强化了党员的群众意识和宗旨意识，激发了基层党员的工作热情。在小区党员的努力之下，全区492家驻区单位与小区党支部签订共建协议，投入上千万元帮助改善小区生活环境，以此切实推进辖区机关单位与小区共驻共建；同时，创新"党员网上服务超市"等平台，建立465支"党员志愿服务队"，切实为小区居民办实事。"双报到"制度，使党员深入小区治理的各个角落，使长期未解决的问题得到解决，补齐城市建设管理的短板。

2.推行"双报到＋"管理，理顺党建工作脉络

针对当前小区服务和管理面临的不深入、不到位的问题，湖里区借"双报到"制度实施之机，探索开展小区党建工作"双报到＋网格化"管理模式。一是把党组织建在网格内，完善组织体系。根据社区建设和服务居民的需求，依托现有网格化管理格局，对社区党组织进行调整，

并根据网格内党员状况设置党支部或党小组。没有党组织、党员的小区由社区选派指导员进行党建工作,建立党建工作组织体系。二是推行网格责任制,明确相关责任。网格党支部负责组织网格内党员开展活动,了解责任内的社情民意。每一位小区专职工作者分包一个网格,负责网格内的计生、民政、残联、综治等各项小区基础性工作。三是推行网格规范化建设。湖里区要求各社区绘制"党建网格分布图",明确标示单元网格(小区)的责任人、责任范围、党员数量等情况;明确网格党支部"示范引领、组织协调、服务党员、联系群众"四项主要职责;实行网格党支部书记责任制,做到"自身职责清、管片资源清、人员类别清、矛盾隐患清"。湖里区要求网格负责人要自觉亮党员身份、亮服务标准、亮岗位承诺,带头延伸服务进小区,以办实事来解民忧,以惠民生来暖民心,以网格为支撑,以精细化为手段,构建一支"互联、互补、互动"的党员群治队伍,构建更加幸福、更加和谐的共建共治共享小区。

3.健全完善管理制度,确保制度长效化

一是建立活动登记制度,前来小区报到的单位党组织和党员填写服务登记簿,对个人资料进行登记造册,建立领岗承诺、服务记录等台账,实施分类管理、适时更新。二是建立信息公示制度,公开领岗党员身份和服务岗位,服务承诺,随时记录各报到单位和党员参与活动情况,接受居民监督。三是建立结果反馈机制,报到社区定期以"湖里区党员到本人居住小区报到单"和"湖里区党员到本人居住小区报到回执单"的形式向报到单位所属党委和报到党员所在党组织反馈活动情况。同时每年组织支部委员、楼栋党员、楼栋居民等对报到单位和党员活动情况进行民主评议,并将评议结果报组织部门备案。四是注重考核结果的运用。把在职党员参与"双报到"服务完成情况,列入所在单位党组织年度组织工作目标责任制考核以及机关党建考核内容和在职党员年度考核内容,结果与单位党组织、主要负责人和报到党员本人年度考核结果、考核等次及评先树优挂钩。

"双报到"制度实施以来,极大提升了党员服务小区的积极性。截至 2019 年 11 月,有 8543 名在职党员主动到居住小区进行报到,占比超过 80%。湖里区委依托"双报到"制度,对小区党员进行考评,2018年,区委组织部已就 46 名拟提拔的党员干部向小区党支部征求意见,以此作为党员干部晋升的重要考量标准之一。同时,"双报到"制度统筹调度区域内各类企事业单位、社会团体和在职党员,充实小区党支部的组织队伍,使党的工作覆盖经济社会发展的所有领域,有力提升了基层治理水平。

(二)严格党员问责制度

规范和强化问责制度已经成为湖里区推行基层治理的鲜明特色。2019 年印发的湖里区《关于进一步改进和规范社区考评工作的通知》和《关于推动落实社区工作清单化管理的通知》就是全面从严治党的又一制度创新。两份通知同《厦门市社区工作者管理办法(试行)》和《湖里区深化社区管理体制改革的指导意见》形成了相互支撑、配套实施的制度群,为净化湖里区基层党内政治生态提供了重要保障。

1.加快建章立制,唤醒基层党员的责任意识

湖里区督导各单位各部门制定权责对等的个性化责任清单,亮出岗位职责的"权力清单",签订即知即改的"责任清单",列举对照的"问题清单",建立约束规范的"制度清单",做到既定性又定量。小区党建工作开展以来,湖里区开展了小区党建引领小区治理实践的清单式管理活动,共梳理"老大难"问题 9000 余条,并逐条推动落实解决;收集并解决"最期待书记办的事"512 件,把党的温暖送到每家每户。2018 年出台《厦门市机关事务管理局 2018 年基层党建工作重点任务清单》,细化机关单位党建工作责任制,共列举了 39 项内容,其中以加大党建引领小区治理工作为主旨的清单内容贯穿全年始终,成为湖里区基层党建工作的重中之重。为进一步提升党员责任意识,湖里区还要求党员找准参与小区治理的着力点、结合点,厘清权责的模糊点、交叉点,建立

小区责任治理清单,确定专人对接小区专项事务。

2.完善考核指标,细化基层党员的责任落实

问责谁?谁来问?这是进一步深化落实问责制的关键。要充分发挥考评机制的"风向标"与"指挥棒"作用,优化细化责任制考核指标体系,精确界定问责情节的具体标准,明确各项任务的牵头和协作单位责任。根据厦门市《关于加强和完善城乡社区治理的实施意见》的要求,将城乡社区治理工作纳入区镇(街)党政领导班子和领导干部政绩考核指标体系,纳入区镇(街)党(工)委书记抓基层党建工作述职评议考核。为此,湖里区出台《关于进一步改进和规范社区考评工作的通知》,详细制定考核的指标体系、实施办法。该通知把考核内容分为小区治理工作、服务居民实效、承办公务事项、自身建设 4 个重点板块,分别赋分为28 分、28 分、26 分、18 分,每一板块又下设二级指标体系,各街道、社区依据二级指标再细化为三级指标体系。在街道党工委、办事处统一领导之下,由街道小区办牵头每年组织实施一次对社区工作的综合考评。依据最终得分,将考评结果分为优秀、良好、合格、基本合格、不合格 5个等级,以此作为对社区工作者(特别是党员)的年度绩效考评、提拔任用的主要依据,作为上级和区、街道评先评优的重要参考。为保证考核的科学、透明,湖里区要求各区直部门不得单独对社区进行考核与排名,宜采取"双随机"方式,以检查指导为主,推动和督查工作落实。同时,鼓励、倡导各街道、社区采取购买服务,委托第三方评估的形式,引导小区党支部以居民为中心,增强考核工作的实效性。

3.建设多元监督渠道,形成追责问责的工作合力

在党委纪检监察层面,根据湖里区《推进城市居民小区治理工作的指导意见》文件的要求,区纪委、监委要认真履职尽责,保障小区治理工作的顺利推进。区"两办"、区效能督查办要组成联合督查组,定期监督检查,并将检查结果纳入综合效能考评;对履职不到位、落实不力的,要严格追责问责。区法院、检察院坚持公正司法、执法为民,鼓励法官、检察官积极参与小区矛盾化解,为小区治理提供强有力的法律保障。在

社会监督层面,发挥民间舆论监督的作用。培育一批具有扎实群众基础和热心为居民服务的小区社会组织,使之在宣传小区居民公约、曝光不文明现象、劝说居民规范日常行为、调解邻里纠纷矛盾、组织居民参与小区公共事务上发挥积极作用。湖里区新景龙郡小区党支部成立后,充分调动和协助各监督主体参与日常监督过程,构筑内外并重、上下联动的立体监督体系和多元参与机制。如党员联动热心居民挨家挨户征求意见,发动居民参与投票。为确保业委会选举公平公正,规定投票当天候选人不得现场拉票,投票点全程录像监控,社区党委联合小区党支部全程监督,保证投票严谨、透明、高效,仅用 1 个月时间,就选出了首届小区业委会,吕海波当选业委会主任,支部书记吴敬巧当选副主任,7 名委员中有 4 名党员,该业委会成为名副其实的"红色业委会"。

(三)培植风清气正的优良作风

加强和改进作风建设是党的建设的重要内容之一,优良的作风是凝聚党心、民心的重要力量。只有不断加强党的作风建设才能激发出共产党人的深厚情感,才能够为忠诚于党和人民事业的人们提供成长、发展的肥沃土壤,进而为党内生活营造风清气正的政治环境。湖里区通过多种措施加强小区党员作风建设,为城市居民树立廉洁奉公的良好形象。

1.狠抓宣传教育,坚定党员理想信念

湖里区本着"打铁还需自身硬"的工作要求,狠抓意识形态宣传教育工作,筑牢基层党组织抵御风险的能力,通过举办丰富多彩的小区活动,增强党员和居民的爱国精神。鼓励各小区党支部利用 QQ、微信、微博等现代科技手段,积极宣传党和国家的大政方针、法律法规,严格落实中央、省、市等上级党委和政府的指示、决定、命令,完成中央、省、市下达的各项任务工作,增强党员的凝聚力、执行力。如高林居住区一里小区,结合"建党 98 周年""中华人民共和国成立 70 周年"契机,开展

"礼赞新中国,唱响中国梦"主题拉歌活动,"我和共和国同庆生""礼赞新中国,我说新生活"系列宣讲活动,以及升国旗共唱国歌等主题活动,使普通党员得到精神洗礼,筑牢"不忘初心、牢记使命"思想防线。

2.深化廉洁教育,增强党员防范意识

廉洁教育是党风建设的重要组成部分,是建立健全惩治和预防腐败体系的关键环节。湖里区高度重视对小区支部党员廉洁作风的教育和培养,把党员是否廉洁自律作为考核小区领导人的重要标准,根据厦门市《党建引领小区治理实施意见》的规定,街道、社区、小区党支部统筹酝酿主要领导人人选时,优先推选遵纪守法、廉洁自律、公道正派的在职、离退休党员担任主任。高林居住区一里小区运用"四种形态",推进党风廉政建设,纵深推进社区"五五融合",以传承好家风家训为引导,发挥好家风家训为主题,举办"新时代·学雷锋·扬家风"第二届好家风评比活动,评选出第二届十佳"好家风"家庭并予以表彰。注重廉洁教育,在课程设置上涵盖纪律讲堂、传统文化等主题,举办关于《中国共产党廉洁自律准则》《中国共产党纪律处分条例》等宣讲活动,提高党员干部廉洁意识。

三、深度嵌入小区治理过程

嵌入意味着一个系统通过某种要素或机制与另一个系统发生某种关联。小区治理需要党支部的规范和引导,而党支部的规范和引导很可能会引起原有社区秩序与支部之间的摩擦,甚至会引发深层次的治理危机。因此,"支部建在小区上"的治理模式并不是要在党支部与小区之间进行强行融合,而是使两者在组织上、功能上实现有效衔接,既要保证党的政策、方针深入小区内部,得到居民的接纳和认可,也要为居民提供多种表达渠道,及时解决居民关切的重大问题。

(一)以搭建协商平台为核心的政治嵌入

小区语境下的政治嵌入,是指小区自治机关、居民与以政党组织、党员为代表的国家之间的官僚性、结构性或情感性的正式或非正式的关联。政治嵌入的形式多元,就增强小区互动而言,集中体现为不断丰富的民主形式,直接表现为在党支部与小区居民之间搭建有效的协商平台,让居民真正参与到协商过程中去,对小区事务拥有发言权。小区党支部始终坚持协商共治、区域共建,通过优化组织设置,创新治理结构,有效整合资源,变"独角戏"为"大合唱"。

1.充分发挥各主体间的协商功能

在原有自组织的基础上,搭建"居民议事会"这一民主协商载体,议事会由小区的老党员、老干部,以及热心小区事务、具有较高威信和一定管理能力的居民组成,其中党员占比超过一半。社区党组织把小区事务交由居民议事会直接决策,增强基层群众对基层治理的参与度、突出居民主体地位,成效突出。如,五缘湾1号小区利用"居民议事会"向居民征集小区难题,月初会将其所征集到的难题公之于众,并在"居民议事会"进行讨论。"居民议事会"平日里热闹非凡,小区党支部书记、业委会主任、党代表、人大代表参与轮值服务,面对面为群众解决问题,极大方便了小区业主,居民为其起了一个响亮的名字,叫作"1号议站"。在支部带领下,"居民议事会"已经成为承担和解决各类社会问题的重要载体,居民在这一组织内部,不仅可以自由、依法表达自己的观点,为小区治理建言献策,还能切身感受支部党员的引领作用,支部党员用自己的实际行动为居民上了一堂生动的实践课,增强居民对党的政策和小区重难点问题治理的理解和支持。

2.充分挖掘共建资源

小区是一个在区域上相对封闭,资源上较为开放的自治空间。资源的流动性和互动性决定小区党支部必须主动牵头、积极运筹,把社会资源导向小区,实现社会与小区共建发展。湖里区通过多种措施鼓励共建单位主动帮助小区加强道路、供电、文化和卫生系统建设。广泛组织共建支部党员干部与有需要的群众结对帮扶,切实解决小区居民生产、生活中遇到的实际困难,促进社会和谐稳定。如凯悦新城小区党支部成立以后,小区面貌焕然一新,支部推动物业公司公开公维金支出报表,张罗有特长的党员担任小区秘书、小区医生、小区警察、小区调解员,下沉到小区,分别提供免费法律咨询和义诊等便民服务工作,把服务送到家门口,使每个居民都能感受到党组织的温暖。

(二)以培育社会资本为重点的社会嵌入

所谓社会嵌入,是指小区治理应该汲取社会力量,获得民众支持。社会嵌入式小区治理有两个前提条件:一是社会交往体系的开放,以保障不同社会群体都能够自主表达诉求;二是社会对支部工作的充分支持,并且愿意参与小区建设。因此,进一步挖掘和培育社会资本是支部进行社会嵌入的内在要求之一。

1.畅通社会网络,搭建互信平台

党支部作为小区治理的核心力量,有权利也有义务为小区营造良好的发展氛围,搭建居民互信平台。在传统治理格局中,居民对小区的公共事务热情度不高,对小区中存在的一些问题常常冷眼旁观。这就导致小区问题层出不穷,老问题和新问题呈现几何式增长。面对小区居民的"弱参与"趋势,培育社会资本的任务就更为紧迫,而增强居民之间的互信,营造小区环境靠大家的关爱氛围,成为需要优先考虑的问题。湖里区各小区党支部积极采用多种方式,增进居民之间的沟通与互动,厚植社会资本。如达嘉馨园小区在党支部支持下,设立居家养老活动室,使老年人有室内和室外休闲场所,还经常举办一些文娱活动,丰富居民的业余生活,每年中秋都会举办博饼活动,在重要节日里面设立百家宴大型聚餐活动,以此促进居民间的相互融合,提高凝聚力,不断提升居民的获得感。

2.引介社会组织,激发小区活力

重视发挥社会组织的作用。一方面加大对各种公益类社会组织的政策扶持力度,另一方面多方引介社会组织参与到小区治理过程中来。这些社会组织在小区党支部的扶持之下,积极开展小区环境维护、治安整治和文体娱乐等活动,引导居民积极参与社区活动,培育社会资本。社会组织拥有服务能力强、专业化程度高等特点,在推进小区建设中具有天然优势。湖里区小区结构差异化大、人员构成复杂,小区党支部在治理过程中经常会出现捉襟见肘的情况,社会组织的介入不仅可以分担一部分责任,还能够帮助群众向支部反馈居民建议,拉近支部与小区之间的距离。湖里区本着精准施策、精准服务的工作要求,采取项目化管理方式,引入社会组织逐一落实,有效解决小区的"老大难"问题。湖里区禾山街道通过引入社会组织力量,实现了16个社区公益服务项目下沉小区,20余家社会组织为小区居民提供了各类公益服务,惠及8000多个家庭,大大激发了小区的活力。

3.引入共建单位,盘活小区资源

小区党支部还注重发挥共建单位的作用,盘活小区资源。如兴隆新村小区与其周边单位——火炬管委会、火炬幼儿园等6家单位党组织签订共建协议,建立互联互动的组织纽带和工作机制,加强区域内的统筹,推进社区党建、国企党建、小区党建互联互动、共建共享,促进条条和块块的双向互动,构建"公转带自转、自转促公转"的协调运行机制,造福小区居民。可见,对社会资本的挖掘离不开小区党支部的支持和引导,在党支部的带领下,各类社区资源被有效整合起来,提升了小区的自治能力,增强了小区治理的成效。

(三)以统筹协调为导向的制度嵌入

随着城市化进程的加快,党支部与小区居民处在不断流变、更新和转换的过程中,支部党员的变动和小区居民的流转,都会在一定程度上影响既有的互动模式。因此,要使"支部建在小区上"成为一种常态化机制,巩固支部在小区治理格局中的主导地位,还必须进行制度嵌入。所谓制度嵌入,"指的就是人类选择行为的制度(正式制度和非正式制度)约束"①。制度嵌入源于人类理性思考以及经由共同的契约所进行的规划和设计,以达至对人们行为施加调控的目的。就小区治理实践来看,它需要发展出一套结构化机制,用于统筹协调相关行为者的举止,以保证小区治理的规范化、法制化。湖里区本着"从群众中来,到群众中去"的工作方法,在多次调研和走访中发现,小区治理结构存在碎片化,无法形成治理合力等问题,居民有需要往往找不到相应部门去解决。基于这些问题,湖里区鼓励各小区在党支部的统一领导下,探索治理制度创新。

1.形成"六方联动"的互动制度

"六方联动"是小区党支部提出的创新小区治理发展的工作方法。该方法强调在小区党支部的辐射和带领下,把业委会、物业公司、社会组织、共建单位、居民小组等五个小区治理的主体进行有机融合,形成小区治理合力,每个治理主体中都有一定数量的党员,从而保障各部门在发挥相应职能的同时又能在党支部的带领下融合为一个有机的整体。"六方联动"改变了党支部与居民之间的互动模式。在既有模式中,小区党支部因为自身规模和获取信息渠道的有限,很难对小区事务的管理实现"全覆盖",不仅造成小区事务的混乱,还会引发一系列信任危机。"六方联动"机制,使小区治理成为一个有机整体,党支部作为小区治理的核心,统筹协调和规范管理其他五个主体的运作。同时,党支部还会根据居民的反馈对关涉居民生活的重大公共事项进行统一部

---

① NEE V, INGRAM P. Embeddedness and beyond:institutions exchange, and social structure[M]//The new institutionalism in sociology. Stanford:Stanford University Press,1998:45.

署,按计划分派给各主体具体实施。在这一过程中,党支部虽然没有完全对居民生活实施"全介入",但是又无时无刻不影响着小区的发展,真正实现了"有所为,有所不为"(见图 2-1)。

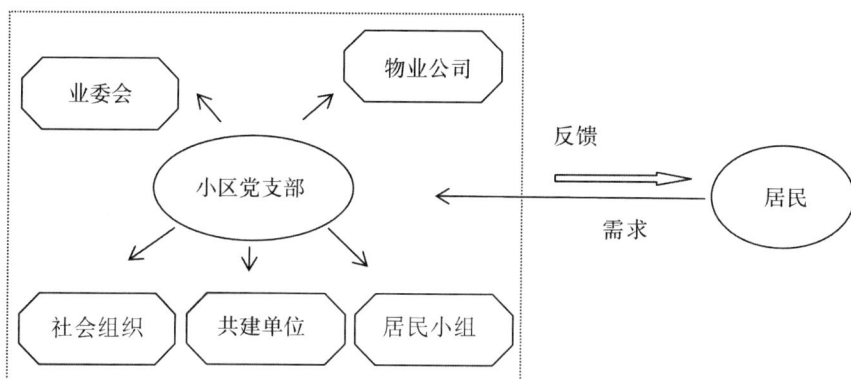

图 2-1　"六方联动"互动机制

2.组建"共建理事会"的共治制度

共建理事会是小区党支部深入小区治理过程中发展出的共治组织形态,经过多年的发展和完善,共建理事会已经形成了较为完备的运行机制,为实现多主体共治提供了可靠的制度支撑。共建理事会是从小区各主要群体(如党支部、业委会、物业公司等)中选出一定数量的代表组成,代表们就小区中的公共事务进行讨论并对处理结果实施监督。凡属重大事项(大维修改造、资金安排、调价、停车管理、物业合同等),共建理事会代表要在广泛听取各方意见基础上,交由党支部、业委会审核并提出议案,再经业主大会代表会议讨论形成决议(见图 2-2)。

共建理事会增强了小区决策的科学性、民主性。共建理事会还通过向居民公布决议、财务收支、监督重大公共事务进展等方式,履行日常监督功能,有力地推动了小区事务的公开,增强了居民的参与意识,促进了多主体共治局面的形成。如果说"六方联动"机制是试图建设一个以"党的领导"为核心的管理制度的话,那么共建理事会则是搭建一

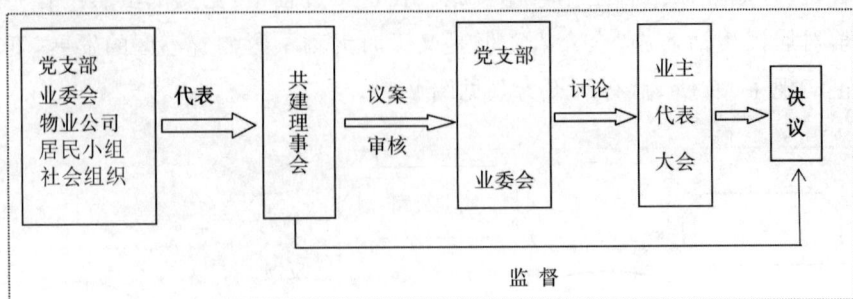

图 2-2 "共建理事会"运行图

个在党的领导之下的自治组织,以落实居民的知情权、监督权。共建理事会的创设使居民自治得到制度保障,解决了小区党支部长期存在的引领而不监督的局面,有效消除了小区党支部与居民之间的隔阂,进一步调动居民参与小区公共事务建设的积极性。

从 2016 年开始,湖里区就开始"支部建在小区上"的探索工作,一方面加强党支部建设,充分发挥支部的战斗堡垒作用,以党建引领小区治理创新,推进基层党建工作向小区全面渗透、全域探索,构建起以小区支部为核心,业委会、物业公司、社会组织共同参与小区治理的新格局。另一方面,通过政治嵌入、社会嵌入和制度嵌入,实现支部建设与小区治理的良好互动,深入挖掘小区资源,做大、做优小区治理工作,开辟了小区治理的新局面。

【案例】

党组织"在场":共商共建谱新篇

厦门市湖里区高崎盐业宿舍小区(以下简称盐业小区)坐落在高崎北二路,原系为解决福建省厦门盐业有限责任公司职工住房问题,分别于 1979 年、1998 年两次建设而成的。小区总用地面积 3097.6 平方米,总建筑面积 2989.82 平方米,建有住宅楼 2 栋共计 48 套,2 栋共计 6 间附属建筑。小区总人口 156 人，其中户籍人口 38 人，非户籍人口 118 人，其中小区老人 27 人。

改革开放之初，盐业小区作为特区建设排头兵，在厦门特区建设经济起飞阶段发挥了独特的作用。随着厦门产业的转型升级，盐业小区曾经辉煌的记忆逐渐消逝，成了典型的开放式老旧小区，治理前地上污水横流，防盗监控设施不全，道路破损不堪，无水、无电、无消防设施，管道老化腐朽严重，随处可见成堆的生活垃圾，"脏乱差"成为小区的突出问题，整个小区处于瘫痪状态。

自从 2018 年以后，该小区在所属嘉福社区党支部的带领和支持下，探索出一条在党委领导下的多主体共治的小区治理新模式，因为党组织作用的积极发挥，该小区的治理环境得到极大提升，谱写出一曲"党建引领、党员担当、邻里和睦、充满朝气"的温馨小区之歌。盐业小区的成功充分彰显"支部建在小区上"的强大生命力，其治理经验也为进一步普及和推广"支部建在小区上"的模式提供了经典范本。

一、全面加强小区党组织建设

盐业小区全面按照"支部建在小区上"的指示精神，加强小区党组织建设，实现了党在小区治理中的"在场"。盐业小区通过完善党的组织体系建设、创新党建模式、提升党员素质等多种方式，全方位提升党的治理能力，使自己成为名副其实的"红色小区"。

首先，建立健全小区党组织体系。盐业小区通过不断完善党的组织体系，实现了党组织在小区的全覆盖，建立了"社区党组织—小区党支部—楼道党小组"三级架构的组织网络，使党的组织深入小区生活的最末端，密切党群关系。盐业小区党支部鼓励小区党员积极充实小区党组织体系，选派有能力、有威望的党员担任关键岗位，如楼道长和先锋团队均由党员兼任，以便及时、有效地把群众需求传递给小区党支部。

其次，创新党建模式。为贯彻落实湖里区"1＋4＋N"的文件精神，打造小区治理的提升版，在盐业小区党支部领导下，形成"六方联动"的党建模式。小区党支部与业委会、共建单位、专业社工单位、社会组织和社会志愿者实行在职能上交叉、业务上合作的方式，把党的决策和要求纳入其他治理主体的活动中，确保小区各项事务在党的领导下充分开展。为进一步深化小区党建工作，盐业小区积极落实党支部书记与业委会主任"一肩挑"机制，鼓励党员积极参选小区业委会委员，建设"红色业委会"。

最后，提升党员素质。党员素质高低直接决定支部工作的开展，盐业小区特别注重支部党员素质的提高，一方面，推选有责任感、有能力的年轻在职党员林华鹰同志担任支部书记，同时，还邀请80岁高龄的张智厚担任治理顾问，形成老带新的领头雁搭配模式。这种搭配模式既保持了党建初心的传承，又为小区治理注入了年轻思想和活力，使支部的核心作用得到有效发挥。另一方面，通过多种方式增强党员政治素养，盐业小区重点打造"红绸带"居民之家，借助这一平台，为小区居民提供便民咨询、支部活动、党群沙龙等支持，小区党支部还围绕该平台积极宣传国家大政方针，开展"爱党日"主题教育活动，不断提高党员政治素质。

二、支部深度嵌入小区

保证支部对小区治理活动的有效嵌入是实施"支部建在小区上"模式的关键。盐业小区通过多种举措，丰富支部嵌入形式，实现党的政策、方针与居民之间需求的合理对接，做大、做实支部的影响力。

首先，创设居民议事会，搭建协商平台。盐业小区在原有的自治组织基础上，搭建了民主协商载体"居民议事会"，该议事会主要由老党员、老干部和热心小区事务的成员组成。其中，党员约占总成员数的一半，党支部一般会把关涉小区利益的重大事件交由居民议事会决定，在广泛听取各方意见的基础上，通过民主投票的方式决定决策去向，最大限度调动居民参与的热情，实现了小区事务的公开化和透明化。据统计，居民议事会共梳理了"老大难"问题12条，争取到的财政投入89万元，完成小区地面硬化、立面整治、监控系统及景观绿化建设；发动业委会、共建单位和小区党员、居民不等不靠,多方筹资 22 万元进行楼道粉刷、电动自行车棚建设;引进电动车智能充电桩进小区,解决安全隐患。盐业小区为居民议事会制定了较为规范的程序,为该制度奠定常态化执行机制。这些程序包括:(1)确定会议主题;(2)会议召开前 2～3 天,把确定的议题发到议事会成员手中,以便征求居民和有关方面的意见;(3)居民议事会的召开,由小区党支部负责召集,支部书记或业委会主任负责主持;(4)居民议事会每月至少召开 1 次;(5)居民议事会必须有半数以上的成员出席,方可举行;(6)支部、业委会对议事会成员提出的问题要予以负责的答复。

其次,挖掘共建资源,增殖社会资本。为发挥小区党员示范作用,动员各方力量参与美丽小区建设,盐业小区定期召开由小区党支部、自管委员会、共建单位等六方参与的党建联席会议,在该会议中通报小区治理最新情况,群策群力解决问题。联席会议主要内容有:一是明确职责。确定联席会议五大工作职责,包括传达学习中央和省市重要党建工作会议精神,共同研究贯彻落实的具体措施;筹划区域党建的总体思路,讨论确定年度重要工作和活动安排;研究讨论小区内党的建设、经济建设和社会发展等重难点问题,及时提出相应对策措施;定期通报成员单位的党建情况,及时交流党建创新经验;整合资源、共同策划组织,开展特色党建活动。二是建立活动制度。确立警示教育共组制度、理论学习互动制度、精神文明共建制度、主题活动联办制度、单位网站互联制度等制度,明确每一项制度由专人负责,各职能部门与联席会议成员单位共同推进。党建联席会议制度建立了互联、互补、互动的区域党建新格局,促进资源互补、优势互补、合作共享,在变化中挖掘多种资源。盐业小区利用党建联席会议的活动契机,为小区办了多件实事。如共建单位区法院开展法官服务下沉小区,为小区居民提供法律咨询服务;共建单位嘉福花园幼儿园党支部开展"好嘉人,乐元宵"进小区活动,为小区老人送去节日关怀;12349 社工服务机构把健康咨询、义诊、义剪等便民服务送到居民家门口,使每个居民都感受到党组织的温暖。

最后,深耕文化建设,传承红色基因。红色文化是我党在不断劳动、创造和斗争中所积淀下来的优秀文化。弘扬红色文化是丰富社会主义核心价值观内涵,推动新时期文化发展、创新和繁荣的关键。盐业小区坚持以文化人、以文育人,多措并举,厚植红色基因,提升居民对红色文化的崇敬感、认同感。一是抓硬件搭建文化舞台。进一步完善小区文化活动设施建设工程,建立核心价值观宣传长廊,通过整治改造,建立了健身文化广场、居民议事厅、手工坊、棋牌室、多媒体室等,为活动开展提供了必备的舞台。二是抓队伍构建交流平台。充分发挥社区中文化骨干的带头作用,建立合唱队、舞蹈队等一批热爱小区、乐于奉献的小区文化骨干,充分发挥其在小区文化和精神文明建设中的主力军作用。三是抓服务成立志愿者服务联盟。由党员志愿服务队、青年志愿者、小小志愿者队伍、平安志愿者共同打造,为社区居民提供全方位、立体式、环绕式服务。涌现出小区自管委员会主任张智厚、共建单位盐业公司机关党支部书记许建平、小区党员杨长宝等优秀党员志愿者,成立小区"最美代盐人"志愿服务队。

三、提升支部服务小区能力

首先,探索实施服务清单制模式。小区党支部把关爱服务、公共服务、志愿服务、居民服务、安全服务、维稳服务、环保服务、卫生服务列成清单,供居民群众选择。同时,大力推进公共服务体系建设,将社区便民代办点下沉进小区,切实实现劳动就业、社会保障、社会救助,以及医疗卫生、文化、教育、体育、安全等服务工作,使公共服务在小区落地生根。发挥"最美代盐人"志愿服务队的自我管理和自我服务优势,小区三分之一户居民户加入志愿服务队,认领多功能室场所管理、绿植养护、自行车停放管理、电动车规范充电管理、健身路径维护管理、楼宇志愿服务宣传、环境安全巡逻队、文明劝导等小区志愿服务,进一步帮助"最美嘉盐人"树立起主人翁意识和责任感。

其次,服务下层通民需。为进一步把便民代办点的服务延伸下沉进小区,真正实现"公共服务"进小区,盐业小区所在嘉福社区首推优秀共产党员陈碧纯任小区秘书，让居民在小区内便可享受"便民一站式"服务。同时，围绕居民需求，盐业小区在党支部带领和支持下，把小区的"党群活动中心"改造成为"七小"服务中心，该中心由红盐室、融盐室、心盐室、盐好室、健盐室、书盐室六大版块组成。其中，红盐室是小区党支部书记、自管会主任、小区秘书的办公室，在这里他们收集民意，处理小区日常事务，研究解决难题，共商共建幸福小区。融盐室承担着小区调解的重要任务，在这里小区调解员和小区律师进驻，打造专业化、多元化的纠纷调解机制，促进居民和谐互融。心盐室主要功能是健康 e 站/心理咨询。盐好室主要功能是纠纷调解/信访维稳。健盐室是智慧 e 站健康空间，采用小区医生、心理咨询员、助老员有效结合的三方联动方式，实现"健康无忧"的小区健康管理新模式。书盐室是嘉福社区书院分课堂，小区教师进驻开展活动的空间，重点发挥小区文化传播、小区社会组织孵化等功能。居民时常在这里听党课、做手工等，乐享休闲时光。

最后，发动联建党员认领服务。长期以来，盐业小区党支部着力解决居民关切的"难点、痛点、堵点"问题，积极探索党建引领基层治理的有效路径，与 18 家联建党组织和 104 位党员，认领了居民"服务"和"需求"项目 134 项，同时各联建单位执行轮值制度，开展"立足岗位做贡献，我为党旗添光彩"等主题党日活动及"一日捐""爱心集市"等爱心活动，以实际行动助力小区治理。此外，结合居民需求，盐业小区与其所在的嘉福社区共筹集资金 394 万元，解决了盐业小区缺水缺电等长期困扰小区治理的难点痛点问题。如今，小区路灯亮了，监控系统装上了，居民安全有保障了。在党员的带领下，盐业小区居民也主动参与到小区的建设中来，在小区党支部和管委会的号召下，居民们自己动手，清理了垃圾、填平了空地、拆除了违建，换来了小区翻天覆地的变化——小区实现了封闭管理，新安装的监控让居民家中遭窃的情况迅速减少；通过抽签方式公平分配、重新规划的停车位，既规范了交通秩序，又减少了邻里纠纷。与此同时，还自动筹款 2 万元，用于小区日常维护。

　　综上所述,盐业小区通过党建引领把握小区治理方向,通过完善支部组织建设强化小区治理领导,通过居民议事会加强业主自我管理,通过广大业主积极参与共商共建,通过部门协同创造小区优良环境,各方齐心协力,在小区支部带领下,把"支部建在小区上"的工作做强、做实,打造共建共治共享的小区治理新格局,营造人民群众的幸福美好家园。

第三章
自治激活小区：
业委会旧貌新颜

作为城市小区业主自治的重要载体和广大业主的"法定代表"——小区业主委员会与社区、物业服务企业共同构成了现代城市小区治理的"三驾马车"，扮演着小区业主合法权益维护者、代言者的角色，也弥补着城市社区治理的不足，打通了城市社会基层治理的"最后一百米"。然而，业委会启动难、筹备难、决策难、换届难、监管难等"老大难"问题，却严重影响了业委会参与城市小区治理的效能，成为现代城市基层社会治理亟待解决的民生难题，也是创造城市居民高品质生活必须要清除的"拦路虎"。厦门市湖里区坚持以问题为导向，以党建为牵引，创新制度机制，着力发挥小区业委会自治功能，激活小区自治活力，提升小区治理效能，加快形成城市小区治理新格局。

一、参与小区治理的逻辑基础

小区业主委员会作为城市小区业主的利益代表和小区业主大会的执行机构，在小区物业管理区域内代表业主利益，反映业主诉求，监督小区物业管理，是与社区、物业服务企业等小区治理主体互动合作的群众性自治组织。业主委员会参与现代城市小区治理具有现实的合法性、合理性和有效性。

(一)业委会参与小区治理的合法性:建筑物区分所有权理论

随着中国城市社会的转型和城市住房制度的改革,城市住宅"单位制"逐步解体,人们从租住公房的居民日益变成拥有私房的业主。为了强化城市住宅小区公共空间的治理,作为小区业主自治组织的业委会应运而生。而建筑物区分所有权理论则是业委会制度存在的法理基础。所谓业主的建筑物区分所有权,是指业主对建筑物内的住宅、经营性用房等专有部分享有所有权,对专有部分以外的共有部分享有共有和共同管理的权利,是具有集合性、整体性和不可分割性的特殊所有权类型。"建筑物区分所有权是随着现代城市的兴起和建筑的发展而产生的不动产所有权形态。"①商品房的发展带来了过去农村社会"独门独院"式住宅和计划经济时代城市租赁房屋未曾凸显的问题,即住宅的私人属性与公共属性的结合问题。传统依赖邻里关系来调解居民纠纷的方式在当今社会日益显现出其局限性。

根据我国《物权法》的规定,业主对于专有部分单独拥有所有权,而对于共同拥有的公共部分,可以共同拥有,并且共同管理。从法律关系来看,业主委员会与物业服务企业是委托者和受托者的关系,是聘用与受聘的关系。在法律上,业主委员会有决定委托或不委托、聘用或不聘用某个物业服务企业的权利,物业服务企业也有接受或不接受委托、受聘或拒聘的权利。两者无隶属关系,不存在领导和被领导的关系,也不存在管理和被管理的关系,两者在法律上是平等的。从经济关系来看,物业服务企业提供的物业管理服务是有偿的,在提供一定的物业管理服务的同时,应获得相应的报酬。同样,业主在享受到这些管理服务的

---

① 王利明,杨立新,王轶,等.民法学[M].6 版.北京:法律出版社,2020:385.

同时,也应付出相应的费用。物业服务企业与业主方面的这种经济关系是通过物业服务合同确认和保证的。合同签订后,双方分别承担不同的权利和义务。物业服务企业应按合同规定及要求提供相应的管理服务,向业主委员会及广大业主负责,并在日常工作中接受他们的监督;同时,业主委员会及广大业主应协助物业服务企业开展工作,并按时缴交物业服务合同写明的各项费用。双方在经济关系上也是平等的。而建筑物区分所有权理论所包含的业主权利明显由"专有权""共有权""成员权"三部分构成。根据我国《物权法》的规定,业主既可以自己来管理,也可以委托他人来管理小区的建筑物及相关附属设施。这种管理权是建筑物区分所有权中"成员权"的体现。业主的这种"成员权"①就是全体业主通过选举业委会来进行物业管理的正当性来源。因此,业委会的权利来源于业主的成员权。业委会的权利范围限定在业主的共有权的范围之内,而对业主专有部分则无权干预。

(二)业委会参与小区治理的合理性:物业管理的现实需要

在市场经济高度发达的今天,由业主亲自管理物业的现象几乎不复存在。由于业主的分散性和在时间、精力、能力上的不可操作性,绝大多数的城市住宅小区都是通过委托物业服务企业的方式来进行物业管理。然而,业主与物业公司的矛盾又是成立小区业主委员会的重要诱因。现实中多数小区业委会都是在小区业主与物业公司矛盾愈演愈烈的情况下,为维护小区居民权益联合起来对抗物业公司而成立起来的。一方面,物业公司收取物业管理费困难,没有足够的资金支撑维护小区物业服务;另一方面,业主对现有的物业公司服务质量不满,认为物业的收益不仅包括物业管理费,还包括以隐瞒收益的方式谋取的超额利益,严重损害全体业主利益。正如某小区前物业经理揭露的物业

① 王伟.住宅小区业主区分所有权问题研究[D].长春:吉林大学,2012:5-20.

"潜规则":除了物业管理费以外,小区电梯广告费、地上地下停车位的租金以及小区内公共建筑的外包费用都是收益,尤其是小区停车位的收益最为丰厚。

随着业主与物业公司之间的矛盾冲突不断激化,业主的权利也不断遭受侵害,作为个人的业主,很难有精力在工作之余抽出时间、耗费金钱去与人力财力强大的物业公司进行抗争。同时,信息的不对称在很大程度上也限制了业主的知情权,许多业主甚至未意识到自己的权利遭受侵害。但是,随着我国公民权利意识的不断觉醒,公民在维权过程中,日益认识到"各人自扫门前雪,莫管他人瓦上霜"的独自抗争并不能取得预期成效,而作为业主利益代表的自治组织——业主委员会则可以代表业主主张应有的权利,成为业主所共同选择的维权之路。此外,业主委员会还是连接业主与物业、社区、政府等组织的桥梁,不仅工作内容涉及小区内共有房产、设施、资金等的管理和关涉业主公共利益事项的处理,还可以很好地集中业主的意愿,提高与其他单位组织或政府的沟通效率,改变业主个人在人力、财力、信息等方面的劣势地位。

(三)业委会参与小区治理的有效性:业委会的重要作用

小区业委会对于小区业主来说,不仅仅是将业主的个体力量聚合成维权的集体能量的有效机制,更为重要的是为小区业主参与小区日常管理提供了平台,特别是强化了小区业主对小区物业的监督管理。业主委员会作为全体业主的代表,主要作用体现在以下几个方面:

一是选聘、续聘物业服务企业。在没有成立业主委员会的情况下,当业主与物业服务企业发生纠纷(比如认为物业服务企业无法保障小区的安全,门卫形同虚设,对物业服务企业的收费标准、服务质量不满意)时,业主采取的方式大多是拒绝交纳物业管理费。而物业服务企业在业主不交纳物业管理费的情况下,无心服务,服务质量每况愈下,形成恶性循环,结果损害的还是业主自己的利益。在成立业主委员会的情况下，当广大业主认为物业服务企业提供的服务质量到位、价格合理，那么业主委员会可以代表广大业主和物业服务企业进行续约；反之，则可以解除与物业服务企业的合同，另外选聘新的物业服务企业。

二是监督审核各项经费支出。业主对物业服务企业收取的费用如何使用往往不得而知，特别是专项维修基金的使用。专项维修基金主要用于物业共用部位、共用设施设备的维护和更换。但目前很多业主都不知道该基金用于何处，甚至在很多小区，该费用被物业服务企业中饱私囊。而业主委员会可以决定专项维修资金使用、续筹方案，并监督实施。

三是监督协助履行物业合同。业主委员会可以及时了解业主、物业使用人的意见和建议，监督和协助物业服务企业履行物业服务合同；同时业主委员会可以代表业主行使对公共部位的共有权利，比如制定、修改物业服务企业管理区域内物业共用部位和共用设施设备的使用、公共秩序和环境卫生的维护等方面的规章制度；可以要求物业整改并完善小区配套设施等。

四是充当治理主体沟通桥梁。在生活当中，业主与业主之间，业主与物业服务企业、开发商之间都有可能发生各种各样的纠纷，当纠纷出现时，业主委员会可以充当其间的桥梁，起到很好的沟通作用，避免问题的恶化。业主委员会除了能够让广大业主受益外，对于正规的开发商和物业服务企业的工作开展也是有所助益的。业主委员会可以帮助开发商了解业主的需求，使开发商提供的服务更好满足业主的需求，避免未来出现纠纷。业主委员会还可以对物业服务企业日常具体服务提出意见建议，促使物业服务企业进行相应完善，促进小区物业服务水平提高等。

二、参与小区治理的实践探索

截至 2021 年 3 月,湖里全区共有 426 个小区(统计口径与区建设局存在差异),其中商品房小区 287 个、单位宿舍小区 48 个、纯安置房小区 43 个、小产权房小区 14 个、保障性住房小区 4 个等。全区有成立业委会的小区 260 个,占比 61.03%,另有成立自管小组的小区 32 个,占比 7.51%。全区小区呈现"三多三难"特点:

一是老旧小区多,选聘物业难。全区 2000 年以前老旧小区 220 个,其中 1990 年以前小区 55 个,老旧小区占全区小区总数 51.64%,主要集中在湖里街道(占 69%)、江头街道(占 21.8%)。220 个老旧小区中,有商品房小区 131 个、单位宿舍小区 43 个、安置房小区 30 个。全区有 130 个老旧小区未选聘物业公司,由小区、单位自管或社区代管,其余选聘物业公司的老旧小区多为商品房小区,物业管理费普遍低于市场均价。

二是单位宿舍小区多,小区组织成立难。全区有 48 个单位宿舍小区,占全区小区总数 11.27%,如金鼎社区辖内 11 个小区均为单位宿舍小区。截至 2021 年 3 月,全区还有 32 个单位宿舍小区未成立业委会,15 个单位宿舍小区因党员数不足,未成立小区党组织,18 个单位宿舍小区成立"兼合式"党支部。单位宿舍小区普遍建成年代较早,经多次更迭转手,产权主体复杂,习惯停留在单位大包大揽的惯性思维,居民自治能力较弱,小区组织成立相对较少,小区组织架构较为不健全。

三是安置房小区多,日常管理难。全区有 43 个纯安置房小区,商品房与安置房混合型小区 4 个,共占全区小区数 11.03%。湖里街道和江头街道的安置房小区建成年代较早,户数较少,多数有成立业委会,但有些到期未换届,缺乏物业管理。禾山街道和金山街道的安置房小区建成相对较晚，小区规模较大，居住人口数多，多数属前期物业管理，尚未成立业委会的比例较高。截至2021年3月，全区上千户的小区有35个，其中商品房小区18个、安置房小区9个、保障性住房小区4个，有8个2000户以上的小区，安置房、保障性住房、小产权房和统建解困房小区占了7个，高林一里和高林三里的保障性住房小区户数最多，均超4000户。由于小区占地面积大，居民结构混杂，素质参差不齐，小区乱搭盖、乱停车及随意丢弃垃圾现象屡有发生，小区管理难度较大。

为破解小区业委会建设面临的问题和困境，湖里区在全省率先创新开展党建引领小区治理工作，全面推行"支部建在小区上"，通过党建引领，充分发挥业委会在小区治理中的基础性作用，吸纳多元主体参与，搭建合作网络平台，不断提升小区自治活力和能力，着力打造共建共治共享的小区治理新格局。

（一）注重顶层设计，强化系统推进

湖里区坚持以小区治理"1+4+N"制度为基本治理架构，以解决问题为导向，按照"条块结合、以块为主、属地管理、分工负责"的工作思路，推动小区党支部、业委会、物业服务企业"三驾马车"齐头并进，一体加强，统筹推进小区业委会建设。根据小区的不同类型，由街道和社区牵头推动条件成熟的小区尽快成立小区业委会，条件暂不成熟的小区先成立自管小组，逐步过渡，通过规范程序成立业委会，基本实现无物业小区各类组织全覆盖。对于历史遗留问题多、业委会成立较为困难的小区，由街道出面协调，厘清房屋产权主体管理责任，适时上报区直相关部门共同推动解决。区直相关业务主管部门加大对自管小区的业务指导和监管力度，联合街道、社区督促业委会抓好小区管理。对无党支部、无业委会、无物业的"失管小区"，由社区党委通过抓大联小帮建小区功能性党支部，以组织联建撬动地域性较为集中成熟的微型小区联片管理，借鉴殿前街道兴园社区将7318兵工厂宿舍、园山雅阁、省五建、雪梨公寓等 4 个微型小区合并,成立兴园雅苑党支部和联合业委会的做法,推动片区共建共治共享。

(二)深化党建引领,打造"红色业委会"

高质量推动党建引领,在深度融合、力量下沉、强化共建、突出实效等方面持续发力。为有效确立小区党支部在小区建设中的核心地位,以人员交叉兼职、工作相互融入等为突破口,切实理顺小区党支部与小区业委会等治理主体之间的权责关系,大力推动小区党支部书记和业委会主任"一肩挑",打造"红色业委会",有效凝聚小区治理的整体合力。

首先,强化业委会筹备换届的党建引领。湖里区以"远亲不如近邻"理念作为引领,通过将"支部建在小区上",让党组织的力量充分融入城市小区治理全过程,覆盖城市小区的每个角落。在小区党支部百分百覆盖的基础上,建立了党支部主导业委会换届制度,确保小区党支部在业委会候选人等方面把握正确方向。在城市住宅小区业委会的筹备组建工作中,首次业主大会筹备组组长由街道办事处领导担任,第一副组长由社区一名领导担任,常务副组长由小区党支部书记担任。业主委员会换届筹备组则由社区一名领导任组长,小区党支部书记任常务副组长。同时,根据城市住宅小区的实际情况确定筹备组成员人数,除组长、副组长外,规模较小的小区须由社区党组织推荐一人,小区党支部推荐一人,业主自荐三人参加筹备组;规模较大的小区须由社区党组织推荐两人,小区党支部推荐一人,业主自(推)荐四人参加筹备组。社区的指导推动和小区党支部的积极努力,有效促进了城市小区业委会的顺利组建和成功换届。如,悦星园小区在湖里街道徐厝社区指导推动下成立了业委会,并创下业委会备案时间最短的纪录(五十三天);铁路家园小区在殿前街道和小区党支部的引领下成立了小区业委会;嘉福盐业小区也在社区的介入推动下成立小区自管会。

其次,推动小区党支部与业委会深度融合。湖里区坚持探索通过民主程序，确立小区党支部对业委会的领导权，推动小区党支部书记与小区业委会主任"一肩挑"，打造"红色业委会"，为小区治理提供组织保障。湖里区在实施支部书记和业委会主任"一肩挑"过程时，根据业委会在小区治理中发挥的作用的不同，探索出两种模式。当业委会自治能力不足，无法有效整合小区资源，带领小区走向"善治"之路时，党支部需按照法定程序承接业委会职能，党支部书记可直接兼任业委会主任，创新业委会组织形态，实现业委会与基层党组织功能定位的合一。当业委会自治水平较高，居民对业委会的依赖性较强，党支部可探索实施支部与业委会合作模式，把业委会主任发展为党员，使两者形成在政治上领导与被领导，在业务上相互支撑的共治形态。支部书记虽然在名义上没有兼任业委会主任，但在实质上对业委会的工作仍然有指挥和监督之权。湖里各社区党组织、小区党支部积极将小区治理中履职情况好、日常表现好、群众口碑好的现任业主委员会委员，培养发展成为党员。与此同时，积极引导推动小区优秀党员参选业委会委员，切实提高小区党支部成员和业委会委员的交叉比例，提升小区党支部与小区业委会的融合深度，形成小区治理的整体合力。截至2021年底，全区除有76名小区党支部书记实现"一肩挑"外，另有14名小区党支部书记兼任业委会副主任，约有一半业委会主任是党员，平均每个业委会中至少有2名党员，还有的小区实现了党支部与业委会"两块牌子，一套人马"。

最后，深化小区党建融入业委会工作。按照《厦门市住宅小区业主大会和业主委员会工作指导规则》的相关要求，厦门市湖里区建立了小区党支部书记列席业委会制度和党支部先议制度。《业主大会议事规则》中明确规定，小区党支部书记及支委有权列席业委会日常会议，指导监督业委会依法依规履职。同时，在业主委员会不依法依规履职，造成不良影响，或业主委员会委员因辞职等原因人数不足总人数的二分之一不能正常开展工作时，由小区党支部代为履行业主委员会职责管理小区，直至选举产生新一届业主委员会。同时，建立了由小区党支部牵头,业委会、物业公司、理事会等自治组织共同参与的多方联席会议制度,为服务小区居民、规范管理小区事务搭建了平台。而凡涉及小区重要项目安排、大额资金开支、物业服务企业选聘等重大事项,落实"小区党支部先议"制度,先由党支部议定方案,再由业委会或业主大会做出决定。这就为业委会的决策注入了组织力量,有助于党员牵头在业主代表大会上凝聚共识,最大限度减少因信息不对等、群众误解造成的矛盾纠纷。如,翔鹭花城三期为解决小区停车难题,党支部先提出了"三证合一"方案,小区党员统一认识,带领业委会委员挨家挨户征求业主意见,取得了大家支持。与此同时,积极加强小区内部事务监督,全区共成立业主监督委员会 34 个、小区共建理事会 41 个,监督业委会实施财务公开、事务公开,对物业公司履职情况进行督查,确保小区治理和谐有序。

(三)强化能力建设,提升治理效能

湖里区把提升业委会的能力素质作为改善城市小区治理效能的重要路径,通过发挥小区精英作用、强化业委会能力建设、推进小区数字化治理等方式,不断提升业委会推进城市小区治理的效能和居民满意度。

首先,推动精英治理,把好"人选关"。凡城市小区工作做得好的,无一例外是党支部书记或业委会主任发挥了关键性作用。湖里区全面梳理小区党支部和业委会基本情况,建立全区基本信息库,加强对小区领路人人选的充分酝酿和组织把关,建立"正面清单"和"负面清单",严格审查人选资格,形成小区治理的正向效应。按照有能力、有威望、有公心、有热情的"四有"标准,拓宽知人识人渠道,由街道和社区靠前指导,严格按照程序落实好小区业委会选举换届等有关工作,把好人选关,确保选出"四有"小区带头人。禾山街道通过推动建立"小区书记储备人才库",指定专人一对一进行业委会筹备、换届等全程指导,推进指导金尚嘉园(富贵门,2019 年业委会集体辞职)在 2020 年 9 月成功选举产生新一届业委会。将小区能人选入小区业委会,有助于发挥小区能人的知识、经验、能力以及他们所具有的良好人脉资源,能够为小区发展争取到更为优质的社会资本,在小区治理中产生正向引导效应,带动更多小区居民参与到小区治理的行动中来,形成小区治理合力。如,湖里街道东荣社区东兴小区和江头街道后埔社区江头苑小区均为 20 世纪 80 年代末建造的老旧小区,二者都在小区党支部和小区业委会的带头表率下,发动小区居民组建自管小区、楼道小组长、安保巡逻队等自治组织,较好地代为履行物业公司的有关职能,常态参与小区公共秩序维护、绿化保洁、垃圾分类等志愿服务活动,成功破解了无物业小区环境"脏乱差"、违章搭建多、小区停车难等"老大难"问题。还有兴隆新村小区的陈开强,从带领业主维权的"刺头"到高票连选连任的小区业委会主任,并于 2019 年顺利当选小区党支部书记,带领业主探索"1＋6"小区管理服务机制,积极整合多方资源,使曾经"麻烦"不断、夏季用电荒、管理乱的小区,变身环境优美、管理有序的"省心"小区。

其次,强化学习培训,把好"能力关"。实践培训是提升小区业委会小区治理能力的"加油站"。建立小区业委会委员常态培训制度,有助于全面增强小区业委会的履职能力。湖里区适时组织业委会培训班,强化对业委会换届小区的业务实操培训,明确要求业委会换届拟进入筹备组的相关人员都须进行岗前培训,提升业务操作能力。各街道还对新换届业委会委员进行岗前培训,区级则视情况每半年对新任业委会委员组织示范性履职培训。通过定期参加学习培训活动,明确自身角色定位及工作权责,加深对政策法规、小区治理的认识与理解,切实增强小区业委会委员的业务能力,指导并带动业主依法、有序、理性参与小区物业管理,促进小区物业服务规范化。定期培训还有助于提高业委会委员的工作站位,使得业委会委员能够站在公共利益的视角看待小区问题,与其他主体有效协作。同时,培训还为不同小区业委会间加强沟通交流提供了平台,有利于取长补短,互相支持帮助,解决小区治理中的共性与个性问题,提升治理能力。湖里区在举办小区治理、物业管理和换届选举等培训班以提高小区综合治理能力外,还引进专业社工为业委会进行小区治理提供咨询帮助,准备筹建小区治理法律顾问团,指导规范小区治理制度设计,切实为业委会强化小区治理的能力提供支撑。

最后,加强信息驱动,把好"效能关"。城市社会是数字化和信息化高度聚集的社会空间场域,推动城市住宅小区治理要充分利用数字化、信息化管理工具,对小区治理的信息及时进行收集和分析,实现对城市住宅小区的精细化、科学化、规范化和高效化治理。湖里区的大多数小区业委会都通过搭建小区微信群、QQ 群、小区论坛、微信公众号等各种途径来不断提升小区治理的信息化水平。一方面,业委会通过网络空间媒介,积极听取业主建议意见,满足业主需要,实现小区资源公平分配;另一方面,借助小区的数字化治理平台,做好政策宣传、业委会工作情况通报,让广大业主都知道小区工作的进展,进一步增强小区业主对业委会工作的认同感和对小区共同体的归属感。如针对小区业主大会召开难、小区事务表决效率低的问题,湖里区大力推行"业主代表制",探索由业主代表大会代替业主大会行使决策权,采用电子投票手段等方式进行表决,顺利推动与业委会、物业相关的小区重大事项的决策落实,有效提高小区治理的工作效能。

(四)完善制度体系,规范治理行为

制度是业委会实施小区治理的规则体系,也是确保业委会规范有序运行的稳定剂。湖里区坚持以制度建设促进城市住宅小区治理规范化,以制度约束业委会的小区治理行为。

首先,优化制度体系。制度是推动管理规范,建构管理秩序的基础。为推动业委会工作提供制度保障,湖里区制定了《加强小区业主委员会建设暂行办法》,并按照《厦门市住宅小区业主大会和业委会工作指导规则》的相关要求和配套示范文本，规范业委会章程、工作运行机制、议事规则和管理规约。通过建立业主代表大会制度，明确了所有住宅小区都要成立业主委员会或自管委员会，完善召开业主（代表）大会的条件，增强业主表决的灵活性、民主性。探索建立业主代表制度，以楼栋、梯位等为单位选举业主代表，通过业主大会议事规则赋权业主代表大会可代行业主大会部分职责，避免业主大会召开难、业主决策难的弊端。同时，倡导建立业主监督委员会制度，业主和社区工作人员、小区党支部委员、社区法律援助站律师共同组成业主监督委员会，联手监督业委会的工作，确保依法合规。此外，还不断细化小区业委会的工作职责，为明确业委会的工作范围和目标指明了方向，为业委会推动小区治理提供了有效的制度保障。

其次，完善运行规范。为深化小区业委会的规范化建设，湖里区2018年正式下发《加强小区业主委员会建设暂行办法》，2020年11月，针对实践中居民意见较大的、多发频发的业委会问题，又以"打补丁"的形式出台了全省首个针对小区业委会规范化建设的措施要求——《湖里区加强小区业委会规范化建设的十条措施》，旨在从人、财、物方面建立对业委会的事前介入（筹备阶段）、事中监管（运行阶段）、事后救济（问责阶段）的制度闭环。一方面是规范重大事项决策制度。凡涉及小区重要项目安排、大额资金使用、物业服务企业选聘等重大事项，须依据业委会章程规定，按照程序进行事项决策、项目实施、资金预决算和物业选聘等工作，切实统筹好小区公共资源的管理、使用和经营。另一方面是完善业主委员会资金管理制度。明确业委会必须开设专门财政账户，明晰业委会工作经费来源、建立业委会财务审计制度，对业委会决定使用的经营收益不得采用现金开支，单次金额超过2万元的必须使用电子转账，确保业主共有资金、收益储存和管理公开化、透明化。还有是严格小区信息公示制度。对小区业主大会或业主委员会的会议决议要及时公开，而涉及业主切身利益的公维金、公共收益和业委会工作经费收支等情况每季度至少公示一次，使居民知道经费使用情况和去向。此外,还探索建立对业委会财务的随机审计制度,以街道为单位,每年对业委会财务随机审计 20％,资金由财政承担。当出现群众反映强烈、矛盾较为突出或小区经营收支使用较大等情况时,由街道从备选库挑选审计机构组织对小区进行审计,防止腐败滋生。

最后,健全激励机制。小区业委会是群众性自治组织,讲求奉献精神的同时,如何调动业委会委员的工作积极性,是强化业委会履职尽责的关键。业委会委员积极参与小区治理,努力为小区居民服务,却不拿一分钱报酬,具有志愿服务的性质和较强的奉献精神。但是,业委会工作繁多而琐碎,如小区入户门禁系统更换,绿化修剪维护,大修工程民意收集、入户调查,以及居民的矛盾冲突调解等既耗费时间精力,又时常落下埋怨,影响了业委会委员的工作积极性和自我满足感。湖里区通过探索建立健全对业委会的激励机制,在鼓励业委会自愿和奉献的基础上,为业委会工作注入持续性动力。如每年自下而上、公众参与推选"十佳小区业委会""十佳小区物业",以区委、区政府名义进行表彰;定期评选小区治理系列最美人物,其中包括最美业委会主任、最美"领头羊"(小区党支部书记兼任业委会主任)、最美好搭档(小区党支部书记、业委会主任相互配合好、服务居民成效好),并对小区治理最美人物开展"礼遇行动"。同时,在区、街道定期评选优秀业委会和优秀业委会主任,将评选结果作为小区治理小额"以奖代补"的重要依据,并探索将表现特别优秀的小区党支部书记和业委会主任"一肩挑"人员吸纳作为社区干部后备人才,纳入全区社区主官的培训体系,切实强化业委会委员的成就感、荣誉感和获得感,激发业委会委员的工作积极性。

(五)突出协调联动,汇聚治理合力

城市小区治理涉及多方主体,湖里区在推进小区治理过程中注重发挥业委会的基础性作用,强化与其他主体的多元协同,汇聚形成小区治理的整体合力。

首先,注重发挥协调联动效应。小区业委会作为小区居民群众性自治组织,在小区治理主体中居于基础性地位。湖里区高度重视充分发挥小区业委会在小区治理中的协调联动效应。一方面,引导小区业委会主动出击,加强与业主的紧密联系,积极引导小区居民共同参与小区治理,实施"在职党员到居住小区报到""拟提拔党干部征求小区党支部意见"等"正向引导＋反向约束"四项制度,赋予小区居民对干部"八小时外"的监督权,切实激发小区党员亮明身份、参与小区治理。同时,积极听取收集业主意见,带领小区业主积极参与所在社区公共事务,代表业主发言提意见。另一方面,推动小区业委会加强对物业公司的监督与管理,协助物业公司进一步了解业主需求,确保业委会引进的物业公司更好地为小区和业主服务。此外,湖里区的小区业委会还积极借力社区居委会,让社区居委会在政策指引、资源下沉方面为小区提供支持,而业委会则协助社区深入业主中收集民情民意,化解居民矛盾冲突,做好安全维稳工作,进一步形成整体合力,降低了社区的运行管理成本,实现了共赢局面。如金山街道金山社区还邀请片区处级以上领导干部、共建单位党组织负责人、企业代表、设计师等近50人,组建小区治理智囊团,推动资源下沉小区,为小区提供各项志愿服务活动达1820人次。

其次,积极打造小区治理共同体。随着城市日益发展,城市住宅小区的主体也日益变得多元化,小区治理需要吸纳小区多元主体参与,搭建合作共治网络平台。湖里区一方面积极引导小区业委会充分发挥好动员、联系、协调、组织的作用,充分调动各项资源用于小区治理。积极开展"红色业委会"引领小区治理"双献双促"活动,小区党支部、业委会引导党员和业委会委员主导制定、带头遵守、主动维护居民公约,全区134个小区制定了小区居民公约,形成了小区居民的共同体意识和公共价值。小区业委会还积极向社区、街道等争取资源,使惠民政策向小区倾斜,进一步改善小区公共设施、公共环境。另一方面,积极推动扩展政府公共服务职能向基层延伸,鼓励小区周边的学校、单位等加盟小区共治,孵化小区内生性社会志愿组织,鼓励社会志愿组织参与小区服务与治理创新。通过借助湖里区策划的"百个小区的幸福链接"平台,以小区业委会激活政府、社会与公众力量,推动多元主体开展普遍、广泛、深度的互动与合作,探索将小区变成每一户居民、每一个社区组织的"大家",整合各种资源,力促解决小区民生实事。

三、参与小区治理的突出成效

一是推动了小区治理有序自治。通过推行"支部建在小区上",推动小区党支部和业委会的融合,有效规范了小区治理,把党的旗帜竖起来、让小区带头人站出来、让小区群众参与进来。5 个街道在全部实现小区党组织和工作全覆盖的同时,不断强化小区业委会建设工作。搭建起党建引领、业委会推动的小区治理规范化运作平台,小区党支部和业委会共同牵头规范管理小区事务、调处小区重大事项,使得小区治理有了主心骨。为有效突破小区治理难题,全面加强湖里区小区办统筹抓总职能,建立区、街道、社区、小区"四级"调处机制,稳步推进各职能部门建立小区治理难题解决工作机制。通过建设"红色业委会"、发挥党员先锋模范作用,带动群众积极参与,合力推进基层治理体系和治理能力现代化。着力从群众最关心、最期盼解决的问题入手,通过清单式、点单式、菜单式等实现精准服务,破解小区治理难题。

二是提升了物业管理服务水平。发挥行业协会的智囊团作用,组建小区治理专家顾问团,定期组织召开业委会主任联谊会,邀请民政、建设、物业和法律方面的专家顾问传经送宝,总结交流小区治理工作经验,推动行业自律。健全完善物业服务星级评定机制,合理运用市场化经济手段引导物业提升管理服务水平。针对有小区党支部、业委会的小区,联合街道、社区督促小区业委会明确小区管理模式、服务内容标准及费用等相关事项,加强对自聘人员的业务培训,抓好小区的日常管理服务,并逐步推动小区按规范流程选聘物业服务企业。引导业主修订完善小区管理规约、业主大会议事规则,在充分尊重居民意愿的基础上,明确小区管理责任主体,建立长效管理机制。在全区推广使用智慧小区平台,运用可溯源的现代化手段,督促小区业委会规范管理小区,物业服务企业及时响应居民需求,提升管理服务水平,促进小区透明化良性运作。

三是推进了小区软硬件改造提升。在全区层面统筹规划,加大推动无物业小区基础设施改造提升力度。以问题和需求为导向,按照先民生再提升的原则,摸底选取居民改造意愿强烈、参与力度高、市政配套设施较差的小区进行改造,重点向组织架构健全的小区倾斜,分批有序推进。在改造过程中,注重引导居民广泛参与,单位、个人、社会组织等出钱出人出力,厘清政府和居民的管理责任,健全完善小区公共资金收支公开制度,紧紧抓牢无物业小区的"钱袋子",创新老旧小区收益方式,开源节流,合理统筹使用公共资金,发动居民自筹、单位扶持、政府贴补等方式,在一定程度上解决了小区基础设施改造资金缺口问题,逐步推动小区由"政府代管"向"居民自管"转变,形成可持续可复制的无物业小区改造治理模式。

四是实现了小区规范化运作管理。小区业委会以治理为契机,有效培育了小区居民的公共精神,促进了小区走向规范化管理。进一步健全完善小区议事协商制度,创新开展小区事务听评会,民主协商、评议推动小区各项公共事务,保障小区居民的知情权、参与权和监督权。以居民自治共管为目标,业委会积极挖掘培育一批有奉献精神、有为民服务公心、特长能力突出的小区"草根人才",促使其主动加入小区各类组织,成为小区自治"核心力量",提升居民群众参与主动性、创造性和积极性。探索建立多方联动机制,成立业主监督委员会、共建理事会,定期组织召开联席会议,整合资源,研究解决小区管理中的重大事项,为小区提供精细化服务,切实解决小区居民最关心、最迫切、最需要的问题,不断凝聚民心,提升小区自治能力,激发社会治理活力,持续增强居民群众的获得感、幸福感、安全感。

五是强化了小区治理激励引导。区小区办、区建设局和区民政局连续两年评选"十佳小区业委会"和"十佳小区物业",2019 年联合区直相关部门评选出 100 名小区治理最美人物,通过突出打造一批典型示范小区,发挥小区先进模范人物的引领示范作用,加强社会舆论的正面宣传,扩大小区治理的社会影响力,以强烈的对比效应,让居民群众认可支持小区治理,促进推动小区规范化管理。同时各个街道也结合典型打造,加强小区治理精神宣传和社区、小区业务骨干培训,扩大宣传动员效果,使小区治理家喻户晓、深入民心。如获评 2019 年"十佳小区业委会"之一的殿前街道北站社区铁路家园小区,就是在湖里区小区治理成效的感召下,在 2019 年底完成"三供一业"(即供电、供水、供气和物业)移交管理后,聘请物业统一进行规范管理,在抗击新冠疫情中发挥了积极作用。

四、参与小区治理的创新经验

厦门市湖里区小区业委会参与城市小区治理的实践经验表明,要实现业委会的成功组建和良好运行,必须强化小区党建对业委会的核心引领,积极争取上级组织对业委会的大力支持,切实发挥小区灵魂人物的关键作用,大力促进业委会管理运行的公开透明,确保业委会始终代表和增进业主利益。

一是强化小区党建的核心引领。基层党组织作为中国共产党的执政末梢,不仅是小区治理的重要力量,更是小区多元治理格局下的领导核心。加强基层党组织对业委会的领导,有利于全面提升城市小区的治理能力和治理水平。厦门市湖里区坚持"支部建在小区上",强化党对小区治理的领导,不断巩固党在城市基层社会的执政基础,为小区业委会的组建和运行提供有力的政治和组织保证。通过实施党员"双报到"制度,切实将党组织链条由社区延伸到小区,实现了党组织在城市最基本单元的全覆盖。而小区党支部通过强化对小区业委会的全面领导,实现了小区治理从群龙无首到核心引领的有效转变,有力推动了上级决策部署在小区的贯彻落实。通过党建深度嵌入小区治理的过程,将小区党支部的优秀退休党员干部选举进入业委会,或者把有责任、有能力的业委会委员发展成为党员,促进小区党支部与小区业委会的深度融合,着力打造"红色业委会",实现了小区党建对小区业委会的核心引领。同时,小区"红色业委会"还积极发挥小区党员同志在志愿组织和社会组织中的先锋模范作用和组织凝聚力,有效构建小区治理多元主体的互动网络,凝聚推动小区善治的强大动能。

二是获取上级组织的大力支持。业委会的成立与多个基层政府部门相关,包括街道办、房管局、派出所、社区居委会等,政府部门的态度决定了业委会能否顺利成立。根据《物业管理条例》规定,政府部门在业委会成立过程中主要起到协助与指导作用。湖里区大力支持推动城市小区业委会的组建,并将城市小区业委会组建工作作为社区业绩的重要考核指标之一。在国家大力提倡政府权力下移和小区自我管理的背景下,湖里区街道办与社区居委会着力加强城市小区管理,鼓励与协助小区建立本小区的业主自治组织——小区业委会。如,嘉福盐业小区、悦星园小区、铁路家园小区等都是在街道和社区工作人员的指导帮助下,成功实现了业委会的组建和换届。正是在街道和社区居委会大力支持和参与下,推动了小区业委会严格组建和换届程序,充分尊重小区业主权利,实现了社会主义民主在城市基层社会的生动实践。

三是发挥灵魂人物的关键作用。城市小区业委会的组建不仅过程相对烦琐,且组建工作纯属志愿公益,尤其是在进行准备工作时,热心业主不仅要牺牲个人时间与金钱,同时还可能遭遇个别业主的误解,甚至受到以开发商和物业公司为主的市场代表的百般阻挠等。因此,在推进小区业委会的组建过程中,湖里区高度重视挖掘和引导热心业主、小区能人来担任灵魂人物角色,带动其他业主一起维护小区利益,组建小区业委会。如兴隆新村的业委会主任陈开强、禾山街道宏伟大厦小区的"最美小区业委会主任"叶春和、湖里街道南山社区南山新村小区的业委会主任黄宪章、江头街道福洋花园的业委会主任吴月红等都是小区治理的典型代表。他们成功诠释了灵魂人物在小区业委会参与小区治理中的重要作用。正是在小区灵魂人物的带动下,业主群体逐渐意识到建设美丽和谐小区需要依靠小区自身力量,而成立业委会组织则是推动小区走向善治的必由之路。正是这些小区的热心业主,推动了小区业委会的成立,并最终当选为小区业委会委员,带领动员小区业主共同取得了小区治理的良好成效。

四是促进管理运行的公开透明。公开透明的管理运行机制是小区业委会建立小区治理公信力,获得小区业主支持认可的基本前提和制度基础。湖里区在推进小区业委会的组建运行过程中,把公开透明的制度机制作为小区业委会实施小区治理的长效机制来进行建设。首先,建立业委会向基层党组织定期通报工作制度,在小区重大事项比如物业选聘、公共设施完善、动用维修资金等问题上,业委会必须主动向党组织报告并以书面的形式向街镇房管部门报备,积极接受监督。其次,健全基层党组织主导的小区信息公示制度,基层党组织应该定期向业主公开各部门对业委会及其委员、物业服务企业等履行法定监督职责的监督检查结果。最后,基层党组织应该引导业主行使自身权利,监督业委会公开业主大会议事规则、管理规约和专项维修资金管理规定等重要信息,监督业委会定期发布动态信息和公共维修资金收支情况,监督业委会在表决重大事项前进行公示并征求意见,保障业主权益。正是小区业委会管理运行上的公开透明,使得业委会工作得以顺利进行,成为维护业主群体利益的自治组织和代表。

【案例】

"红色业委会"：凝心聚力解难题

——湖里街道村里社区滨海苑小区业委会的探索

党的十九大报告提出，基层党组织要成为领导基层治理的坚强战斗堡垒。小区治理是社会治理的基本单元，是基层治理的重心所在。湖里区探索建设"红色业委会"，通过在业委会发挥党员作用，创造性回答了党建如何引领基层治理、基层治理如何实现党的领导，探索出一条符合地方实际、具有湖里特色的基层治理道路。

建设"红色业委会"是湖里区探索小区治理的一大秘籍，其推行小区党支部书记和业委会主任"一肩挑"、将优秀的现任业委会主任发展为党员、引导小区党员在业委会中竞选任职。截至 2020 年 6 月，全区已有 77 个小区实现党支部书记和业委会主任"一肩挑"，124 个小区业委会主任是党员，595 名党员进入各小区业委会。党员发挥先锋模范作用，带动业委会以公心、热心、诚心服务群众。

滨海苑小区业委会就是湖里探索建设"红色业委会"的最好写照。

地处村里社区的滨海苑小区，始建于 1989 年，是湖里区第一个商品房小区，共有 260 户居民，常年居住的有近 850 人。小区内设施破损老旧、停车难、卫生环境差，是典型的老旧小区。在实行小区治理的几年间，滨海苑小区可谓活力非凡，改造小区停车场、接通管道燃气、消除消防隐患、建设居民之家……一件件便民、利民的工程让居民们赞不绝口。

一、党建引领：启动"红色业委会"

2017 年 11 月，滨海苑小区党支部成立，并选举当时已是 72 岁高龄的老党员周福林同志为小区党支部书记。时值滨海苑小区业委会换届争论最激烈的时候，小区党支部在街道党工委、社区党总支的指导下，率先向堵点开刀，决定启动实施"红色业委会"工作。由社区党总支牵头研究、指导意见,确立"党建引领、政府引导、多元共治"的工作思路。继而由周福林主持工作,由小区党支部牵头组织召开业主大会,动员热心公益事业、有责任心、有能力的业主来担任换届筹备小组成员。此时小区党支部成为业委会换届选举核心,有了基层党支部的领导,经过多次宣传、发动,广大业主积极踊跃参与和投票,于 2018 年 9 月 29 日顺利选举产生了滨海苑第五届业主委员会,同时推选表决周福林同志为滨海苑第五届业主委员会主任。滨海苑小区治理的工作思路逐渐清晰。

二、各方联动:解决"老大难"问题

方向已定,很快"红色业委会"释放出惊人的正能量。一是提升居住环境。根据小区实际情况,带头出资并发动居民参与,自筹资金 21 万元,改建停车位 41 个,并按照房屋产权证、身份证和车辆行驶证建立"三证合一"停车制度,解决了小区长期存在的停车难问题。同时,积极宣传垃圾分类,撤除高楼垃圾桶,组织改造小区东大门通道,使小区厨余垃圾车顺利进入小区,每天及时运走当天厨余垃圾。这样的治理成绩在厦视新闻播出,提升了小区业主自治的获得感、自豪感。二是打造便民设施。为了让小区居民用上管道燃气,由周福林同志牵头召开小区业主代表联席会议,并积极向街道、社区和相关部门呼吁,奔走协调,最后在街道职能部门和煤气公司的帮助下,把燃气管道铺进小区,解决了小区多年来没有管道煤气的难题。三是解决历史遗留。2019 年,在开展党员"双报到"活动时,"红色业委会"借助市、区报到党员的协调作用,顺利解决了小区公维金拖欠问题,成功追讨回大公维金 65.9 万元,小公维金 18.9 万余元,合计 84.8 万元,为消防整改提供了有力的资金支持,消除了重大安全隐患。四是建设居民之家。积极申请街道"以奖代补"项目 10 万元,小区自筹资金 3 万元,建设小区活动室、棋牌屋、健身角、休闲凉亭等,为小区议事学习、居民休闲健身提供了良好的场所。

三、奋楫前行:绽放"最美"业委会

"越是关键时刻,我们越要走在前。"在抗击新冠疫情的 2020 年期间,滨海苑小区业委会闻令而动,挺身而出,一方面做到动员部署、人员摸排、从严管控、坐班值班"四个到位",为小区居民筑起"安全岛"。另一方面做到小区治理不松懈。一是链接成立小区医生工作室,定期安排医护志愿者坐诊小区,为居民健康护航。二是将滨海苑11个楼道粉刷,扶手、铁栏杆、踢脚线全面油漆,楼道焕然一新。三是将深汇大厦消防楼道原破损铁皮窗户以及1—18楼破烂石膏吊顶全部更换为铝合金材质。四是为进一步美化环境,将车库平台(竹坑路4—6号楼平台)水泥进行硬化处理,杜绝私家种菜,并在4个花坛种植了900株花木。

滨海苑小区业委会时刻为居民着想,真心帮大家排忧解难,居民们有了大事小事都会找业委会寻求帮助,或者听听业委会委员的建议,即使再小的事,业委会也会全力以赴帮助居民。他们用坚持不懈、锲而不舍的精神诠释着服务于民的拳拳之心。如今,和谐温馨的氛围萦绕在滨海苑小区,许多原本陌生的邻居在小区活动群、居民群里成了好朋友。正如业委会主任周福林所说:"小事不出小区、大事一起解决,居民的关系自然越来越好。"

此外,湖里区在推动业委会建设过程中,还出现了一个独特的现象。很多社区工作者在自己生活的小区,不仅被选派为小区秘书,还被居民选为业委会委员。"社区工作者管理自家小区的事,自然会更加上心。"湖里区充分挖掘生活在各个小区的社区工作者,鼓励他们参与业委会选举,零距离为小区居民提供服务。

身兼"多元身份",社区干部将自己定位为小区居民与社区的桥梁与纽带。一方面,将区、街道以及社区的新政策、新服务传递给小区居民,当好讲解员、宣传员;另一方面,及时排查、调解、化解小区内发生的矛盾纠纷,并为居民提供社会保障、劳动就业、文体活动等一系列服务,做好调解员、服务员。从倾听问题到发现问题再到解决问题,社区干部悄然完成了身份转换,赢得居民的信任与认可。

"我每天的工作就是社区到小区两点一线。"在兴隆新村小区,"90后"社区安全员周不匀发挥专业优势,把小区安全摆在第一位。自从担任业委会委员后,他为每个楼梯配备灭火器,每季度进行消防检查。同时,还积极参与小区电表、路面、煤气改造和监控系统布点等工程。最令居民点赞的是,在他的推动下,这个老旧小区全面"触网",实现Wi-Fi全覆盖,居民能随时随地免费上网。

社区下沉小区,社区干部兼任小区业委会委员,不仅是身份的多重叠加,更是为民服务效能的加倍提升,还是推动小区美丽蝶变的动力之源。

第四章
服务送到小区：
治理资源的下沉

　　坚持以人民为中心，是习近平总书记关于社会治理方面的重要论述的根本政治立场。社会治理，说到底就是对人的服务和治理。社会治理要以人为本，把人民放在心中最高位置，坚持全心全意为人民服务。要随时随地倾听人民呼声、回应人民期待，而民生是人民幸福之基、社会和谐之本，民生连着民心，民心关系国运。要积极推动解决人民群众的基本民生问题，不断打牢和巩固社会和谐稳定的物质基础，从源头上预防和减少社会矛盾的产生。小区公共服务直接面对城市百姓、小区居民，是整个社会公共服务体系的基础，直接关乎小区居民的幸福指数，深刻影响城市社会的和谐稳定。完善小区公共服务体系对保障小区群众基本生活，不断满足人民日益增长的美好生活需要，不断促进社会公平正义，形成有效的社会治理、良好的社会秩序都具有基础性作用。然而，由于城市化进程的不断推进，城市居民对小区公共服务的需求日益呈现出多元化、复杂化、动态化、高品质的特点。面对小区居民日益增长的多元化公共服务需求，湖里区委、区政府践行以人民为中心的发展理念，坚持以满足小区居民需求为导向，推动小区公共服务模式创新，下沉公共服务，前移服务端口，切实把公共服务送到居民的家门口，有效地提高了人民群众的获得感、幸福感、安全感。

一、短缺失衡的小区公共服务

小区是人们生活的场域,小区居民有诸多公共服务需求,但是传统体制下公共服务供给与需求不能有效对接,存在诸多问题。

(一)公共服务供给主体单一

传统体制下,小区的公共服务完全依赖政府主导,其公共服务的运作模式基本是街道办事处领导社区居委会,社区居委会执行政府下达的命令和任务,直接为小区提供公共服务。小区通常只是作为社区延伸出来的办事机构而存在。在这种模式下,小区公共服务供给的行政色彩较浓,多为政府管理职能的延伸,具有一定的公益性和福利性,其投入周期较长,而对于小区居民多层次、多类型的个性化服务则关注力度不够,供给能力不足。同时,也忽视了社会组织的培育,更谈不上广泛动员和激活社会力量来实现小区公共服务的供给,仅有的少量志愿服务,其参与者多为学生和退休工作人员,他们虽有很强的公益心,但缺乏小区公共服务的相关专业知识储备、必要的专业训练和工作经验,往往无法满足居民对小区公共服务高质和高效的要求。居民的个性化公共服务需求本来也可以引入营利性的市场主体来供给,但政府部门没有制定鼓励企业进入小区公共服务领域的相关补助优惠政策,公共服务用者付费,成本分摊的问题也难以解决。因此企业的参与热情并不高,小区自然难以走出公共服务供给主体单一化的困境。

（二）公共服务供给资金短缺

传统体制下，小区公共服务的资金来源主要是政府财政拨款。随着人们对公共服务需求种类和数量的不断增长，政府有限的财力与公众多样的公共服务需求之间的矛盾日益突出。一般来说，公众对政府的期望是既要不断地提高公共服务的产量和质量，又不能增加税务负担。这使得政府处于尴尬的两难窘境。长期以来小区公共服务的资金来源主要依靠政府财政拨款和少量的居民捐赠、小区广告收入等，能够用于小区公共服务供给的经费常年处于较为紧张的状态。一方面，小区提供的公共服务相对单薄有限且无法贴合实际需要。另一方面，小区公共服务的政府"单中心"供给模式，行政色彩过浓，淡化了群众的参与，降低了居民的认同。这些都导致小区公共服务筹措资金的乏力，维持现有的基础服务尚且捉襟见肘，至于推进公共服务供给的扩展和改革就更加有心无力。

（三）公共服务供给结构失衡

传统体制下，小区的公共服务供给基本由政府所垄断，而由于政府自利性的客观存在，以至于一方面政府机构为了实现预算最大化而采取的行动常常会导致政府产出水平的过度扩张，从而超出公共服务的有效产出水平。另一方面，政府对那些与自身利益无关的公共服务领域则没有供给的兴趣和积极性，存在缺位现象，致使供给相对不足，从而造成公共服务供给的结构性失衡。多年来中国城市小区所提供的公共服务主要包括基础设施改造、低保工作、慈善慰问等在内的福利性、公益性服务项目，虽在一定程度上满足了小区居民日常生活的基本需求，给小区居民带来了便利，但对居民多类型、多层次、多样化的需求和偏好则关注不多，满足不够，缺乏该类公共服务供给的主动性和积极性,导致政府供给与小区公共服务需求没有实现有效对接,常常陷入供给不足和供给过剩并存的双重困境。

(四)公共服务供给信息不对称

小区公共服务在很大程度上属于一种双向互动的服务形态,需要通过各主体间相互作用、依赖、协调、配合和谈判等方式来实现公共服务的高效化和合理化。小区公共服务供给在选择的时候需要贴近居民的服务需求,在交付的过程中需要针对差异化的需求因地制宜;同时,也非常需要居民的反馈建议,以不断地进行优化和升级。但政府供给是一种单向性模式,缺乏必要的信息反馈机制,基本上只有政府对服务的安排和包揽,而没有公众对政府公共服务的选择和监督,往往导致公共服务供给信息沟通不到位、不充分、不对称,公共服务的供给决策不能有效反映和满足公民的需求。因此,小区居民在面对小区公共服务的时候,往往要么选择忽视与回避,要么将其作为市场经济的一部分来看待而忽视其公益性和共享性。小区公共服务与小区居民需求的错位,进一步加剧了小区居民对小区公共服务的价值质疑,自然参与度和关注度也就不高,造成了供需主体缺乏沟通意愿,而这反过来又进一步加剧了服务供需结构的错位和失衡。

(五)公共服务供给效率低下

传统体制下,政府作为唯一的公共服务供给者,在公共服务提供中缺乏直接的竞争性供给主体,即使运作效率低下,仍可以安然生存下去。加之监督机制的不健全,透明度比较低,外界很难对政府公共服务供给的水平和绩效进行监督。动力机制的缺乏导致政府在提供公共服务时往往不计成本,不重绩效,不考虑用最小的成本来提供更多的服务。其主要表现是小区公共服务以文化体育等公共设施建设和小区项目改造为主。这些公共服务项目的实施往往周期较长，效率低下，项目建成后利用率不高，经常处于闲置状态，未实现预期的运营效率，降低了小区居民对公共服务供给的现实预期。而小区居民需求较大的事务类公共服务，却难以在小区内部得到实现和满足，必须到小区外的街道或者社区居委会才能得到满足，由于手续烦琐，体验感较差，居民对政府公共服务供给的满意度较低，影响了政府形象和党执政的群众基础。

二、"家门口"服务体系构建进路

小区是尽享家庭温暖的港湾，寄托着居民们对幸福家园的向往，也承载着他们对品质生活的追求。针对小区传统公共服务供给存在的问题，湖里区坚持让发展成果为人民共享的理念，以满足小区居民需求为导向，发挥小区党支部的引领作用，推进服务资源下沉，优化小区公共服务模式，通过"基本公共服务＋特色服务"的形式，为群众提供一揽子"就近、便利、稳定、可预期"的服务，形成"小区事务小区办，便民服务小区享"的便捷高效服务体系。

(一)湖里区推动公共服务下沉的基本思路

按照"小区事务小区办，便民服务小区享"的目标要求，着力打造城市居民"家门口"服务体系，为小区居民提供"就近、便利、稳定、可预期"的社会民生服务，确保资源向基层倾斜、力量在基层汇聚、服务在基层提供、满意在基层实现，努力构建现代城市公共服务新模式。

一是强化党建引领，推动资源整合。发挥小区党组织的领导核心作用，构建党建引领下自治、共治、德治、法治一体推进的基层治理格局，始终坚持把加强基层党的建设、巩固党的执政基础作为贯穿基层社会治理的一条红线,做好政府资源下沉,社会资源导入,小区内部资源激活,最大限度整合小区公共服务资源,实现服务城市小区居民的最大合力。

二是强化供需对接,实现服务高效。居民"家门口"的公共服务项目设置要坚持符合居民群众需求,牢牢把稳群众满意度导向,提升服务效能。以定期征集小区治理亟待解决的十件大事为载体,创新城市小区公共服务供给模式,推动城市居民公共服务供给的融合互动、无缝对接。推进移动互联网、大数据等新技术新模式运用,及时掌握小区居民的公共服务需求变动、分布和特点,推动智慧小区服务。

三是强化资源集约,推行综合服务。注重资源集中集约利用,统筹考虑社区文体、医疗卫生、教育等功能,提高城市社区公共服务对小区居民的覆盖面和辐射力,提升社区公共服务设施使用效率。整合小区现有各级各类空间资源,将已有的单体设施及设施体系加以组合与弹性运用,建设包括党群服务、政务服务、生活服务、法律服务、健康服务、文化服务等在内的体现小区特色的"家门口"服务站,为公共服务功能承载和居民公共活动提供场所,构建资源集约、功能集成、服务综合的小区公共服务体系。

(二)"家门口"服务体系建设逻辑路径

1.建机制,加强顶层设计

湖里区在构建"家门口"服务体系时,坚持从整体上进行谋划,强化服务体系的顶层设计,形成了小区治理"1+4+N"的系列文件,明确小区党支部在小区治理中的领导地位,切实为强化基层党组织对小区公共服务的引领力,为推进公共服务下沉,满足群众日益增长的服务需求,构建党建引领下的小区公共服务体系提供制度保障。按照"支部建在小区上"的原则,通过吸纳居住在小区但组织关系不在小区的党员,探索在职党员和小区党员共同组成建制性或兼合式小区党支部,构建服务小区居民的骨干力量,不断巩固党组织在基层社会治理中的战斗堡垒作用。通过发挥党员干部的先锋模范作用,有效激活小区公共服务的内生资源,整合形成小区党支部、业委会、物业服务企业、志愿组织的小区公共服务整体合力,为"家门口"服务体系提供了强有力的组织保障。

2.选试点,加速成果转化

小区是城市基层社会的最基本单元,是服务群众"最后一百米"的基础性平台,是群众获得感、幸福感、安全感最直接的影响来源。湖里区在推进基层社会治理,构建公共服务体系过程中,始终坚持走群众路线,组织开展小区建设专项大走访、大调研、大落实活动,通过推选、评估,最后遴选确定了首批 13 个典型示范小区建设试点,组织召开试点小区建设工作推进会,协调解决建设过程中的困难和问题,围绕移风易俗、垃圾分类、基础设施、环境卫生、公共安全、居民素养等矛盾集中点,强化公共服务,实现了政府部门零距离服务居民。目前,湖里区"家门口"服务体系工作已从试点先行到多点开花、全面展开,工作重点也从量的增加转到质的提升,初步形成了以区、街道、小区三级平台为依托的公共服务网络体系。

3.定规范,加快转型升级

湖里区围绕"家门口"服务体系建设,在总结先行试点经验的基础上,针对小区居民关心关注的公共服务事项,形成一套规范化、标准式的公共服务模式,并在湖里全区推行。如湖里区打造形成了辖区内 15 分钟医疗圈,提出小区党群服务站等小区公共服务模式,构建形成了以"七小"(小食品经营及加工单位、小餐饮店、小熟食店、小理发美容店、小旅店、小浴室、小歌舞厅等)门店为主体的"家门口"服务体系标准化建设,探索形成了以小区党员为核心骨干的小区居民志愿组织服务模式,有效推进了城市小区公共服务均衡化,提升了公共服务的质量和水平。此外,注重把握一般小区公共服务的普遍性问题与特殊性需求,坚持分类指导,突出公共服务精准化。高档住宅小区重在思想引领,提升凝聚力;老旧小区重在改善环境,提高居民居住品质;安置房小区、保障性住房小区重在关怀帮扶特殊居民群体;外口公寓小区重在强化主人翁意识,凝聚建设合力等。按照"普惠＋特色"的原则,根据小区实际情况叠加实用的特色项目,促进所有公共服务做到"就近、便利、稳定、可预期",促进小区党建和小区文明"双提升"。

三、"家门口"服务体系建设措施

构建"家门口"服务体系,就是要按照"强化党建引领,推进服务下沉,弘扬为民惠民"的要求,在小区层面构建一个整合资源、精准服务的多层次小区居民公共服务网络,打造一个资源整合、功能集成、机制有效、群众参与的平台,为小区居民就近、便利、稳定、可预期地提供政务、生活、法律、健康、文化等各项基本服务,从而实现"生活小事不出小区,基本民生服务就在身边"的高水平治理目标,努力构建现代城市小区精细化、便捷化的服务供给新模式。

(一)强化小区服务的党建引领

"支部建在小区上",强化基层党建对小区"家门口"服务体系的核心引领作用,有助于为公共服务资源下沉小区提供有力的政治和组织保证。建强小区党支部,强化小区党员的先锋模范作用,有助于实现对小区服务资源的有效整合,促进优质高效的公共服务供给。一方面,小区党支部可以通过自己的组织优势、政治优势将附着在小区上的各种组织资源、财力资源、人力资源统合起来,以有限资源为小区居民提供更高效的服务。另一方面,通过建强小区党支部,强化对小区业委会、物业公司、社会组织和业主的全面引领,实现了小区治理从群龙无首到核心引领的转变,形成推动小区公共服务改进的整体合力,有效推动上级政府公共服务资源下沉小区,小区内部服务资源聚在小区,社会服务资源吸入小区,让居民的"家门口"服务体系有核心、有资源、有力量。特别是在现代城市小区的公共服务中,小区业委会和物业公司的履职情况是事关小区居民获得感、幸福感的关键性因素。强化小区党支部在小区治理组织架构中的核心地位,实现党支部、业委会、物业公司间的有效互动,有助于提升小区物业管理服务水平。如新景龙郡小区党支部指导小区业委会通过公开招标方式,择优选择小区物业管理单位,推动物业管理采用履约保证、季度考核、明晰服务标准及要求等方式,促成小区业委会、梯长与物业公司形成良性的互动管理模式,大大提升了物业管理服务水平。此外,湖里区各个小区党支部还结合自身小区特点,创新小区党支部服务小区居民新模式,开设了支部书记茶话室、党员服务站、民情接待室、小区调解室等,面向小区党员和居民实行点单式服务,使小区居民事有地说、难有人帮、怨有人解,做到矛盾纠纷不出小区、便民服务沉在小区,把党的温暖送到千家万户,让居民群众在家门口就能享受到最温馨、最细致的服务。同时,坚持共建共享,以"大党建"促进"大服务"。截至 2017 年 12 月,全区 492 家驻区的机关事业单位、企业、社会组织党组织与小区党支部签订共建协议,认领小区服务项目 892 个。

(二)建强小区服务的基本网络

针对传统社区公共服务资源碎片化投入、难以形成合力的瓶颈性问题,湖里区"家门口"服务体系建设坚持以基层党建为核心引领,构建多层次的公共服务网络,利用多种资源,努力为群众提供多样化、高品质的小区服务。湖里实践突出了以下几个维度的重点建设:一是全面推行城市综合管理路长制,构建居民服务责任体系。通过区级领导包街道、机关单位包小区、机关干部包路段、街道干部包小区,同时城管队员、城建集团工作人员下沉包干小区,构建"小区＋路长＋路巡员＋楼

（梯）长"的责任体系,推动治理重心向小区下移。截至 2017 年 12 月,安排全区 1755 名机关党员、328 名街道党员、1861 名社区党员到小区周边大街小巷担任"路长",对负责路段、小区内的市容卫生、市政绿化、环境安全等 10 项工作开展文明督导和志愿服务,有效提升小区及周边的环境品质,特别是为金砖国家领导人厦门会晤成功举办提供了有力保障。二是挖掘整合内在力量,构建民生微实事常态化解决机制。在推进党员、居民代表入户的基础上,以小区党群服务点为支撑,融合小区警察、小区调解员、小区综合管理员等治安防控力量,探索成立网格治理工作室,实现"网管＋物管＋安管"的"三管融合"网格片治理专业团队,为小区居民提供政策宣传、纠纷调解、志愿服务、司法维权等综合服务。针对小区居民的日常需求,组建成立了小区公共设施检修组、矛盾纠纷调处组、消防隐患排查组、卫生综合服务组、红白喜事理事组等,定期不定期开展排查小隐患、控制小苗头、调处小纠纷、解决小困难、整治小环境等常态化活动。三是引进专业力量,实行社工专业服务小区工作机制。积极引入专业社工机构组织进小区开展活动,建立区级社会组织服务园,组建小区共建理事会、片区自治理事会,打造小区与高校、机构与小区、社工与志工等相结合的社工模式,截至 2017 年 12 月,实施了 70 多个社工服务项目,受益居民近 8 万人次。通过着力构建全方位、常态性、长效化的小区治理和服务体系,努力让小区群众生活得更舒心、更美好。

(三)提升小区服务供需对接

提升小区服务的精准性,全面优化服务居民效果和质量。针对已有小区服务的短板,精准施策,提高公共产品供给的针对性和准确性。每个"家门口"服务站都形成"三张清单",系统集成所有资源。一是通过座谈、微信调查、实地走访等形式,对小区内各类组织和群体广泛征集信息、分类提取需求,形成符合本小区群众的"需求清单"。二是区级和街镇可下沉到小区的行政资源、结对共建撬动的社会资源、小区自身的小区能人和志愿者等内生资源，三方资源对接形成"资源清单"。三是将"需求清单"和"资源清单"两相对照、遴选、删减，生成符合本小区实际的"项目清单"。湖里区通过建立"三张清单"机制，有效破解服务供给中的信息不对称难题，提升了小区及居民在选择项目时的自主性，从而使合适的项目落户急需的人群。尤其需要指出的是，小区公共服务自下而上的需求表达和项目设计在湖里区创新社会治理、加强基层建设的整体制度创新过程中，不断激发了基层自治体系的活力，形成了"清单式"为民服务。首先是清单式破解小区建设难题。全面开展"小区治理清单梳理行动"，全区 5 个街道党工委采取措施破解难题，梳理治理清单 9000 余条，采取项目化管理方式逐条落实解决。例如，南山新村小区党支部书记黄宪章带头走部门、跑企业，亲自监工，排除困难，解决了困扰小区居民 10 余年的用气用水难题。其次是点单式办好为民惠民实事。面向所有小区党支部开展"三有感"主题实践活动，实行点单式服务，收集并解决"最期待书记办的事"572 件，全区 5 个街道大党工委、54 个社区大党委收集梳理共建单位服务清单 3000 余项，其中涉及小区治理的就有 1800 多项，占比 60%。围绕小区居民的现实需求，动员小区内部力量，广泛开展治安巡逻、纠纷调解、垃圾分类宣导等服务，打造了"一条龙"便民服务。最后是菜单式构建长效服务体系。小区居民通过微信扫码、小程序预约、电话联络便能定时定点享受小区便捷服务。小区因地制宜创设"小区卫生服务站""小区医生工作室"，在家门口为居民提供基本医疗卫生服务。截至 2021 年 2 月，结合社区管理体制改革，社区选派 339 名工作人员担任小区秘书，做好信息采集、矛盾纠纷排查和便民服务；挖掘小区能人，选聘居住在小区里的党员或热心人士担任小区医生、小区律师等，就近服务居民，全区选聘小区警察 100 多名，小区教师 200 多名，小区调解员近 1200 名，小区医生200 多名，小区律师 160 多名。针对当前社会结构快速分化，居民需求结构多样化的特征，湖里区在"家门口"服务体系的内涵设计上采用了

"规定动作"与"自选动作"相结合的模式,鼓励各小区根据自身特点和资源优势,在提供标准化服务的同时,积极提供各类惠及民生、体现民意的特色服务,有效提升了小区服务的精准性,获得了居民普遍欢迎。

(四)突出小区服务需求重点

"家门口"服务体系建设就是要时时处处体现以人民为中心的发展理念,坚持发展为了人民,发展依靠人民,发展成果为人民共享,不断满足人民日益增长的公共服务需求,特别是要以重点民生服务,不断增强人民群众的获得感、幸福感。首先,要小区环境设施"好起来"。小区是居民居住生活的基本场域,破解小区建设难题,改造提升小区环境和基础设施,是小区居民的最基本公共服务需求。近年来,湖里区累计投入"以奖代补"资金 1.2 亿元,实施了老旧小区改造等 4 批 138 个项目,进一步改善了湖里区小区的基础设施和硬件环境。与此同时,在小区党支部建立后,充分发挥组织优势,多方协调资源力量,着力破解小区建设中存在的顽瘴痼疾,有效破解物业管理、环境卫生、违建拆除等小区建设难题,真正打通联系和服务群众的"最后一百米"。例如,兴隆新村小区在党支部书记陈开强的带领下,解决了小区产权不清、用水用电困难、停车秩序混乱等问题,把一个经常缠访闹访的小区,变身为居民满意的幸福家园。欣悦园小区、神山三航小区还分别成为全国城市生活垃圾分类工作现场会、全国老旧小区改造现场会观摩小区。其次,要让小区便民服务"办起来"。医疗、教育、文化等是城市居民重点关注的民生事项,湖里区在引进高端医疗资源的同时,加快推进小区卫生服务站建设,使得基础医疗服务向前延伸至居民楼底下、家门口,逐步形成"小病身边看,大病转诊畅,健康有人管"的分级诊疗网络体系,打造小区居民 15 分钟医疗圈。制定实施民办义务教育质量提升规划,建立公办民办学校手拉手帮扶机制,努力缩小办学差距,打造家门口的教育服务圈。大力新建区职工文体中心、区青少年校外体育活动中心,探索实施政府购买文体活动服务模式,推动各项文化活动向社会免费开放。依托众多文创园区,开展艺术品展览、科技博览、时尚秀场等富有吸引力的文化活动,构建城市居民公共文化服务圈。推动有条件的社区资源下沉小区,建立小区书屋、绿色网吧、文体中心等,把丰富多彩的课程资源配送到居民家门口。值得一提的是,湖里区还有一些小区结合区域特色推行代办服务制,为行动不便的老人代购柴米油盐,对重点关注人群进行定期走访,把暖心服务直接送到家门口。最后,要让小区志愿服务"动起来"。要满足小区居民不断多样化、复杂化、高质化的生活需求,必须激活小区的内生动力,注重小区志愿组织的培育,实现多元主体互动的网络化合作治理。湖里区通过党员带动,激活小区的内生资源,实现小区志愿服务"动起来"。通过实施党员"双报到"制度,全区所有党员全部加入了所在小区的党员志愿者队伍,积极参与小区建设各项志愿服务活动,实现自身专业素养和小区治理需求之间的有效匹配。如湖里区铁路家园小区根据党员的职业特长,带动小区居民分别组建成立了党员先锋服务队、青年志愿者服务队、巾帼志愿者服务队、耆老同乐志愿者服务队、文明交通督导队、邻里守望巡逻队等 6 支不同类别的志愿服务队伍。据不完全统计,截至 2020 年 12 月,湖里各个城市小区基本都建立邻里纠纷调解队、垃圾分类督导队、文明督导队等小区志愿服务队伍,成立小区志愿服务队伍 465 支,共有小区志愿者 2.4 万余人,涌现出全国最美志愿服务社区——金安社区、全国最美志愿者——赵亚娟。

(五)完善小区服务机制保障

做好"家门口"服务体系建设,要注重构建起服务小区居民的长效机制。一是建立健全自治共治机制。进一步完善"1＋4＋N"小区治理机制,明确小区党支部在"家门口"服务体系中的核心地位,小区党员在小区服务中的骨干作用,推动完善小区公共服务规范,推进小区服务

"七小人员"服务模式,打造小区周边公共服务医疗圈、教育圈、文化圈等。二是建立健全基层约请机制。实行分级约请和直接约请相结合,小区党支部可直接约请社区和街道职能部门、小区周边企事业单位,进行平等协商和合作处置,共同推进解决小区"急、难、愁"问题。如深入推进同驻共建,引导驻区单位与小区党支部签订共建协议,帮助改善小区生活环境,深入小区开展志愿服务,共享基本公共服务资源等。三是完善"走千听万"需求提取机制。党员干部直接联系群众,社区干部结对联系小区,听取社情民意,提取居民需求,帮助和推动基层解决实际问题。围绕小区居民关心关注的生活环境设施配备和改造、医疗教育等民生事宜,多方协调,合力推动解决。四是做实"三会"机制。做实决策前的听证会、推进中的协调会、完成后的评议会。凡进入"家门口"服务站的项目,经过"三会",做到选择让群众说了算,实施让群众全过程参与,最终成效让群众评判。比如,嘉福盐业小区通过听证会,居民决定把小区老旧公共用房改造成党群服务中心;通过协调会,居民共同打造了盐业文化长廊,扮靓小区;通过评议会,居民监督了小区停车棚工程验收,评议了工程质量。五是不断完善志愿服务制度。围绕小区各类服务项目和团队,针对村委会、居委会、业委会委员、志愿者等,分层分类开展指导培训。同时,制定了小区志愿服务工作流程,完善志愿者招募注册和管理培训制度、志愿服务记录制度、志愿服务激励嘉许和回馈制度,极大增强了小区居民参与志愿服务的热情,不断提升志愿服务的质量和水平。

四、小区服务体系建设的创新意蕴

基层是社会治理的深厚基础和重要支撑,治国安邦重在基层。习近平同志指出,党的工作最坚实的力量支撑在基层,经济社会发展和民生最突出的矛盾和问题也在基层,必须把抓基层打基础作为长远之计和固本之策,丝毫不能放松。湖里区自觉把加强和创新基层社会治理作为长远之计和固本之策,主动顺应时代发展要求,不断深化对社会治理的探索,坚持把基层社会治理的重心放在小区,把小区治理的根本落实到公共服务供给上。在充分认识到现代公共服务供给领域政府失灵、市场失灵弊端的基础上,将更多资源、服务、管理放到基层,构建"家门口"服务体系,及时有效地满足人们日益增长的公共服务需求,推进了湖里区小区治理体系和治理能力现代化。

(一)坚持践行为人民服务的宗旨

"支部建在小区上"就是要发挥支部党员在小区治理中的示范带动作用,让小区党员在服务小区居民中彰显党员先进性,在践行全心全意为人民服务的宗旨中夯实党的执政根基。随着基层社会的深度转型,社会结构呈现出多元化和异质化倾向,社会利益变得愈发复杂,党员在基层社会人群中的先进性作用日益弱化,服务群众的意识不断消解。建设"家门口"服务体系,既是把群众组织起来、动员起来、团结起来、凝聚起来的重要抓手,也是解决基层党组织弱化、虚化、边缘化问题的重要手段。通过发动群众更多更积极地参与所在小区的公共服务方案策划、过程参与、结果评估,可以提高群众的成就感、自豪感、获得感,推动社会管理转变为社会治理,实现党建引领社会治理的现实格局。坚持以基层党建整合社会资源,充分推动行政资源下沉,由小区党组织统筹安排服务群众,让群众充分感受到基层党组织的力量,有效增强基层党组织对群众的引领力和号召力。"家门口"服务体系实现了基层党建扎根小区,有助于提升区域布局网格化、服务内容综合化,打造城市治理网格化节点、综合化平台,进一步把基层党组织建设成为"宣传党的主张、贯彻党的决定、领导基层治理、团结动员群众、推动改革发展"的坚强战斗堡垒,夯实党在城市基层社会的执政根基。可见,加强党的服务功能不仅彰显了党全心全意为人民服务的宗旨,也折射出党在小区治理情境中的"在场",有助于赢得人民群众对党的先进性的认同和对党员先锋模范作用的认可。

(二)坚持强化小区服务的公共性

城市住宅小区作为城市居民生活的基本单元,是配备生活所需的基本服务功能与公共活动的空间场域,是安全、友好、舒适的社会基本生活平台。公共性理论注重夯实小区治理的社会公共性基础。湖里区在推进小区治理过程中,切实以公共性理论为引导,始终注重凸显小区服务的公共性,强化小区服务供给的公益性,大力推进城市公共服务场域由社区向小区转换,打通城市公共服务的"最后一百米",构建起"家门口"服务体系,实现"小区事务小区办,便民服务小区享"的目标。在编制小区公共服务清单,设置小区公共服务岗位,构建小区周边公共服务体系上,始终坚持突出公共部门的主导性、受益覆盖面的普惠性、建设维修资金的公共性等基本特征。按照建设开放、创新、高品质的现代化新城区标准,通过新配改造、整合协调、统筹共享等综合手段,按照城市核心区、拓展区、远郊区的人口密度分类,配置教育、卫生、养老、文化、体育等社会事业领域的各项为民服务设施,推动社区工作人员下沉小区、"七小人员"派驻小区,打造15分钟城市教育圈、医疗圈、文化圈等,切实把民生服务送到城市居民家门口,让全体城市居民共享改革发展成果,实现基本公共服务利益最大化。

(三)坚持推进小区服务供给的多元化

新公共管理理论要求在政府公共服务的供给上,不断拓宽公共服务的主体,始终增进公共服务供给方式的多样性,改变以往由政府单一垄断公共服务供给的传统做法,主张采取公私伙伴关系、采购、特许经营、股权投资等新模式,提升公共服务供给的有效性。创新公共服务供给模式,有助于公共行政部门从永远忙于提供具体的服务中抽身而出,从而完成从"划桨"向"掌舵"的转变。湖里区在推进小区治理过程中,坚持人人尽责、人人享有,按照"共建共治共享"的原则,紧扣服务重点,完善服务制度、引导服务预期的基本要求来推进"家门口"服务体系建设,既始终明晰政府自身的基本定位,又做到主导而不垄断包办,注重强调小区治理主体和小区公共服务供给主体的多元化,引导非政府组织、社区组织及市场组织等在内的多元主体参与小区治理和小区公共服务供给,形成多元合作的小区治理网络。湖里区在"家门口"服务体系建设中注重引入竞争机制,通过政府购买服务等方式,让私营机构等市场力量也能参与到公共服务供给中,发挥"鲶鱼效应",如实施小区医生等公共服务购买和小区周边场馆等公共服务设施招标建设。湖里区还注重公共服务受益主体的体验评价,根据用户反馈,积极提供回应性服务。湖里区"家门口"服务体系始终以小区民众需求为导向,把小区居民看作是市场中的顾客,以顾客为中心。通过以服务流程再造为基础,以信息化技术为支撑,实现政府行政资源下沉、治理重心下移、公共权力下放,充分动员多元主体共同参与,探索和实现小区公共服务的快捷、高效、可及、便利,着力打造一种符合厦门城市发展需求和独具湖里特色的小区公共服务新模式,不断提高公共服务供需间的匹配度和满意度,使人民群众的获得感、幸福感、安全感更加充实、更有保障、更可持续。

(四)坚持激活小区服务的内生资源

自主治理理论主张一群相互依存的人通过一定的方式把自己组织起来,进行自主性治理,并通过自主性努力以减少搭便车、回避责任或机会主义现象,实现持久性共同利益。湖里区在推进小区治理,特别是公共服务供给过程中,注重在构建公共服务体系整体布局的同时,激活小区治理主体的内生活力,注重根据小区自身的特点(职工宿舍、安居工程、商品房等），居民的职业专长（教师、医生、警察、电工等），挖掘小区内在资源，激活小区治理的内生动力，积极引导鼓励居民参与小区的治理过程，为小区建设出力。在湖里区很多小区医生、小区警察、小区教师、小区消防员、小区调解员、小区电工等人员都是小区居民通过自主化的方式，志愿为小区居民提供无偿且力所能及的公共服务。与此同时，湖里区还有很多小区在公共财政资金不足的情况下，通过自筹资金的方式，按照民主决策程序和招标采购流程，以购买服务的方式为小区提供小区物业、基础设施改造、垃圾分类处理、车辆出入管理等公共服务以及各式各样的小区特色服务。正是通过引导小区能人参与小区治理，激活小区内生资源，进一步强化了小区的自我组织、自我管理、自我规范，实现了"小区事务小区办，便民服务小区享"的共建共治共享的小区治理格局。

党的执政根基在人民。为人民服务是共产党的根本宗旨，小区内的每件小事实际上都是群众最关心、最直接、最现实的大事。"支部建在小区上，服务沉到家门口"就是湖里区坚持以人民为中心的发展理念的生动体现，让小区群众切身感受到小区党建是为民办实事做好事的具体实践，加深了人民群众对党的感情，也进一步密切了党群关系，夯实了党的执政基础。党的十九大报告提出，要永远把人民对美好生活的向往作为奋斗目标，保障和改善民生就是要抓住人民最关心最直接最现实的利益问题，推动社会治理重心向基层下移，服务向基层延伸，不断提升老百姓的获得感、幸福感和归属感。

【案例】

让服务下沉一级：便民服务的创新

基层治理的难点和痛点就是要解决好居民公共服务供需失衡、供需不足的问题。小区治理的本质在于服务。打造"小区事务小区办，便民服务小区享"的"家门口"服务体系,是铁路家园小区治理始终不改的初心和方向。

殿前街道北站社区铁路家园小区建于 1984 年,是铁路单位职工安置用房,属于典型的老旧小区,共有居民楼 16 栋,517 户,总人口 1400 余人。截至 2019 年 5 月,小区党支部共有在册党员 22 人,非在册党员 75 人。治理前,小区道路破旧、乱占道停车、乱占地种菜堆杂、乱违章搭建,没有消防、技防设施,没有居民休闲场所,小区硬件设施差,"脏乱差"问题较为突出。作为自治自管的老旧小区,铁路家园小区充分发挥小区党支部的领导核心作用,弘扬新时代铁路精神,与业委会深度融合,带领家园里的"老铁们"围绕小区治理的上述难点、痛点问题,通过组建小区大家庭、传承铁路好家风、唱响小区一家亲、携手建设美家园的"四家"工作法,激发家园认同感,积极参与小区服务,把小区建设成为宜居和谐小区,不断提升小区居民的获得感、幸福感和归属感。

一、组建小区大家庭,实现家园共建

铁路家园小区党支部以铁路文化为核心,把整个小区打造成一个和谐号列车,凝聚和动员大家在服务小区建设工作中各归其位、各司其职,齐心协力建设小区大家庭,把铁路人的服务理念延伸转化为服务小区居民的主人翁意识,让广大居民更有归属感和认同感。

一是建好乘务组。铁路家园小区按照"五星级乘务组"的标准打造服务团队,2018 年 8 月成立小区党支部,2019 年 3 月成立小区业主委员会。小区调委会、居民小组等配套组织也相继成立,积极发挥小区党支部核心作用,进一步筑牢小区服务的红色堡垒。

二是选好火车头。通过前期深度走访,按照有公心、有能力、有威望、有热情的"四有"标准,选拔小区党支部书记及班子成员,发挥"火车头"的带动作用。2018 年,厦门福铁车辆实业开发有限公司原总经理、党支部书记林文樟当选为小区党支部书记。同时,党支部书记、业委会主任"一肩挑",实现了"红色业委会"的预期目标,支部班子成员也与业委会委员交叉任职,充分发挥党员干部在小区服务中的主导作用、先锋模范作用。

三是当好乘务员。党支部成立后，积极开展"党员回家"活动，让党员作为小区服务骨干，当好乘务员，真正发挥党员参与小区治理的先锋模范作用，积极参与到各种志愿服务、小区治理行动中。小区党支部现有在册党员22名，划分成4个党小组，构建起"小区党支部—楼栋党小组—党员中心户"纵向到底的乘务组织体系，形成小区有事找党员、处处有党员的氛围。自支部成立以来，小区党员通过走访、召开听评会共收集民情民意百余条，解决困难问题30余件，认领服务项目12个。

二、以资源下沉为纽带，实现家园共享

作为一个铁路宿舍小区，铁路家园小区采取各种途径和载体传承铁路精神，积极引入各种社会资源下沉小区，让小区居民在家门口就能享受优质便捷的公共服务。

一是统筹"党建＋"资源，打造服务阵地。以小区党组织为引领，统筹党建联盟资源，打造成以"医、学、休、娱"为主要内容的"三站八室"服务阵地，包括初心服务站、党群服务站、"老铁"加油站、多功能活动室、图书室、电子阅览室、心理咨询室、健身室、老人活动室、小区医生工作室、棋牌室等，形成"一刻钟便民服务圈"。阵地建设也得到了共建单位、小区居民、党员的共同支持，其中小区图书室得到湖里区图书馆提供的4000余册流动图书并定期更新，"老铁"加油站的礼品得到了共建单位的支持，老人活动室的区域由社区热心居民主动提出置换改造、各功能室党员主动认领服务。

二是扩大"党建＋"队伍，升级服务团队。以党员"双报到"为契机，升级打造小区服务平台，组建包括小区秘书、小区医生、小区警察、小区城管、小区律师、小区教师和小区调解员等在内的"一站式"服务团队，吸纳了13位热心小区居民、党员加入。例如小区非在册党员叶志桥，是厦门市中医院重症加强护理病房医生，第一时间到社区报到，主动做小区的医生，为小区居民带来了福音。现今"七小人员"为居民们提供免费的咨询、志愿服务近百场。

三是密切"党建＋"项目,创新服务方式。小区党支部采取"线上＋线下"方式,通过群众"点单"、支部"传菜",融合党建联盟资源,以北站企航志愿联盟加强联动,推动社区大党委成员单位、共建单位党组织认领了文明创建、宣传教育、扶弱济困等惠民项目。社区大党委成员单位30家党组织、12家共建单位采用反哺社区、特色服务进小区的方式,先后开展了"端午粽飘香·亲子悦童行"、空厨食品送温暖等活动25场。

三、以个人专长为支撑,实现家园共筑

激活内生动力是小区服务的永恒动能,也是推进小区治理的长效机制。铁路家园小区注重挖掘每一个小区居民的专长和优势,让每一个居民在服务小区建设中彰显价值,体验收获。

一是发挥党员专长,成立"初心"服务站。小区党支部还积极挖掘专长党员,有水电维修、法律咨询、医疗保健等专长的12名党员加入服务阵容,打通"线上＋线下"服务渠道,为小区邻里提供帮助。同步开设网络工作室,对应专属微信号,居民扫码就能关注,通过微信线上平台,形成"零距离、全天候、线上线下一体化"的服务渠道。党支部根据反馈的问题,分类收集、认真梳理。现今"初心"服务站已经帮助协调解决楼道照明、下水管破裂、邻里纠纷等事项10余起,成为居民身边的"便民服务站"。

二是发挥群众专长,组建"三红"服务队。通过入户走访,建立小区能人信息库,为小区的治理提供强有力的支撑。在"老铁人"乐于奉献的风尚引领下,铁路家园小区党支部根据参与服务的群众专长,将服务队分类升级为"三红"服务队。"红卫士"负责小区治安巡逻和隐患排查、护送小区孩子上学放学、环境的维护,对不文明行为及时制止劝阻;"红管家"主动调解小区里的邻里纠纷,维护邻里和谐、参与非督导时间垃圾分类;"红马甲"与小区困难群众帮扶结对,提供专业助老服务。现今服务队共有骨干35人,志愿队员150余人。

三是发挥教育专长,打造幸福共享园。依托"老铁大舞台",为居民提供了形式多样的文化活动,增强居民对小区的认同感和归属感。打造以家庭为互动主体的"幸福家庭影院"和"幸福亲子课堂";以朋辈互动为主体的"幸福成长小组"和"幸福互助小组";以教育为主体的"幸福才艺讲堂";以社区互动为主体的"幸福邻里之家"和"幸福组织培育"。同时,为进一步提高居民的精神文化水平,组建了"翔韵广场舞""翔鹂合唱队"等7支共118人的居民自治文化队伍。值得一提的是,2015年、2018年北站社区先后获得"幸福共享园""北爱义家亲"省级教育特色品牌及"幸福共享园"省级教育示范基地三项荣誉,也成为厦门市唯一连续获得福建省教育厅颁发多项荣誉的社区。

第五章
建设智慧小区：
治理技术的革新

伴随着网络社会的到来，以"技术＋治理"为主要特征的智慧社区和智慧小区作为信息化时代下的新型基层治理实践模式，越来越展现出勃勃生机。党的十八大以来，各地区不断加强基层治理，通过党组织下沉、引领群众参与基层共建共治、各级各类组织积极协同等，新型社会基层治理蓝图正在不断铺开。但与此同时，基层治理仍存在一些弱项和短板，例如湖里区在开展基层治理改革中就面临着"居民难融合、能量难聚合、资源难整合"的问题。对此湖里区于2019年推动建设"智慧小区"项目，尝试在"党建引领小区治理"的实践过程中将智慧化、信息化手段融入其中，集中构建基层党建、综合管理、自治议事等智慧应用，努力打造兼具归属感、舒适感和未来感的新型治理生态。

一、顶层设计奠定智治基础

在基层治理中，由于所涉事务琐碎，经常会出现"以一对多"的情况，尤其是在危机管理中，更加强调基层政府对紧急情况的灵活充分应对,这都需要各部门畅通衔接、互相配合。^① 但事实上,基层治理中却仍然存在碎片化的问题,尤其是事务管理碎片化,"基层治理各项任务之间协同不足,缺乏标准化协作流程和治理机制"^②。湖里区推进社区管理体制改革的过程中也同样存在着多种问题,如"区直部门各自为政,建立了多个业务信息平台系统,形成一个个'信息孤岛',每个系统业务单独受理,单独办理,单独操作,系统之间互不兼容,基层只能重复输入,在填报表、上微机、迎检查、统数据等方面,耗费大量的人力"^③。湖里区以信息化、智能化建设为突破口,通过健全统筹规划建设机制、统筹建设全区信息平台等,打造协同高效的治理机制,破解治理"碎片化""信息孤岛"问题。

(一)健全统筹规划建设机制

2017 年,中共中央、国务院《关于加强和完善城乡社区治理的意见》就明确指出要"实施'互联网＋社区'行动计划,加快互联网与社区治理和服务体系的深度融合,运用社区论坛、微博、微信、移动客户端等新媒体,引导社区居民密切日常交往、参与公共事务、开展协商活动、组织邻里互助,探索网络化社区治理和服务新模式"。在此引导下,湖里区深入研究了智慧社区和智慧小区的发展需求,明确了建设的总体方向和现阶段的发展重点。

1.明确智慧小区建设的总体方向

2017 年由中共厦门市委办公厅、厦门市人民政府办公厅印发的《党建引领小区治理实施意见》明确提出要加强小区治理信息化建设,探索构建小区智慧安全防控体系、搭建居民与物业沟通交流信息平台

---

① 韩沙.基层治理数字化转型的迫切性、挑战性与突破点[J].领导科学,2021
(12):28-31.

② 段尧清.以数字化转型应对基层治理碎片化[J].国家治理,2020(8):15-18.

③ 章再耕.湖里区社区管理体制改革的进程及问题思考[Z].内部材料,2018.

和服务平台,使居民通过现代信息技术手段更加便捷地参与小区治理。2018年中共厦门市委和厦门市人民政府出台《关于加强和完善城乡社区治理的实施意见》提到要增强社区信息化应用能力,要求加强社区网格化服务管理平台创新应用和完善城市公共安全管理平台,通过技术和业务改造升级,推进民生类、扶贫类、商务服务类等领域的现代化、智能化发展。在厦门市相关政策的指引下,湖里区政府、社区和小区依托"党建引领小区治理"的实践,积极推进小区治理改革,在"1＋4＋N"系列文件中明确规划了小区治理的智能化发展方向。作为湖里区小区治理总体指导性文件的《推进城市居民小区治理工作的指导意见》,明确了"提升小区治理社会化、法治化、智能化、专业化水平"是湖里区各居民小区建设的工作目标。

2.确定智慧小区建设的阶段性重点

湖里区《推进城市居民小区治理工作的指导意见》中提到作为小区治理的保障措施,要推动信息建设,"鼓励通过现代科技手段有效对接居民需求与政府、社会资源,构建小区动态基础数据库,推动智慧小区建设。建好'小区微信',促进居民日常交流、参与公共事务、开展协商活动、履行民主监督、组织邻里互助等"。在《湖里区深化社区管理体制改革的指导意见》中提出要进行"社会事务改革",其中"便民化服务"要求"充分运用互联网技术和信息化手段,建设'一站化'社区公共服务平台,构建区、街道、社区、小区四级共享信息网络,让居民办事少走'马路'、多走'网路'"。目前湖里区智慧小区建设由区民政局(小区办)、区建设局、区城管委办(数字湖里事务中心)3家单位共同负责,其中区民政局牵头负责建设智慧小区平台,区城管委办基于数字湖里公共管理集成平台,将智慧小区平台与集成平台对接,完善基础数据、共享数据资源,助力建成智慧小区。湖里区主要综合考量了小区党支部、业委会、物业、居民需求等基础功能模块,发挥信息公示公告、业主投票表决、物业缴费报修和社区预约等主要功能。前期在凯悦新城、新景龙郡

2个小区试点运行,现已将试点推广至湖里区5个街道11个小区。[①]

(二)规划综合智慧调度体系

湖里区打通公安、交通、市政、城管等部门平台数据通路,基于全区各业务部门的数据资源共享,形成"1+3+N"的湖里城市大脑框架。[②]目前已经对接包括湖里区社会综合治理平台、湖里区小区电子地图平台在内的12个系统平台。其中,对接的市系统包括12345便民服务平台、市公共安全管理平台(公安110非警务类)、市城市综合管理服务平台(包含城市综合管理考评系统、"门前三包"信息化系统)、市夜景照明控制管理平台、市渣土车管控平台等。对接的区级系统包括第三方信息采集平台(含群众微信举报系统)、排水防涝应急指挥平台、社会综合治理平台、湖里区小区电子地图平台、共享单车数据交换平台等5个平台。[③]"城市大脑"的建设强化了政府对社情民意的感知,畅通了各主体之间的沟通渠道,形成了跨部门数据共享交流机制,为智慧城市、智慧社区、智慧小区的建设搭建了数字框架。

其中智慧小区是湖里"城市大脑"的重要组成部分,也是基础部分。截至2021年12月,湖里区实现了小区电子地图平台与数字湖里公共

---

① 湖里区民政局.关于区八届人大五次会议第202126号建议的答复函[EB/OL].[2021-08-10].http://www.huli.gov.cn/zwgk/ztzl/dbjygk/4884/202106/t20210615_786664.htm.

② "1+3+N"湖里城市大脑框架包括:一个"数字底座"指一套保障"城市大脑"运行的操作系统、大数据运算分析系统及相关软硬件设备、湖里区专属政务云等;三个"中心"是指根据城市运行的主要管理服务要求区分成城市综合管理运行中心、经济运行中心、公共服务中心三个模块;N个专题应用指在大数据汇聚的基础上,围绕各行各业需求开发的若干专题运用。

③ 厦门市湖里区城市综合管理委员会办公室.关于区政协八届五次会议第20212026号提案的答复函[EB/OL].[2021-08-10].http://www.huli.gov.cn/zwgk/ztzl/dbjygk/4885/202107/t20210728_795562.htm.

管理集成平台对接,联通共享全区 57 个社区 442 个小区包括占地面积、建筑面积、户数、总人口数、户籍人口数、外来人口、楼栋数、停车位数、物业、公共活动场所、学校、医院、商店等在内的 10 余类信息数据15934 条。湖里区小区电子地图平台为数字湖里公共管理集成平台增加小区基础网格边界线,提供了有效支撑。[①] 目前湖里区各街道、50 余个社区约计 2 万名用户使用数字湖里公共管理集成平台电脑端及其智信 App,通过平台电脑端或 App 端接受平台发布的各类信息,受理和处置平台派发或转派的各类事件,同时也可以实现对市政设施等基础数据的查询。[②] 湖里"城市大脑"建设启动后,将进一步加强数字湖里公共管理集成平台与智慧小区的联通对接,实现数据相互共享、事件相互流通、服务相互贯通。

二、智慧党建激发组织活力

习近平总书记在 2018 年全国组织工作会议上指出:"基层党组织是党执政大厦的地基,地基固则大厦坚,地基松则大厦倾。"对于如何加强基层党组织建设,他指出"要探索加强新兴业态和互联网党建工作,扩大党在新兴领域的号召力和凝聚力"。2019 年 5 月,中共中央办公厅印发的《关于加强和改进城市基层党的建设工作的意见》中的第三条提道:增强城市基层党建整体效应,要求广泛应用现代网络信息技术。

---

① 湖里区城市综合管理委员会办公室.关于区八届人大五次会议第 202126 号建议的答复函[EB/OL].[2021-08-10].http://www.huli.gov.cn/zwgk/ztzl/dbjygk/4884/202107/t20210728_795568.htm.

② 厦门市湖里区城市综合管理委员会办公室.关于区政协八届五次会议第20212026 号提案的答复函[EB/OL].[2021-08-10].http://www.huli.gov.cn/zwgk/ztzl/dbjygk/4885/202107/t20210728_795562.htm.

其中涉及推广"互联网＋党建""智慧党建"等做法,利用大数据做好党建工作分析研判,利用微信、微博、移动客户端等新媒体,丰富党建工作内容和形式,巩固和扩大党的网上阵地。湖里区顺应时代发展趋势,始终以智慧党建作为工作的重要内容,将"互联网＋"技术广泛应用到小区支部学习、党员管理、党建宣传等方面,打破基层党建工作常常面临的时空障碍,显著强化了基层党组织的政治和服务功能,提升对支部党务、党员信息的精准把控,推动基层党建阵地拓点扩面,畅通基层党建与社会治理的线上、线下互动渠道,并不断积极探索党建引领社会治理新途径。

(一)利用党务应用平台

湖里区充分利用"厦门党建 e 家"应用平台,实现不同主体之间的互动联通。"平台载体建设要求党建服务应以信息技术和智能技术为依托建立线上互动平台,实现不同党建形态之间、党员与党员之间、党员与群众之间互动联通与信息共享,以创新党建服务的活动载体与工作方法。"[①]"厦门党建 e 家"是一个综合性的线上平台,由一个门户网站和党组织管理系统、党员服务系统、微信公众号三个子平台组成,涵盖了组织生活、接转组织关系、交纳党费、发展党员、工作台账、党内统计等功能模块,形成线上线下、党员和党组织紧密联动的党建工作信息化架构。湖里区借助"厦门党建 e 家"平台,推动社区党建工作向广度和深度延伸拓展,不断健全党领导下的社会治理服务体系,增强各个社区和小区党组织的活力;整合党组织基础信息,搭建网络化组织架构;整合学习资源,强化队伍建设,为党员自主学习提供了内容丰富、形式多样的资源,为基层党员管理教育服务装上了"加速器"。

---

① 王磊.从空间整合到服务供给:区域化党建推动城市基层治理体制创新[J].中共天津市委党校学报,2020(6):37-46.

(二)形成立体党建结构

"基层党建要本着哪里有共产党员,哪里就有党组织,哪里就有党建的原则,做到线上线下基层党建全覆盖。"[①]"互联网＋"开放、透明、平等的网络思维变革了传统的党组织教育、管理、服务思维,帮助党组织活动打破现实生活的阻碍,将其拓展到网络等虚拟空间,提升党组织生活的参与度,激发党组织的活力。

1.探索建立线上组织架构

湖里区整合微信软件等信息资源,探索建立线上组织架构。湖里区全区各级党组织共建党建微信"矩阵"126 个,实现区、街道、社区100％覆盖。有效融合基层党建信息和网上办事服务两大平台,打破传统党建"限时、限地、限人"束缚,实现党建阵地网上建立、党员身份网上亮相、交流讨论网上开展、教育管理网上进行。

2.拓展基层党组织活动空间

湖里区利用"互联网＋党建"的技术和平台,涵盖各类组织生活、工作流程和考核监督,实现基层党组织活动由现实空间到虚拟空间的扩展,为增强基层党建工作实效提供了广阔的实践维度。例如三航公寓小区借助覆盖小区的视频监控,党支部委员能及时发现小区居民的各种出行困难和问题,并通知党员志愿者迅速给予帮扶,有效预防各种事故的发生。翔鹭花城三期小区的党员或居民通过登录"翔鹭三期之家"微信平台进行志愿服务申请,具有专长的党员还可通过平台提供志愿服务。

3.采用多样化学习方式

湖里区借助微信、"厦门党建 e 家"等平台,将传统党建学习资源电

---

① 张颖.苑帅民.基层党组织要善用"互联网＋"[J].人民论坛,2018(16):180-181.

子化,提供高效便捷的资源获取通道,党员借此可以随时随地进行理论学习,解决学习形式化的问题,激发学习的主动性。例如在吕岭社区,结合党日活动,各个支部微信群开展了党课学习,微信平台成了党员学习教育的重要阵地。三航公寓小区党支部则通过"厦门党建 e 家"平台,将"两学一做"学习教育常态化、制度化落到实处。同时还把党员学习与社区书院的智能化平台相融合,每次参加完党支部组织的"三会一课"学习,都可以使用微信扫码进行积分,作为评比先进党员的重要依据。此外,该小区还充分利用新技术宣传党建知识,通过连接小区内的免费 Wi-Fi,居民可以收看 15 秒的党建知识宣传片;通过每月一次发送的党员先锋宣传短信让党建工作家喻户晓,人人皆知。

三、数字赋能建设智慧小区

在智慧小区的建设中,"网络空间模糊了社区的地理边界,社区成员的生产和生活超越了地域空间的限制,网络空间为社区成员参与社区公共生活提供了新的平台,增进了社区社会联结"[1]。湖里区以党的十九大报告提出的"有事好商量,众人的事情由众人商量,是人民民主的真谛"精神为指引,以智慧小区建设为契机,探索线上线下多渠道融合、全方位全天候服务的基层治理新模式。通过搭建集互联网、政务服务、社会治理于一体的平台以及打造业委会、物业和居民之间的在线议事平台等方式,解决信息不对称、居民认可度不高和参与度不够、邻里关系陌生化等难题,实现小区治理群策群力、信息公开透明、决策民主高效。

---

① 吴海琳,程茹.走向"复合型社会"赋能的智慧社区建设:空间社会学视角下的"十三社区"案例分析[J].福建师范大学学报(哲学社会科学版),2021(4):85-96.

（一）打造信息建设平台

湖里区围绕安全、服务、生活和党建等与居民息息相关的维度，构建智慧小区全方位信息建设平台。在湖里区相关"互联网＋"政务平台的基础之上，以辖区内单位、居民的实际需求为导向，开发建设区、街道、社区三级网格化服务管理信息平台，"湖里智慧小区"等平台，实现指挥调度、基础数据、互动共治等功能，推动社区服务管理信息化。其中"湖里智慧小区"微信公众服务平台作为湖里区小区治理重要的信息化载体，遵循"保持微信本质、体现小区特色、以小区内部使用为主、提高小区服务效率"的开发思路，实现小区信息公告、重大事项公示、业主投票表决、物业在线缴费及报修等主要功能。目前该平台已在 12 个小区试点推广。[①] 湖里区开发建设公共服务平台有助于提升基层的自我管理和供给服务能力，更好地满足辖区内单位和居民在公共服务方面的多样化需求，深化社会治理体制改革。

例如新景天湖广场小区以小区公共应用系统、小区公共服务平台建设等为主要方向，设立了家政服务、健康服务、维修服务、购物服务等板块，邀请知名家政公司、家居维修企业等众多商家加盟，共同打造了资讯丰富、信息权威、功能强大的小区服务平台。同时设置了小区互动、小区公告、小区投票和物业缴费等功能，业主足不出户就可以实现自助缴费、远程开门、物业保修等。江头街道建立了公共服务综合信息平台，实现跨部门信息共享和业务协同，推进信息采集、问题受理、处置反馈、考核考评等流程标准化、规范化，实现人性化管理、个性化服务。高林居住区一里小区启用"智慧金安"综合信息平台，推进社区信息化

---

① 湖里区民政局.关于区政协八届五次会议第 20212010 号提案的答复函［EB/OL］.［2021-08-10］.http://www.huli.gov.cn/zwgk/ztzl/dbjygk/4885/202106/t20210616_786739.htm.

服务,积极推进社区养老、综合治理、劳动保障、党建等信息资源整合,融合现有各业务系统数据,实现数据共享,推进社区信息化服务。金山街道金海社区则面向辖区内的企业开发了"智慧金海"手机网络服务终端、服务大厅便民服务终端、24 小时便民服务终端等,拓宽服务企业内容,提供需求信息登记平台,开展防诈骗宣传教育,管理及服务辖区企业及员工。

(二)革新基层治理模式

智慧小区建设不仅仅是技术的简单运用,更是一场基层治理模式的创新。在智慧社区和智慧小区的建设过程中,"少数地方政府陷入技术至上的误区,错误地认为智慧城市仅有技术就可以了",但实则"智慧社区的管理、服务、参与、协调功能是其主要功能"[①]。湖里区在推动智慧小区建设过程中,将技术的应用与治理模式的革新相结合,以更好地提升居民的获得感。

1.推动社区人员下沉

湖里区推动社区人员下沉、力量下沉、工作下沉。由于基层治理部门和工作人员思维模式的僵化,"大数据思维与固有的基层治理方式难以科学结合,行政效能低下"[②]。为了避免这一问题,湖里区下派 339 名社区工作者驻点小区担任小区秘书,社区服务模式从"坐等上门"变成"主动入户"。湖里区指导社区厘清组织领导层、工作协调层、工作落实层 3 个层级的职责,设置前台、后台、小区秘书等各类岗位职责,规范入户走访、信息登记等系列制度,及时更新社区人口信息、辖区企业、服务机构、居民诉求等信息,做到底数清、情况明、信息准。如金安社区建设"智慧金安"App,制定小区秘书入户定位打卡制度,坚持周六错时服

---

① 朱懿,韩勇.我国智慧社区建设及其优化对策[J].领导科学,2020(2):122-124.
② 任志祥.利用大数据提升基层治理水平的路径[J].人民论坛,2020(26):72-73.

务，要求小区秘书每周 2 个晚上、每天至少 15 户（每周至少 75 户）的入户量，收集更新居民信息，提供便民服务。社区定期对人员打卡、入户量等进行核查、跟踪、回访，居民可通过"金安一码通"直接向社区主管反馈工作人员服务问题和投诉。2020 年以来，小区秘书共走访入户 3 万多户次，收集居民建议意见 300 多条，各类问题 650 多个，确保社区管理秩序有条不紊。[①]

2.革新小区服务模式

各小区推出了包括"订单服务""点单式服务""电子便民清单"等在内的服务形式。宏伟大厦小区在提供实质性服务的基础上，进一步拓宽了服务平台的范围，增加了纠纷解决、治安提示等服务；推广小区"互联网＋小区服务"微信平台，开设多个便民服务窗，推送防骗警示等平安宣传内容，接收群众上报的治安信息，并设有"微"纠纷服务，居民遇到的纠纷在系统上留言后将会及时得到"亲邻调解室"的处理。翔鹭花城三期小区利用现代信息技术建立"订单服务"新方式，党支部搭建微信公众平台、建立 2 个 LED 显示屏、组建党员微信群、设立服务公开栏，实时将小区的志愿服务计划和内容进行公布，小区党员和居民可以在线上和线下进行认领。参与"订单服务"达 180 多人次，党员参与率 85％。

（三）搭建在线议事平台

社会治理路径下的智慧社区建设更多关注打造多元主体共治的公共空间，在国家与个体之间搭建有效中介平台以实现社会治理效能化，并实现社区自主共治的理想目标。[②] 在推动社区自主共治方面，湖里

---

① 湖里区民政局.关于区政协八届五次会议第 20212026 号提案的答复函[EB/OL].[2021-08-10].http://www.huli.gov.cn/zwgk/ztzl/dbjygk/4885/202106/t20210616_786741.htm.

② 吴海琳.找回"社会"赋能的智慧社区建设[J].社会科学战线,2020(8):231-237.

区开发在线议事平台、搭建议事联盟以提升社区的自我管理和服务供给能力,更好地满足居民在公共服务方面的多样化需求。各小区充分利用互联网电子政务技术,借助微信、微博、QQ等社交软件,打造线上线下互联互通的小区居民"网络议事圈",将广大业主关注的业委会开支、物业服务、小区活动等进行公开,实现业主、业委会、物业和社区信息发布的及时公开透明;同时实现了居民足不出户随时随地可以通过手机在网上议事,突破时间空间的限制,打通居民议事监事新渠道,着力破除居民自治"信息孤岛"。在线议事平台的搭建从根本上对小区治理的理念、体制和运行机制进行了调整和优化,合理调整小区的组织架构和治理模式,统筹调配各方资源参与议事,推行网上智慧化议事平台,实现党支部、业委会、物业和居民四方力量融合。例如兴隆新村小区业主委员会以服务业主为核心,牵头组建业主微信群"大事小事我来说",运用"互联网＋"技术,通过业主对小区事务畅所欲言,搭建业主之间沟通的桥梁,创新小区"微治理"模式,实现业主之间的纠纷和矛盾"点对点"高效处理与化解。

四、营造温馨便民居住环境

智慧社区和智慧小区的建设最终落脚点应是顺应人民群众对美好生活的向往。"智慧社区建设坚持以社区居民的需求为导向,通过利用各类智能基础设施和物联网、大数据等现代技术构建涵盖社区居民'吃、住、行、游、购、娱、健'七个基本领域的智能化生活体系,推动物业、医疗、养老、安防、环卫、家居等方面问题的解决。"[①]在智慧小区的建设

① 曹海军,侯甜甜.新时代背景下智慧社区建设:价值、逻辑与路径[J].广西社会科学,2021(2):1-7.

过程中,湖里区各小区加快小区基础设施改造,聚焦小区养老、交通、安防、垃圾分类等应用场景,以提升居民获得感为出发点,推动小区智能化公共服务设施全面升级,整合各方资源,为小区公共服务精准化、普惠化提供有力支撑。

(一)发展居家养老服务

随着老龄居民人数的不断增加,小区作为老人生活居住的场所,直接面临着如何让老龄居民老有所乐、老有所养的问题,在为老龄居民打造舒适、安全、便捷的生活区域方面有首要责任。湖里区各小区以信息技术的方式将居家老人、小区、政府、服务提供者联系起来,搭建为老年人健康管理、应急救助、生活照料等提供全方位服务的智慧养老系统。

湖里区探索以政府购买服务的形式实现市"12349"养老信息化平台和社区居家养老服务站对接,推进"互联网＋养老"试点,推出"云诊断""云监测"等功能,在线守护百姓健康。根据小区居民的实际需求,设立家政、健康、维修、购物等板块,打造资讯丰富、信息权威、功能强大的小区服务平台,①岭下社区与厦门稍喜文化创意有限公司联合启动了"乐龄生活馆——智慧健康养老 e 站",整合资源提供更为全面的服务,做到日常有保健、周周有义诊、健康有跟踪。社区为每一位老人建立了电子化的健康档案,匹配带有闹钟功能和用药行为分析的智能药盒,在"智慧健康养老 e 站"内为老年人群体提供用药管理服务。除此之外,还通过对接老年人的需求,进一步推动适老化的智能家居系统等在小区家庭中的应用。同时,"智慧健康养老 e 站"还提供营养膳食建议、智能化洗浴、乐岁生活等服务,为社区老年人的健康保驾护航。此

---

① 湖里区民政局.关于区八届人大五次会议第 202126 号建议的答复函[EB/OL].[2021-08-10].http://www.huli.gov.cn/zwgk/ztzl/dbjygk/4884/202106/t20210615_786664.htm.

外,社区还利用现有空间,将智慧养老等服务融合在党建阵地里,切实做到服务下沉。马垅社区则通过携手小桃爱家共同打造"医养结合智慧养老"社区云平台,为社区老人定制相关服务方案,以身体监管与养护辅助为服务基础,智慧系统为工具,充分发挥街道卫生服务中心、居家养老服务站的作用,满足社区老年人多样化的养老服务需求。

(二)推广智能停车系统

"停车难"是很多小区,尤其是老旧小区的通病,受限于小区内交通管理方法落后、车位规划不合理等问题,居民在小区无法快速找到停车位,为居民生活带来不小的困扰。湖里区各小区借助智能设备的改造升级,打造智能停车系统,提高小区内停车场的管理水平,解决"乱停车"问题。智能停车系统包括监控摄像、门禁、停车管理平台等,引入智能车牌识别系统,从而可以快速准确地识别车牌,能够实现自动对比报警,智能区分业主车辆和外来车辆,加强对外来车辆的管控,增强小区内的安全保障,打造智慧通行、智慧停车的小区环境。目前湖里区包括达嘉馨园、翔鹭花城三期小区、马垅居民小区等在内的小区建立了智能停车系统。马垅居民小区在出入口设置停车道闸,安装监控摄像头,划设道路标识和停车位,彻底改变了过去无序停车的现象。

(三)升级公共安全系统

为保障小区居民日常安全,湖里区结合"平安湖里"建设,通过人工智能、视频分析、物联网等技术与传统物业管理相结合,为基层治理插上"互联网+"翅膀。截至2020年11月,在全区推动建设"雪亮社区"22个、智慧安防小区67个、人脸识别设备770个、智能门禁设备118

个，使"智慧小区"理念逐步推广开来，以实现基层的数字化动态综合治理。①

1.推进安防监控系统建设

湖里区小区治理过程中，加强了对小区安防监控系统建设的统筹规划设计，实现了保安动态巡逻与电子监控系统静态防控的完美结合，在精准数据的支撑下，通过技术手段有效提升了小区安全系数，增强了居民的安全感和满意度，尤其加强了老旧开放式、无物业小区民生安防工作的推进。例如华昌小区、南山新村小区均属于老旧小区，原本没有安装电子监控系统，小区安全系数较低，在老旧小区改造之后，小区内实现了监控全覆盖，有效降低了小区内治安案件的发生率，增强了小区的安全防控能力。三航公寓小区除了对小区大门和保安室进行了改造，配备了电子监控系统之外，更进一步更换了楼栋电子感应门，利用新兴技术"武装"小区，让小区居民可以享受一个安全、舒适、便利的现代化、智慧化生活环境。

2.强化小区安防系统和警务信息系统融合

将小区安防监控系统、综合管理服务平台与所在辖区派出所警务信息管理系统连接，建成动态信息全量采集、一体汇聚、全网应用，实现资源共享、信息公用。在此系统下，小区安装的视频监控系统会将进入小区的人员、车辆纳入智能管理，采集进入小区的外来人员体貌特征、车辆车牌号信息等，有效信息可以第一时间反馈到相关警务平台。翔鹭花城三期小区改造前属于城乡接合部，鱼龙混杂且治安问题严重。2012年实现小区指纹门禁系统联网派出所，2018年在街道的帮助下还增加手机"伴生活"App开门服务，实现小区全封闭管理。

---

① 叶舒扬.守护平安湖里　万众一心勇担当[N].厦门日报,2020-11-11.

(四)助推绿色低碳生活

自 2017 年 3 月城市生活垃圾分类全面启动以来,湖里区创新了垃圾分类方法,依托"互联网十"智能技术,形成"互联网十"智能垃圾分类模式,运用大数据信息系统全程监控分类后的垃圾运输、处理和再利用。为解决垃圾分类问题提供了新的模式与机制,引导居民养成垃圾分类行为习惯。

引进智能垃圾分类系统,实时监控垃圾投递现场,有效识别垃圾的分类。智能垃圾分类引导居民进行正确的分类,提高垃圾分类的效率,降低人员成本。例如新景龙郡小区创新垃圾分类运行机制,采取智能人工优势互补,引进益趣科技垃圾分类智能化系统,智能垃圾袋发放机、智能垃圾投放机、智能回收箱等设备,并能从后台及时统计数据,掌握情况。铁路家园小区引入"互联网十"思维,应用智能垃圾分类系统赋能垃圾分类,通过向小区居民分发标签二维码以粘贴在垃圾袋上,实现垃圾分类实名制,通过二维码追踪垃圾的归属以提高垃圾分类的精准度。

【案例】

智慧小区平台铺就智治"高速路"

为了更好地推动智慧治理,新景龙郡小区在区、街道和社区的指导下,率先将智慧化、信息化手段融入小区治理中,努力构建兼具归属感、舒适感和未来感的新型治理单元,成为湖里区智慧小区建设试点单位,并取得了初步成效。

一、智慧小区建设背景

新景龙郡小区位于湖里区禾山街道禾山社区,是 2016 年交付使用的精装修高层住宅。在小区治理的改革过程中,新景龙郡小区面临着许多小区共同的问题。一方面,小区治理中事关整体业主利益的事情需要业主之间达成共识,《中华人民共和国民法典》对此规定"业主可以设立业主大会,选举业主委员会",但由于许多业主忙于工作,在需要对小区内重大事项进行表决时,往往很难召集业主大会;另一方面,信息的透明公开是业主之间达成共识的前提,但受限于空间和时间,小区内需要公开的包括业委会、物业等组织在内的信息往往无法及时或者完整呈现,这也导致了小区内很多矛盾的产生。除此之外,在小区中也存在社会治安盲点、物业管理痛点等现实问题。

在小区治理诸多问题的倒逼下,新景龙郡小区响应湖里区委、区政府和社区的倡议,主动作为智慧小区平台建设试点单位,先行先试,探索智慧小区建设路径。

二、信息公开化:搭建智慧小区平台

新景龙郡小区的治理中很多纠纷的产生主要是信息不公开、不对称所导致的。小区信息的公开关系到各方利益的维护,关系到小区关系的和谐。尤其是新冠疫情期间,疫情信息的公开可以减缓居民的恐慌情绪,让居民安心放心。为了解决疫情防控中的信息公开问题,湖里区试行了小区疫情防控全过程信息公开,制定了《新冠肺炎病例信息通知模板材料》,要求及时将疫情信息向全小区通报。但如何实现信息的畅通、保证信息及时传到业主就成为小区治理中的重要问题。对此,新景龙郡小区采取"4＋N"模式搭建智慧小区平台,"4"就是指党支部、业委会、物业、小区业主,"N"就是涉及智慧门禁(雪亮工程)、智慧体检(小区保健)、智慧急救(应急平台)、智慧生活(生活服务)等内容,实现小区信息公开、重大事项公示、业主投票表决及物业报修等功能,还将广大业主关注的包括业委会开支、物业服务、小区活动等信息通过微信平台及时公开,实现业主、业委会、物业和社区信息发布的互联互通。[①]

---

① 禾山街道.智慧小区平台铺就智治"高速路"[Z]//2020 年小区治理特色品牌实地评审事迹材料.内部材料,2020.

此外,小区业主在平台上实名注册之后,可以对小区内的重大事项进行网上表决,并实现数据的可追溯,从而杜绝虚假选票和"被代表"现象的出现,有效解决了小区业主大会难召集、重大事项无法决策等问题。

三、服务人性化:打造在线应用平台

智慧小区不仅仅是实现技术的介入,更重要的是将技术与业主的需求连接起来,实现智慧化、现代化、人性化的服务。新景龙郡小区以为人民服务为出发点,从满足业主需求出发,在智慧小区平台上设置了包括小区互动、小区公告、小区投票和物业缴费等功能在内的模板,以信息化手段加强小区的管理和服务能力;小区平台上还设置了智能门禁、安防联网等,逐步推动小区智能安防、人员管理、停车服务、物业管理服务等领域的智慧化应用,业主足不出户就可以实现自助缴费、远程开门、物业保修等,让小区治理更加人性化、智能化。

此外围绕生活更便捷、更安全、更和谐,新景龙郡小区重点以小区公共应用系统、小区公共服务平台建设等为主要方向,设立了家政服务、健康服务、维修服务、购物服务等板块,让小区居民的日常生活需求都可以在这个平台上实现,邀请知名家政公司、家居维修企业等众多商家加盟,共同打造了资讯丰富、信息权威、功能强大的小区服务平台,居民满意度显著提升,业主注册率都在80%以上。以小区公共服务为基础,通过信息化系统整合志愿服务、便民服务功能,深化完善服务体系,打造智慧小区服务中心,完善社区服务终端、服务网点,有力提升了小区居民的获得感、幸福感和安全感。

四、治安现代化:建设"二终端、四平台"

新景龙郡小区充分把公安部门和小区物业的需求统筹起来,围绕社会治安防范体系建设及小区物业智慧化标准要求,以"二终端、四平台"为建设内容,打造"平安智慧小区"。其中电脑、手机为两个终端,建立安防监控、道闸停车、小区门禁和人脸比对四个智能系统平台,使项

目功能紧贴治安、物管等各方需求。[①]

　　此外，通过增设小区监控探头、人脸识别系统、车辆管理系统、楼道智能门禁，运用物联网、大数据等技术，实现小区人员、车辆全天候、全时段、全方位的精细化、留痕式管理。在小区建设智能门禁系统，可让住户通过刷身份证、刷门禁卡和手机操作的方式开门，实现对出入人员信息实时记录，加强人员管控工作。"实名制"管理的小区门禁卡，让门禁系统由原来的单一开关功能，变为人、房服务管理的信息采集渠道，更加方便小区管理。

---

　　① 禾山街道.智慧小区平台铺就智治"高速路"[Z]//2020 年小区治理特色品牌实地评审事迹材料.内部材料,2020.

第六章
规则治理小区：
治理制度的创新

　　制度是社会治理的基本工具，它能够界定权利边界，指导和规范个人或组织行为，降低行为的风险和不确定性，使规制对象朝着制度所预期的方向发展。自 2017 年以来，湖里区委、区政府通过完善小区治理制度体系，理顺小区治理工作体制，厘清小区管理权责边界，制定小区治理责任清单和服务清单，健全完善奖优罚劣和容错纠错机制，逐步形成了"1＋4＋N"小区治理制度体系，为规范小区治理提供了科学有效的制度保障。

一、小区治理制度总体架构

　　"1＋4＋N"小区治理制度体系是目前湖里区小区治理改革的重要依据。湖里区委、区政府自 2017 年着力推动小区治理改革以来，高度重视制度建设，紧紧围绕夯实党在城市中的执政根基、打通社会治理最末端的改革目标，把改革的阶段性任务与战略性目标结合起来，以治理规则建设为先导，集中力量、系统推进，逐步形成了"1＋4＋N"小区治理制度体系。

　　从效力位阶上划分，"1＋4＋N"制度体系由"核心制度—重点制度—配套制度"三个位阶构成,不同位阶制度具有不同效力,制度的系统性、协同性、整体性明显增强。其中,居于制度体系最顶层的是"核心制度"——党建引领小区治理改革的总体指导性意见(体系中的"1"),指 2018 年 4 月 17 日中共湖里区委、湖里区人民政府印发的《推进城市居民小区治理工作的指导意见》。然后是"重点制度"——党建引领小区治理的重点框架性文件(体系中的"4"),涉及小区党支部建设、小区业委会建设、物业监管体系和社区管理体制改革四大领域(见表 6-1)。

表 6-1　四个重点框架性文件①

文件名称	发文主体
《关于加强城市居民小区党支部建设的指导意见(试行)》	湖里区委
《加强小区业主委员会建设暂行办法》	湖里区委、区政府
《湖里区物业管理暂行办法》	湖里区政府
《湖里区深化社区管理体制改革的指导意见》	湖里区委、区政府

"1+4+N"制度体系还包括数量众多的"配套制度"(体系中的"N"),主要是为配套落实"核心制度"或"重点制度"中某些具体方面而形成的规范性方案,例如小区秘书、小区警察或小区律师等职能下沉人员的工作制度(见表 6-2)。

表 6-2　"N"个配套规范性方案

序	文件名称	发文主体
1	《关于推进城市居民小区治理工作的决定》	湖里区人大常委会
2	《关于组织机关和区属企事业单位在职党员到本人居住小区报到服务的通知》	湖里区委组织部

---

① 本章表格均为笔者根据公开材料整理自制。

续表

序	文件名称	发文主体
3	《湖里区全面推行小区居民公约的若干规定(试行)》	湖里区委办公室、湖里区政府办公室
4	《湖里区社区工作人员"六统一"工作方案》	
5	《关于进一步转变作风、切实为社区减负的若干规定》	
6	《关于进一步改进和规范社区考评工作的通知》	
7	《关于推动落实社区工作清单化管理的通知》	
8	《湖里区小区卫生服务站试点实施方案》	湖里区政府办公室
9	《关于住宅小区物业服务星级评定实施方案的通知》	
10	《湖里区小区治理小额"以奖代补"项目实施办法(试行)的通知》	
11	《关于加强文明创建中小区物业管理的通知》	厦湖委文明联
12	《关于加强住宅小区消防设施设备管理维护的通知》	
13	《关于推动民主党派和党外人士深度参与小区治理的意见》	湖里区委统战部、湖里区小区办
14	《关于推进文明小区建设的实施方案》	湖里区文明办、小区办
15	《关于加快推进小区医生工作的意见》	湖里区医改办
16	《关于教育系统在职党员到本人居住小区报到服务的实施方案》	湖里区教工委
17	《湖里区推进小区律师和小区调解员工作实施方案》	湖里区依法治区办
18	《关于全面推进小区人民调解委员会建设实施意见》	湖里区司法局
19	《湖里区公共文化体育服务进小区工作方案》	湖里区文体出版旅游局
20	《关于进一步推动社会化服务退休人员参与小区治理的意见》	湖里区人社局、小区办
21	《湖里区"小区书屋"项目工作方案(试行)》	湖里区图书馆
22	《湖里区小区停车秩序整治提升方案》	湖里区城市综合管理委员会办公室

续表

序	文件名称	发文主体
23	《湖里区物业管理区域城管执法规程(内部参考)》	湖里区城市管理综合行政执法局
24	《湖里分局党员民警进小区工作方案》	公安局湖里区分局
25	《湖里区"小区秘书"管理暂行办法》	湖里区小区办
26	《关于全面推进小区信访工作志愿者队伍建设的实施方案》	湖里区信访局
27	《湖里区住宅小区公共设施改造试行办法(征求意见稿)》	(暂缺)

需要补充说明的是,"1+4+N"制度体系仍在不断完善。2020年以来新一轮湖里区小区治理制度建设指向三个方面:强化小区党支部建设、规范小区业委会建设、健全完善小区物业监管。由于新出台规范性文件暂未编进"1+4+N"体系中,这里暂且单独列出(见表6-3)。

表 6-3　湖里区小区治理 2020—2021 年印发的三份规范性文件

文件名称	发文主体
《湖里区城市居民小区党支部管理办法(试行)》	湖里区委组织部
《湖里区物业服务企业行业和项目经理信用综合评定实施方案》	湖里区建设局
《湖里区加强小区业委会规范化建设的十条措施》	湖里区小区办、民政局、建设局、审计局、财政局

从功能结构上划分,湖里区小区治理"1+4+N"制度体系包含5类一级制度和17个二级制度(见表6-4)。第一类是"小区党支部建设制度",旨在加强基层党的建设、巩固党的执政基础、规范城市基层党组织活动的效果,为小区党支部组织设置、支部委员会建设、党员队伍教育管理、引领小区治理提供制度遵循。第二类是"小区管理服务制度",旨在全面规范小区治理中党支部、业委会和小区"六小员"(小区秘书、小区医生、小区警察、小区调解员、小区律师、小区城管)等关键治理主体的运行机制。第三类是"小区治理参与制度",旨在充分调动多方治

理主体的积极性和创造性,激发小区社会自我管理服务的活力。第四类是"小区治理保障制度",旨在保障小区党支部在小区治理中的领导地位,保障小区实施治理项目的资金需求,把为居民服务的资源尽量交给与老百姓最贴近的小区党组织去运作。第五类是"小区治理监督考评制度",是通过激励优秀、惩戒不良来确保各项治理制度机制的有效运转。监督考评制度体现了小区治理制度体系从制定到执行的完整性和科学性。

表 6-4　湖里区小区治理一、二级制度汇总

序	一级制度	二级制度
1	小区党支部建设制度	小区党组织体系架构
		在职党员小区报到制度
		支部委员会建设制度
		小区党员队伍教育管理制度
2	小区管理服务制度	小区党支部领导制度
		小区业委会规范化建设制度
		小区治理"六小员"制度
3	小区治理参与制度	小区人民调解委员会制度
		民主党派和党外人士深度参与制度
		退休人员参与制度
		小区居民公约制度
4	小区治理保障制度	小区党支部领导保障制度
		小区治理项目资金保障制度
5	小区治理监督考评制度	社区考评制度
		小区党支部考评制度
		小区物业服务企业考评制度
		文明小区考评制度

湖里区小区治理制度体系的生成逻辑是,通过制度运行对高密度集合式封闭式小区实施规范管理和服务,以避免因没有公共规则约束

而可能产生的小区治理困境。实践经验表明,单纯依靠小区居民公约或者物业公司管理均难以实现小区的有效治理。特别是在治理资源匮乏的情况下,小区居民与物业公司还会因公共物品供给问题而产生矛盾、丧失信任,使小区治理陷入僵局。至于社区、街道或上级政府,则事实上久居小区之"外",所以它们介入小区治理的及时性和成效性难以令人满意。为扭转局面,湖里区委、区政府多次派出相关人员深入小区一线进行走访调研,既考察治理成效显著的小区,又考察治理成效平平的小区,还考察治理成效不足的小区。在调查比较的基础上,湖里区领导层逐渐形成了党建引领小区治理的改革思路,并通过制度体系建设对其加以明确,进一步巩固治理成果、规范治理主体并明确了改革方向。这既是湖里区委、区政府作为辖区内制度建设主导性力量的能动书写,也是对一线小区实践发展的科学总结。

总体而言,"1＋4＋N"小区治理制度体系的指导思想是通过制度运行,为满足人民群众日益增长的美好生活需要的实现明确重点、谋划路径。例如引入更多小区事务管理人员,为小区治理提供资金帮扶,通过激励手段促进小区居民自治,发展小区志愿者服务队,要求在职党员到本人居住小区报到服务,等等,确保更高水平的医疗卫生服务、更舒适的居住条件、更优美的居住环境、更丰富的精神文化生活等改革目标的实现。

二、小区治理制度的体系化

（一）小区党支部建设制度

小区党支部是党建引领小区治理模式的"主心骨",在小区治理中居于领导地位。如何确保小区党支部的领导地位,是湖里区小区治理制度体系的关键。湖里区通过四个方面的制度建设要点来实现这一点,一是建设小区党组织体系架构,二是在职党员小区报到,三是小区党支部委员选优配强,四是加强小区党员队伍教育管理。

1.小区党组织体系架构

加强基层党的建设、巩固党的执政基础始终是贯穿社会治理和基层建设的一条红线。党中央指出,要调整和完善不适应的管理体制机制,不断增强基层组织在群众中的影响力和号召力。为此,湖里区打破传统支部建设做法,于 2017 年 7 月 11 日出台了《湖里区关于加强城市居民小区党支部建设的指导意见(试行)》,全面推行"支部建在小区上"。按照该文件,凡是在册的正式党员达 3 名(含)以上的小区,均应成立建制性党支部。支部人数较多的,应按功能、兴趣爱好、楼道等设立党小组。对基础较薄弱的小区党支部,可通过选派党建工作指导员、组建小区党支部"1+X"联建片等方式,开展党的工作。

2020 年湖里区委组织部印发《湖里区城市居民小区党支部管理办法(试行)》,该文件进一步总结"支部建在小区上"的有效做法,坚持应建尽建原则,明确一个小区成立一个党支部,并形成"小区党支部—楼道党小组—党员中心户"三级小区党组织体系,实现小区党支部全覆盖。

2.在职党员小区报到制度

推动在职党员到小区报到,有效破解了城市基层党建以社区为中心所导致的党员组织虚化、凝聚力低下、先锋模范作用发挥不足等突出问题,填补了小区这一城市基层党建的真空地带,为小区党支部的建设和实体化运行提供了有力的人员支撑,为湖里区推动"支部建在小区上",大力实施以小区治理为中心的城市基层社会治理创新开辟了道路。

根据湖里区在职党员小区报到制度,湖里区通过网格摸排、入户走访、设置报到点等方式,全面摸排全区小区党员底数,重点核对"现居住地"情况,形成了《居住在湖里区的党员名册》和《居住在其他区域的党员名册》。然后,要求和推动居住在湖里辖区内的在职党员持"湖里区党员到本人居住小区报到单",到本人所居住小区党支部报到。最后,由各小区党支部分类建立小区在册党员名册和小区非在册党员名册,并详细了解记录党员基本信息、个人专长、服务意愿等基本情况。具体操作规范详见《关于组织机关和区属企事业单位在职党员到本人居住小区报到服务的通知》《关于教育系统在职党员到本人居住小区报到服务的实施方案》。

3.支部委员会建设制度

支委会是小区党支部的核心构成,直接关系到小区党支部的凝聚力和战斗力,强化支委会建设制度有助于规范小区党支部的管理运行,提升小区党支部引领小区治理的能力。小区支部委员会建设制度主要体现在以下三个方面的内容:

第一,党支部书记选优配强。选好配强"领头羊",把小区党员中有公心、有能力、有威望、有热情的居民党员,选拔为党支部书记。《湖里区城市居民小区党支部管理办法(试行)》更明确规定,"优先推选在职或离退休的处级以上党员领导干部担任支部书记(或第一书记)"。为了鼓励在职党员担任小区党支部书记,在单位评先评优、绩效考评中会给予倾斜。

第二,全面加强小区党支部委员会建设。小区支部委员会委员审核从严把关,建立"正面清单"和"负面清单",从在职或离退休党员领导干部、业委会党员成员、党员楼栋长中吸纳优秀分子进入班子。除公序良俗、道德法纪等规范性条件外,支部委员在原则上还必须具备担任业主委员会委员的条件。

支部委员的产生程序分四步:首先,小区党员意见酝酿;然后,社区"两委"会议研究提出初步人员;接着,初步人选报街道党工委会议研究,其中书记人选向区委组织部和区小区办报备;最后,召开小区党员大会选举产生,大会参与人数不得低于在册党员应到人数五分之四。

通过这一制度安排,加强了对支部委员和党支部书记人选的组织把关。

支部委员培训也不能滞后。湖里"区—街道—社区"三级均定期举办专门培训。区级每年至少举办一期优秀小区书记示范培训班;街道每半年一期专门培训;社区结合"三会一课",每季度至少开展一次工作交流或培训。

第三,小区书记队伍梯队建设。为挖掘、引导和培养一批小区党员成为小区治理的中流砥柱,确保小区党支部建设"有人可用、用人选优",湖里区特开展小区书记队伍梯队建设。由街道牵头,指导社区完善小区书记和后备人选档案台账,建立"小区书记数据库"和"小区书记后备人才库"。通过具体党建任务和事件,加大小区书记后备人员的挖掘和培养的力度。

4.小区党员队伍教育管理制度

小区党支部的党员构成主要分为在册党员与非在册党员,针对党员身份的不同,教育管理制度上也存在一定的差异,具体如下:

按照厦门市"党支部基本建设年"的要求,小区党支部在册党员教育管理制度明确:一是要严格管理在册党员,落实"三会一课"、主题党日、民主评议党员等制度,推进"两学一做"学习教育常态化制度化;二是要充分发挥在册党员在服务居民、服务小区建设上的先锋模范作用,建立"小区党员志愿服务队",常态化开展活动。按照《湖里区城市居民小区党支部管理办法(试行)》规定,每个小区至少组织一支党员志愿服务队,每名在册党员每年参加小区治理活动或志愿服务不得少于六次,其他党员参加不得少于三次。同时,赋予各小区党支部相当的自主权,倡导各小区党支部结合实际,积极探索行之有效的党员队伍教育管理新模式,包括但不限于利用"厦门党建 e 家"平台对小区党员进行积分管理,例如对不按期交纳物业费的小区党员予以扣分。

小区党支部非在册党员教育管理制度则要求:各级党组织要采取措施,积极推动所属非在册党员主动亮明身份,主动到所居住的小区报到,主动为居民服务。湖里区规定,区属机关、学校和国有企事业单位党员均要到所居住小区党支部报到，并参加"小区党员志愿服务队"，在所居住的小区发挥先锋模范作用。小区党支部要根据非在册党员参加小区志愿服务和小区建设的情况，对其进行年度民主评议，民主评议结果向其所属党组织反馈。居住在湖里区的区属在职党员参与评优评先时，要征求所居住小区党支部的意见。上一年度测评结果为"不合格"的区管党员干部，一年内不得提拔，不得参加各类评优评先。这种奖惩制度，使小区党支部拥有可观的裁量权力，进一步加强了其对非在册党员的管理力度。

（二）小区管理服务制度

小区管理服务制度，是小区内部治理主体共建共治的一揽子制度。小区管理服务的主体是小区党支部和小区业委会，前者是领导角色，后者是自治主角。两个角色对应有各自的制度规范，分别是小区党支部领导制度、小区业委会规范化建设制度。同时，湖里区还推进社区治理资源下沉到小区，对照社区"六大员"制度建立小区治理"六小员"制度。通过以上三方面制度的联动规范，有效提升小区管理服务水平。值得一提的是，小区管理服务也离不开物业服务企业，但就"党建引领小区治理"而言，小区党组织与物业服务企业是监管者与被监管者的关系，所以涉及物业服务企业的相关制度在小区治理监督考评制度中得以体现。

1.小区党支部领导制度

小区治理涉及业主（代表）大会、业委会、老人协会、志愿者服务队、爱好者团体、文艺队伍、"楼层长"、"电梯长"等诸多力量，但以前各方关系松散，无法形成一个有机整体，这是小区治理的薄弱环节。为了使小区各治理主体"拧成一股绳，劲往一处使"，相互支持、彼此合作、良性互动，湖里区通过小区党支部与各类小区行为主体深度融合，一方面使"个体"有机组成"整体"，形成治理网络、治理合力，从而推动小区建设全面提升;另一方面,强化小区党支部的政治功能和服务功能,加强小区党支部对小区治理工作的领导,充分发挥小区党支部在小区治理中总揽全局、引领创新、协调各方的领导核心作用。其制度要点见表6-5。

表6-5 小区党支部领导制度的七个要点

序	要点
1	小区党支部与业委会深度融合,"双向培养、交叉任职"
2	小区党支部主导业委会换届(选举)
3	小区书记列席业委会会议制度
4	小区党支部先议制度
5	小区联席会议制度
6	小区难题联动治理机制
7	小区党支部监督指导小区物业管理机制

一是小区党支部与业委会深度融合,"双向培养、交叉任职"。湖里小区治理改革中,注重通过法定程序推动具备业主身份的小区党支部书记兼任小区业委会主任。同时,积极引导小区党员参选业委会委员,担任楼栋长、梯长和业主代表等。对履职情况好、日常表现好、群众口碑好的现任业委会主任及委员,积极培养发展为党员。《湖里区城市居民小区党支部管理办法(试行)》规定,"社区党组织要旗帜鲜明、理直气壮地引导居民选举合适的支部委员会成员和其他党员人选担任业委会主任或成员"。

二是小区党支部主导业委会换届(选举)。小区党支部是小区业委会筹备(换届)工作的核心,在街道和社区的指导与安排下,业委会的筹备(换届)工作由小区党支部主导。《湖里区城市居民小区党支部管理办法(试行)》规定,"小区党支部应在街道、社区的领导下,全程参与指导业委会的换届筹备工作。小区书记应当进入业委会筹备组,小区党支部应当参与对候选人的资格审查,对换届选举全过程进行监督和把关"。小区党支部在小区老人协会、小区共建理事会、业主监督委员会等群众自治组织的换届选举中也同时发挥主导性作用。

三是小区书记列席业委会会议制度。《湖里区城市居民小区党支部管理办法（试行）》规定，"业委会召开会议时，小区书记应当列席或指派党支部委员列席会议，听取会议内容，参与会议讨论，代表党支部发表意见和建议，会后及时向党支部报告"。

四是小区党支部先议制度。《湖里区城市居民小区党支部管理办法（试行）》中首次提出了"小区党支部先议制度"，即：小区治理重大问题必须经小区党支部研究讨论后方可提到业委会或业主大会上讨论决定。而且，对于在业委会上未按照小区党支部决议发表意见、投票决策的小区党员，"党支部应视情况进行批评教育或处分"。按照这一规定，小区党支部基本能够控制小区治理议题进程。同时，由于党员在小区业委会委员中数量比例的扩大，保证了小区党支部的决策部署在小区业委会中的贯彻执行。该制度还明确，"对于业委会会议决议与党支部意见不一致的，应将分歧情况上报社区党组织。对于存在违法违规行为的，依法追究相关人员责任"。该制度的出台，降低了小区党支部与业委会就小区事务产生分歧和矛盾的可能，有效避免因双方分歧致使小区治理运行受挫的尴尬局面。

五是小区联席会议制度。按照《湖里区关于加强城市居民小区党支部建设的指导意见（试行）》等相关文件，小区党支部要牵头建立广泛、多层、制度化的民主协商机制，定期召开联席会议，商议小区建设重大问题，协调解决各类矛盾。《湖里区城市居民小区党支部管理办法（试行）》明确，由小区党支部负责牵头组织，挂点小区的社区"两委"作为召集人，（必须）邀请业委会、物业服务企业、小区其他组织、派出所片警、城管执法人员、"六小员"等参加，每季度召开一次联席会议，共商小区治理重大问题。

六是小区难题联动治理机制。根据《湖里区城市居民小区党支部管理办法（试行）》的规定，"各小区无法自行处置的治理难题由社区党组织负责汇总上报，街道党工委梳理分类"。所以，如果出现小区自身处理不了的治理难题,就可以通过小区党支部和业委会审议上报,交由街道党工委统筹分派、推动解决。如果需要区级部门协调解决,则再向上一级递交到湖里区小区办,由小区办分派到各所属职能部门限时办理。此外,区小区办或各街道小区办必须负责办理情况的督查和回访。

七是小区党支部监督指导小区物业管理机制。根据湖里区小区治理制度安排,小区党支部应当切实维护小区业主的正当利益。比如,对居民投诉比较多、意见比较大的物业公司,小区党支部可以按照街道和社区的安排,引导居民经法定程序对物业公司进行选聘。小区党支部负责监督物业公司专项资金使用和公示情况,当发现异常时,要及时将有关情况上报,依法依规提请相关单位聘请第三方对小区公维金进行审计。

《湖里区城市居民小区党支部管理办法(试行)》关于小区党支部监督指导小区物业管理的规定突出了两个方面:一是肯定了小区党支部应当对小区物业日常工作进行监督指导,加强对小区物业服务企业党员的监督管理;二是与物业服务企业星级评定制度联动,强调小区党支部参与到评定工作中的权利,指出"物业服务企业服从小区党支部领导情况、物业服务企业党员在小区治理和服务中的表现,作为星级考评的重要内容"。同时,2021 年湖里区建设局印发的《湖里区物业服务企业行业和项目经理信用综合评定实施方案》也规定,小区党支部有权监督小区物业服务企业及项目经理的日常工作,并对小区物业服务企业管理服务的不良信息进行收集和上报。

2.小区业委会规范化建设制度

2020 年印发的《湖里区加强小区业委会规范化建设的十条措施》(以下简称"《措施》")构成了湖里区小区业委会建设的制度主干,有效推动了小区业委会的规范化建设,突出体现在以下几个方面。

一是关于街道在业委会换届选举中的相关责任。《措施》进一步明确街道的指导责任,要求街道必须落实到人,派专人负责指导业主大会筹备、业委会换届等工作。街道必须定期召开例会,研究相关问题。如果小区公共收益少、业委会换届经费困难,由街道提供补助、社区安排使用,标准为每个小区 3000 元。

二是关于小区党支部在业委会换届选举中的工作安排。《措施》指定,小区党支部书记在换届筹备工作中,必须担任业委会换届筹备组副组长,并赋予小区党支部推荐换届筹备组业主代表的权利。同时,小区党支部书记、党员代表在换届会议中具有投票权。这些举措,有效强化了小区党支部对小区业委会委员构成的影响和把控能力。

三是进一步推广"一肩挑"机制,即小区党支部书记通过法定程序担任业委会主任,优秀党员参选业委会委员。

四是业委会日常工作必须落实小区党支部先议制度。

五是推行"业主代表制",即从直接民主自治转变为间接民主自治,破解业主大会"召开难"问题。并改进投票方式,运用现代科技手段进行快捷表决。

六是进一步加强监管、奖励典型和压茬整治。

3.小区治理"六小员"制度

党的十九届三中全会明确指出,"推动治理重心下移,尽可能把资源、服务、管理放到基层"。湖里区将治理重心进一步从社区下移到小区一级,通过在小区设置卫生医疗、法律服务、人民调解、警务等职能工作人员,将更多的管理资源放到小区中去,解决了小区办事权力和资源不足的问题,实现了小区事务管理制度的创新,形成了"六小员"和小区党支部、业主大会(业委会)、物业公司等主体实施共治的模式。根据《湖里区城市居民小区党支部管理办法(试行)》,"六小员"的年度工作由小区党支部在街道、社区指导下统筹安排。目前,前五个"小员"已经有正式制度出台,"小区城管"制度也正在酝酿之中。

一是小区秘书制度。根据《湖里区"小区秘书"管理暂行办法》规定,小区秘书一般由社区工作者中"一专多能"的业务办理能手担任。他们熟悉劳保、计生、民政等各类政策,代表社区党组织、居委会加强与派驻小区居民的沟通和联系。小区秘书的主要职责:一是"上传下达、协调沟通";二是采集小区基础信息;三是配合小区党支部、业委会服务小区居民;四是及时排查、调解、化解小区内发生的矛盾纠纷、不稳定因素和治安、安全隐患;五是宣传工作。小区秘书深入楼道、走家入户,随时随地发现问题、解决问题,使社区服务从"坐等上门"变为"主动入户",大大提高了小区治理效能和小区居民的获得感。

二是小区医生制度。目前湖里区开展小区医生试点的基本形式主要有两种:一是小区医生工作室,另一是小区卫生服务站。以往入驻小区的医护人员,可以提供健康咨询指导,但不能提供诊疗服务,无法满足小区居民的健康医疗需求。为此湖里区更新了小区医生制度,新制度旨在使小区医生发展成为能够承担国家基本公共卫生、家庭医生签约服务和开展常见病诊疗、分级转诊服务的小区卫生服务站。根据《关于加快推进小区医生工作的意见》和《湖里区小区卫生服务站试点实施方案》的目标安排,湖里区计划用三年左右的时间,将小区医生覆盖到辖区所有城市居民小区,实现居民健康有人干预、有人咨询、有人指导,并最终发展成常见病首诊不出小区、基本公共卫生服务全面覆盖。

三是小区警察制度。党员民警进小区,铸牢社会治安防控"最后一百米",全力保障人民群众生命财产安全,这是小区警察工作的主线。根据《湖里分局党员民警进小区工作方案》的要求,小区警察工作采取"责任领导—社区警察—小区警察"三级管理模式。小区警察的工作职责包括党建活动、小区警务、信息摸排、治安警情、宣传教育、专业咨询、走访慰问、组建小区党员群防队伍等八项。

四是小区律师制度和小区调解员制度。小区律师和小区调解员二者旨在不断提升小区的治理法治化水平,实现法律服务和矛盾纠纷调解"零距离",切实做到矛盾纠纷化解在萌芽、相关问题解决在一线。小区律师为小区居民提供法律咨询服务,为小区人民调解委员会、业主委员会等小区组织的日常工作提供法律帮助;小区调解员开展矛盾纠纷预防和排查,调处小区民事纠纷,参与联合调解。《湖里区推进小区律师和小区调解员工作实施方案》对小区律师和小区调解员的工作职责、任职条件、联络渠道、办公场所、监督考评等事宜做了详细的规定。

(三)小区治理参与制度

根据"共建共治共享治理格局"的总体要求,按照"党委领导、政府负责、社会协同、公众参与、法治保障"的原则,小区治理应当充分调动多方主体的积极性和创造性,激发社会自我管理活力。就目前小区治理创制情况来看,湖里区已经对小区人民调解委员会、民主党派和党外人士、退休人员、小区居民等团体组织或群体参与小区治理做出了正式制度安排。

1.小区人民调解委员会制度

伴随着社会治理单元下沉到小区,基层人民调解也向小区延伸,进一步扩大了人民调解工作的覆盖面。湖里区司法局印发《关于全面推进小区人民调解委员会建设实施意见》,规范小区人民调解委员会建设,充分发挥人民调解在基层矛盾纠纷排查化解中的作用。按照该意见,小区人民调解委员会(以下简称"小区调委会")应当覆盖全部已建成党支部的住宅小区,具体要求如下：

小区调委会设置主任 1 名,主任人选安排有特别规定,必须尽可能由小区党支部书记或小区业委会主任兼任。结合湖里区推行的党支部书记和业委会主任"一肩挑",所以实际上是调委会主任、党支部书记和业委会主任三个职位"一肩挑"。小区调委会委员一般有 3～9 名,由小区党支部委员、小区律师、小区警察、小区秘书、小区业委会委员、物业服务处人员、小区志愿者等热心人士组成。

小区调委会工作的日常指导,由社区调委会在街道司法所的指导下负责。小区调委会由社区指导小区党支部或业委会进行组建和负责人员招募。小区调委会的名录序号、人员信息,社区必须及时掌握并编制成册,向街道司法所备案。

为保障小区调委会健康有效运行,配套建立人民调解员教育培训制度、小区调委会履职监督考评制度、小区调委会场所建设制度三项保障制度。比如,调委会主任、委员或人民调解员因病或其他原因不能履行职务时,应及时改聘;对严重失职或违法乱纪的,要及时予以撤换或解聘。

2.民主党派和党外人士深度参与制度

民主党派和党外人士大多数是各行各业的领导者、组织者和管理者,团结动员党外人士到小区报到服务,不仅能发挥党外人士个人专长服务居民,同时为湖里区各民主党派基层组织、各统战社团加强自身建设和提升社会服务能力提供了平台。由湖里区统战部印发的《关于推动民主党派和党外人士深度参与小区治理的意见》,对统筹凝聚湖里区各民主党派、统战社团、非公经济领域、新的社会阶层人员等党外各界代表人士的智慧和力量,引导他们深度参与小区治理,做出了制度安排。

民主党派和党外人士深度参与小区治理的方式主要有三种。一是个人参与。湖里区党外各界代表人士可以个人名义持"湖里区党外人士到本人居住(工作)小区报到单"到所居住(工作)小区的党组织报到。如果小区暂未建立党组织,则可先向所居住(工作)的社区党组织报到,由社区党组织统筹安排。二是开展团队特色服务。通过湖里区民主党派基层组织、各统战社团与各街道党工委"结对共建"的方式组织团队进小区,并立足党派和社团特色,开展特色服务活动。三是打造小区治理统战品牌。目前湖里区已有"同心志愿服务团"和"同心荟萃堂"两大统战品牌,常态化运行协商议事、联谊交友、双向沟通和动态报告等联系机制,通过品牌效应确保民主党派和党外人士的参与效果。

3.退休人员参与制度

退休人员是小区治理的重要资源,过去因为组织化程度低,他们的作用没有得到有效的发挥。为扭转局面,湖里区出台了《关于进一步推动社会化服务退休人员参与小区治理的意见》,激发退休人员建设"美好家园"热情,引导退休人员积极参加小区各类群众性自治组织和社会

组织。按照文件,退休人员参与小区治理的内容主要体现在六个方面:
参与小区党支部建设、开展邻里互助、参与群防群治工作、政策宣传(比
如垃圾分类宣传、防诈骗宣传、老年人权益普法)、邻里调解和组织参与
文体活动。

4.小区居民公约制度

居民公约是小区居民自治的重要依据,有别于依靠强制权力在社
区强行推行某种制度、规范和政策,小区居民公约是居民根据本小区实
际情况和居民习惯等内在特性,自发约定、共同遵守的行为规范、准则,
其意义在于参与性,体现小区居民的自我管理、自我教育、自我服务的
能力。湖里区全面推行小区居民公约制度,引导居民在风俗习惯、社会
公共道德、社会管理和精神文明建设等层面形成一整套凝聚共识、自我
约束的行为规范。

根据湖里区小区居民公约制定办法,由小区党支部、业委会牵头,
小区社会组织和热心居民共同带动小区居民参与制定小区居民公约。
首先,广泛发动居民踊跃参与,征集公约内容。湖里区公布了《小区居
民公约》参考范本,供居民制定公约时参考[见《湖里区全面推行小区居
民公约的若干规定(试行)》]。在广泛征集公约内容的基础上,由小区
业委会、党支部梳理归纳形成初稿,并向小区居民公布,号召全体居民
逐条投票。接下来,发动全体居民对公约进行表决,全体居民过半数同
意,即为表决通过。最后,将表决通过的小区居民公约报送社区进行备
案,并在小区公告栏或显著位置公示。

(四)小区治理保障制度

湖里区党建引领小区治理的保障制度,一方面保障了小区党支部
在小区治理中的领导地位,切实体现"党建引领";另一方面保障了小区
实施治理项目的资金需求,避免小区党支部陷入"巧妇难为无米之炊"
的尴尬境地。

1.小区党支部领导保障制度

首先,由街道党工委负主体责任,社区党组织负直接责任,推进小区党支部的建设。为监督街道党工委责任落实,将小区党支部的建设情况作为街道党工委书记年度述职评议的重要内容,纳入区对街道绩效考评的指标体系。

其次,逐步提高本街道内小区成立党支部的比例、小区党支部书记兼任业委会主任的比例、选派社区工作人员担任小区秘书的比例、非在册党员加入小区党员志愿服务队的比例。

再者,参照全市非公党组织书记通信补贴的标准,向小区党支部书记(由小区居民担任)发放通信补贴。2020 年的《湖里区城市居民小区党支部管理办法(试行)》还规定,对于担任小区党支部"厦门党建 e 家"管理员的居民党员,发放 100 元/月通信补贴。

最后,关于小区党组织的活动经费。对每个新成立的小区党支部,参照全市非公领域党组织创建经费标准,由街道下拨创建经费。区委组织部按比例返拨的党费,各街道要全额返拨至各社区,安排给小区党支部使用。各街道要按每名在册党员人均不低于 300 元/年的标准向社区下拨小区党员活动经费,同时根据小区党员志愿服务队的参加人数和服务情况下拨一定活动经费。

2.小区治理项目资金保障制度

"巧妇难为无米之炊",资金匮乏是许多老旧小区治理所面临的主要困境。为了解决老旧小区面临的资金困境,湖里区出台了《湖里区小区治理小额"以奖代补"项目实施办法(试行)的通知》。小额"以奖代补"项目主要是在小区范围内改善提升居住环境,保障民生基本用途。并且优先支持小区党支部、业委会受到表彰的小区,有效激活小区居民自治活力,激励小区争先创优。

小额"以奖代补"项目主要有:小区红线范围内房前屋后改造;完善基础文娱设施;打造小区"居民之家";小区居民公共服务等小额公益项目。但是,不包含小区物业服务企业等其他社会主体应承担职责范围内的项目，不与市、区政府在建、拟建的政府投资项目重复。

小额"以奖代补"的项目资金，一部分自筹，一部分政府"以奖代补"发放。每个项目自筹资金不低于项目计划总投资额的10%。各街道财政每年安排不少于100万元的预算用于小额"以奖代补"项目。单项目申请，原则上每个项目财政拨付不超过10万元的小额奖励金，同时不提倡多个项目整合申请"以奖代补"。项目审批后，由街道先行下拨扣减自筹资金后的投资额的80%，待项目验收合格后，以项目实际投资额结算奖励金。

小额"以奖代补"项目完整运行流程包括项目申报、项目实施、项目验收和项目监管4个环节。项目申报环节，按"小区提议—社区商议—街道审议"的程序进行立项。由小区党支部和业委会联名向社区发起提议；社区进行初步审核，实地考察、听取意见，提出初审意见上报街道小区办；街道在7个工作日内完成项目审批和资金下拨，并向区小区办报备。项目实施环节须主动接受小区党支部的监督和社区指导。项目验收环节由街道小区办负责。项目由多方共同监管，主要有社区、街道小区办、区小区办，以及区建设局、区财政局、区审计局等职能部门。小额"以奖代补"项目整个流程坚持"社区快审、街道快批、小区快办、街道快验、资金快拨"的从快原则，确保项目实施的及时性。

最新印发的《湖里区住宅小区公共设施改造试行办法（征求意见稿）》，对住宅小区红线内及红线外毗邻部分改造项目的资金筹集方式、"以奖代补"资金财政分担比例、"以奖代补"资金计算规则做出了进一步规定。

（五）小区治理监督考评制度

目前被纳入湖里区小区治理制度体系之中并且单独成章的监督考评制度主要有四个：社区考评制度、小区党支部考评制度、小区物业服务企业考评制度、文明小区考评制度。现主要介绍以上考评制度中涉及小区党支部的内容。

1.社区考评制度

为适应社区管理体制改革,湖里区出台了《关于进一步改进和规范社区考评工作的通知》,对社区考评制度进行了调整,形成了新的考评指标体系。根据该通知,每年结合年终工作总结,由街道统一组织一次对社区工作的综合考评,考评总分为 100 分。考核"小区治理工作"(28分)、"服务居民实效"(28 分)、"承办公务事项"(26 分)、"自身建设"(18分)等 4 个重点,突出实绩实效考核、工作创新考核、群众幸福感考核。考评结果作为对社区工作奖励和评价的主要依据,作为对社区工作者年度绩效考评、提拔任用的主要依据,作为上级和区、街道评先评优的重要参考,作为区直机关部门评估和表彰奖励单项业务工作的重要参考。

为配合党建引领小区治理改革,社区考评制度特别添加了相关指标。社区考评制度共计 22 个二级指标,分值设置从最低分 2 分到最高分 8 分,其中"党的建设"计 8 分,"学习贯彻小区治理'1+4+N'文件精神"计 7 分,属于分值设置最高的两项二级指标(见表 6-6)。

表 6-6　社区考评制度部分二级指标设置情况

二级指标	主要内容	分值
学习贯彻小区治理 "1+4+N"文件精神	"……组织社区工作者、小区党支部、业委会、物业服务企业学深悟透小区治理'1+4+N'文件精神……"	7 分
党的建设	"……加强社区党组织对社区各类组织和各项工作的领导,健全完善各项工作制度……"	8 分

2.小区党支部考评制度

根据湖里区 2018 年小区治理制度规划,街道要以引领小区建设和服务居民的实效为依据,研究制定小区党支部考评办法,每年开展 1 次考评,根据考评结果评选先进小区党支部、优秀党支部书记和优秀小区党员。2020 年《湖里区城市居民小区党支部管理办法(试行)》规定,小

区党支部的考核由社区党组织负责,采取线下考核的方式,而不再采用
"厦门党建 e 家"的线上积分考核。考核结果名次报街道党工委审批同
意,最后报区委组织部备案。为了发挥制度激励作用,引导小区党支部
创优争先,《湖里区城市居民小区党支部管理办法(试行)》规定,每年以
区委名义对优秀小区党支部进行表彰,并由区委组织部给予 2000 元以
上的党建经费补助。街道"以奖代补"项目也优先安排受到表彰的小区
党支部。

值得注意的是,小区党支部书记的激励机制得到了单独安排,有针
对性地加强了对小区党支部书记的关怀和保障。按照《湖里区城市居
民小区党支部管理办法(试行)》的规定,湖里区委每年都会表彰一批优
秀小区党支部书记,并推荐其参评市级及以上表彰,推荐合适的优秀小
区党支部书记进入"两代表一委员"。同时,建立容误免责机制和澄清
保护机制,鼓励支持小区党支部书记担当作为,大胆先试先行。具体而
言,对查无实据或经认定符合容误免责的情况,可采取召开会议、书面
通报等方式在一定范围内澄清事实、消除负面影响。

3.小区物业服务企业考评制度

《关于住宅小区物业服务星级评定实施方案的通知》和《湖里区物
业服务企业和项目经理信用综合评定实施方案》是小区物业服务管理
考核评定的主要文件。

《关于住宅小区物业服务星级评定实施方案的通知》规定,小区物
业服务星级评定采取"街道日常巡查""区级综合评价"的分级考评制
度,并对评价结果进行差异化处理。检查内容及标准参照《福建省城
市住宅小区物业服务规范》《厦门市住宅物业服务等级标准及收费指
导价》二级一类标准以及生活垃圾分类的有关标准和要求,分为基本
服务和设施设备两大类。具体可见于《湖里区住宅小区物业服务实
地检查表》。街道日常巡查由所在街道负责组织,每年至少巡查一
次,巡查小组成员除街道和社区相关负责人、行业协会相关人员、行
业专家、辖内物业服务企业、业委会代表等之外,还应有小区党支部

委员。

《湖里区物业服务企业和项目经理信用综合评定实施方案》则旨在进一步加强信用激励与约束机制,规范物业服务企业经营行为。湖里对辖区内物业服务企业和项目经理从事物业服务活动中形成的信用信息进行采集、记分、评定信用等级。信用评定实行部门联动制,信息采集除企业自报,主管部门、行政职能部门、街道办、居委会主动采集提供之外,还赋予小区党组织、小区秘书、业委会和业主提供信息的权利。除此之外,建立激励和惩罚数据库,实行"末位淘汰制"。比如,对于信用评分优秀的,通过市物业综合管理平台、湖里数字公共管理集成平台、湖里头条、新闻媒体等予以公示宣传;而排名倒数 10 名的物业企业不得参与湖里区所有项目招投标。

4.文明小区考评制度

文明小区考评制度是湖里区为提升小区精神文明建设水平制定的配套制度,整个制度围绕文明小区建设的九个方面(居民公约制定、洁净家园行动、文明阵地建设、公益广告宣传、常态志愿者服务、未成年人帮教、文明家庭建设、书院拓展建设、日常检查落实)而设计,形成《湖里区文明小区测评体系(暂行)》正式文件,附于《关于推进文明小区建设的实施方案》之中。

考评项目包括"组织领导机制""小区创建氛围""生活居住环境""社会治安秩序""小区服务体系""小区文体活动"等六个项目。考评项目反映了湖里区党建引领小区治理的建设思路,就"组织领导机制"这一项而言,具体测评内容涉及:建立健全小区居民党组织,积极指导居民社团组织有效开展工作;小区党组织、业委会积极参与小区治理,牵头做好垃圾分类、移风易俗等重要工作。

三、小区治理制度的科学性

（一）明确的制度制定主体

小区治理制度的制定主体是指，有权制定小区治理制度的机关、部门或组织。小区治理制度是规范小区治理工作、活动和主体行为的规章办法的总称，从相关制度的内容和印发者来看，小区治理制度的制定主体主要有三个。

一是一级制定主体，中共湖里区委和湖里区人民政府。中共湖里区委和湖里区人民政府是小区治理制度中级别最高的制定主体，负责制定辖区内具有一级（最高）效力的"核心制度"，比如《湖里区关于加强城市居民小区党支部建设的指导意见（试行）》。同时，从目前建章立制的阶段性成果来看，中共湖里区委和湖里区人民政府还是具有准一级效力的"重点制度"的制定主体（见表6-1）。

二是二级制定主体，区委工作机关、区政府综合职能部门及其下设机构和临时单位。区委工作机关如区委办公室、组织部、宣传部、统战部等。区政府综合职能部门如区府办、民政局、司法局、人社局等。区委、区政府的下设机构和临时单位如湖里区小区办、湖里区医改办、湖里区文明办等（见表6-2）。

三是三级制定主体，是街道、社区和小区。街道和社区作为小区治理"承上启下"的组织，自主性较少，一般在上级领导之下开展创制工作。小区内部治理主体，包括小区党支部、业委会、老人协会、共建理事会等内生组织。作为小区治理实践的末端环节，小区自治所形成的正式的和非正式的制度不容忽视，可以纳入小区治理制度体系中去，比如归为末端制度。

(二)规范的制度表达形式

形式上的规范是制度体系科学性与统一性有效结合的体现,也是制度体系易于为各治理主体所掌握的基本要求,因此小区治理制度体系必须具有规范的表现形式,主要体现为:

一是名称规范。以《湖里区关于加强城市居民小区党支部建设的指导意见(试行)》为例进行说明。制度名称由"文件适用范围＋文件适用事项＋文件种类"构成。适用范围是"湖里区",适用事项是"城市居民小区党支部建设",文件种类是"意见"。小区治理制度体系是有序位的,规范性制度的不同名称表明了不同的地位、等级或者位阶。从目前制度体系安排来看,"指导意见"(《推进城市居民小区治理工作的指导意见》)是核心的一级制度或准一级制度,而二级制度的名称通常冠之以"办法""通知""方案""意见"。但是也有"指导意见""办法"作为准一级制度,如前文所述的 4 个重点框架性文件。

二是格式统一。规范的制度文件应有固定的表现形式。比如,公布日期、生效日期、制定主体的表达方式,制度符号的不同意义及其准确运用,都应当符合统一的形式规范要求。湖里区正式印发的小区治理制度,在制度文本格式上是比较统一的,一类是"规章",如《加强小区业主委员会建设暂行办法》;一类是"方案"和"意见",如《湖里区关于加强城市居民小区党支部建设的指导意见(试行)》(以下简称《意见》)、《湖里区社区工作人员"六统一"工作方案》。制度文本具有明确的公布日期、制度生效日期和制定主体。以《意见》为例:2018 年 4 月 17 日公布;2018 年 5 月 1 日起试行,有效期暂定两年;制定主体为中共湖里区委和湖里区人民政府。规章类文件正文由总则、分则、附则构成。"方案"和"意见"类文件正文基本上分为目标或原则、方案、任务、要求等部分。

三是层次合理。由于制定主体的不同，主体所制定的各项制度在调整小区治理主体关系和行为时就呈现出效力上的不同。这些不同效力的小区治理制度在层次结构上应当规范合理，形成一级制度、准一级制度、二级制度和末端制度的层次结构。湖里区目前的一级制度即"1个总体指导性意见"，准一级制度即"4个重点框架性文件"，二级制度即"N个配套规范性方案"，末端制度是小区内部自生自发制度。

四是用语准确。制度规范的用语一定是准确和明确的。制度制定的目的是得到遵守和执行，如果用语模糊不清，就容易导致理解和认识上的歧义，从而导致有关主体在适用制度的时候出现偏差。

（三）清晰的制度规制类型

湖里区小区治理众多制度具有不同但明确的规制对象和规制性质，也体现了不同的规制目标和宗旨，显示了制度创设的周密性。

湖里区小区治理制度按规制对象可分为组织关系规制和行为个体规制。组织关系规制主要是调整小区治理组织的制度、原则以及各组织之间的相互关系。例如，通过《湖里区关于加强城市居民小区党支部建设的指导意见（试行）》《加强小区业主委员会建设暂行办法》《湖里区深化社区管理体制改革的指导意见》等相关制度，调整了小区党支部、小区业委会、社区、物业公司、各类社会组织和小区业主之间的互动关系，强化了小区党支部这一组织的政治功能、服务功能和治理功能，强化了小区党支部对其他多元主体的核心引领作用，形成党领导下的政府治理、社会调节、居民自治的良性互动格局。

行为个体规制主要是规范行为个体的各种资格与资质，以及行为个体在小区治理中履行自己职责时所需要遵守的规则与制度。例如《湖里区"小区秘书"管理暂行办法》，对"小区秘书"的工作职责、工作流程、管理考核进行了详细的制度安排。《湖里区推进小区律师和小区调解员工作实施方案》，则对"小区律师"和"小区调解员"的任职条件、工作职责进行了安排。湖里区小区治理制度的行为个体规制还涉及"小区医生"、"小区警察"、物业工作人员、业委会委员、小区党支部党员等。

湖里区小区治理制度按制度性质可分为奖惩性制度、保障性制度、程序性制度等类型。如《湖里区小区治理小额"以奖代补"项目实施办法(试行)的通知》,明确指出"优先支持小区党支部、小区业委会受到区里表彰的小区",也就是说通过财政奖励安排,激励小区党支部和业委会争先创优,属于奖惩性制度。《关于进一步改进和规范社区考评工作的通知》规定,为激发各社区创先争优的积极性和主动性,建立奖优罚劣机制,并综合应用考评结果,作为对社区工作奖励和评价的主要依据,作为对社区工作者年度绩效考评、提拔任用的主要依据,属于保障性制度。《加强小区业主委员会建设暂行办法》对业主(代表)大会和业主委员会的选举(换届)、议事决策等程序做出了明确规定,属于程序性制度。

(四)系统的治理制度设计

"1+4+N"制度体系一个明显的特征就是"一核多元",所以它的系统性包含了两个方面,一方面是把握制度设计的核心思路,另一方面是确保制度设计的覆盖面。

一是把握制度设计的核心思路。小区治理制度设计实际上是为解决现实问题开一张药方,对症下药至关重要。从一开始,湖里区委、区政府就明确了"党建引领"的中心思想,并顺着抓党建这个思路穿针引线,形成穿透性的解决方案。采取这样的中心思路,究其原因,一是中央层面"全面从严治党""加强基层党组织组织力"等"党的建设伟大工程"的高位势能推进,形成了强劲驱动力。二是通过党的建设为整合统筹资源、聚力共治提供发力点,形成杠杆力,上级政府和职能部门得以有效发力。三是党的建设为调动群众和社会组织的治理热情提供了催化剂,形成了"共建美丽家园"的氛围,小区内生力量活跃起来。四是党的建设为小区共同体的形成提供了价值和平台,小区居民从陌生走向熟识，小区氛围从冰冷走向温暖，形成了社会网络。

湖里区"1＋4＋N"小区治理制度体系无处不反映了"党建引领"的中心思路。《推进城市居民小区治理工作的指导意见》表明，湖里区小区治理体系建设的基本原则是"坚持党的领导、统筹谋划"。湖里区小区治理体系建设的主要工作是"发挥小区党支部的领导核心作用"。与此同时，还出台了《湖里区关于加强城市居民小区党支部建设的指导意见（试行）》作为重点框架性文件，指出要"充分发挥小区党支部在小区建设中的战斗堡垒和核心引领作用"。此外，在若干配套规范性方案中，"党建引领"的中心思路也十分清晰。比如组织机关和区属事业单位在职党员到本人居住小区报到服务、教育系统在职党员到本人居住小区报到服务、湖里公安分局党员民警到小区工作等。

二是确保制度设计的覆盖面。小区治理涉及方方面面，规范各类主体的参与行为，例如政府、居委会、业委会、物业、共建单位、社会组织等，就需要分门别类进行制度设计，这是一个系统性工程。从目前已经完成的制度供给来看，湖里区小区治理制度体系虽然覆盖面较广，但也并不是"摊大饼"式的制度泛滥，而是具有层次性，1 个总体指导性意见、4 个重点框架性文件、N 个配套规范性方案组成的制度框架体系。

具体而言，湖里区颁布的制度文件基本上涵盖了关涉小区治理的所有人员、组织和事项。业委会对应有《加强小区业主委员会建设暂行办法》《关于加强住宅小区消防设施设备管理维护的通知》《湖里区小区治理小额"以奖代补"项目实施办法（试行）的通知》；物业对应有《湖里区物业管理暂行办法》《关于加强文明创建中小区物业管理的通知》《关于住宅小区物业服务星级评定实施方案的通知》；社区及社区工作者对应有《湖里区深化社区管理体制改革的指导意见》《关于进一步转变作风、切实为社区减负的若干规定》《关于推动落实社区工作清单化管理的通知》《关于进一步改进和规范社区考评工作的通知》《湖里区社区工作人员"六统一"工作方案》；"小区医生"对应有《关于加快推进小区医生工作的意见》；"小区警察"对应有《湖里分局党员民警进小区工作方案》;"小区秘书"对应有《湖里区"小区秘书"管理暂行办法》;"小区律师"和"小区调解员"对应有《湖里区推进小区律师和小区调解员工作实施方案》。

四、小区治理制度的创新性

中国的现代国家建设道路,是一条"政党领导人民建设国家"的特色之路。在 20 世纪的中国,"只有用党的权力深入社会每个角落,去重建各种组织与制度,去解决社会领域中的问题,才能一面重建国家,一面重建社会"①。这个历史规律在 21 世纪的今天同样适用,中华人民共和国成立 70 余年来的发展成就证明:党的领导是中国特色社会主义制度的最大优势。中国共产党是当代中国国家治理的制度设计者和实践领导者,在推进地方治理体系和治理能力现代化的进程中,应当继续发挥党的领导优势。这是城市基层治理中"党建引领"出场的政治逻辑。湖里区小区治理制度创新,回应了新时期城市社区治理和基层党建工作的制度需求。

(一)突破传统制度建设思维的局限

传统制度建设思维遵循"中心—边缘"的基本逻辑。"中心—边缘"制度化思维使差异性的主体行动模式向着同一性转变,化复杂多变为简单同一,即谋求无论治理主体、治理对象、治理环境、治理区域有着什

---

① 邹谠.二十世纪中国政治:从宏观历史与微观行动角度看[M].香港:牛津大学出版社,1994:20.

么样的差异，都在普适性的制度下进行治理。[①]"中心—边缘"制度化思维形成于缺乏互联网、大数据、物联网、云技术、人工智能等新兴技术的传统工业社会。在传统工业社会，制度的供给者与接受者关系固定：政府是管理结构的中心，向社会提供制度；社会是管理结构的边缘，接纳政府所供给的制度。

随着新兴技术所引发的社会根本性变化的扩散，后工业时代呈现出高度复杂性和高度不确定性的新发展态势，社会治理主体日益呈现出多元化、差异性、流动性、多变性的特征。面对日益多元化的利益诉求和制度需求，"中心—边缘"制度化思维已经难以适应时代的发展。制度的供给主体居于中心位置，而制度的实际需求者却处于边缘位置，其结果就是利益诉求过于复杂多变而单一制度难以及时有效地满足，政府制度供给滞后于实际制度需求。供需结构失调，最终阻碍治理行动。在实践中，小区治理完全承接国家相关制度安排，有什么制度就执行什么制度，如果某个事项没有对应的制度安排，就似乎一时"无人可管"，"不知如何去管"。

一方面，伴随着时代的新发展，涌现的新问题必然对原有管理制度提出挑战。传统制度对社会新问题的处理缺乏灵活性，呈现出一定的僵化性，难以适应新时代发展要求。小区是人民群众的生活场域，既有"家门口"的问题需要解决，又有"家里面"的问题需要帮助。在调研中我们发现，具体到每个小区、每个居民都有自己的小区治理故事，即便是同一类问题的处理办法，比如停车管理，也有商品房小区和拆迁安置房小区之分，新建小区和老旧小区在停车管理问题上也要区别处理。面对这种复杂情况，如果按照传统的制度建设思维，单纯靠政府来供给制度、解决问题，显然难以奏效。

另一方面，社会在处理现实问题的实践中也积累了大量治理经验，

---

① 向玉琼.从制度主义转向行动主义的社会治理：读张康之教授《公共行政的行动主义》[J].北京行政学院学报，2015(5)：58-68.

其自我治理的能力大大提高。社会自我治理有一个特征是,许多新问题能够得到充分关注和考虑,针对具体问题采取具体而灵活的行动,而不是依赖既有制度进行强制性"矫正"。这是因为社会自治力量具有贴近社会的距离优势,能够先于政府适应高度复杂性和高度不确定性的社会,而新问题又与其切身利益相关,在等待政府解决问题的过程中可能爆发出主动寻求办法的动力。对于小区里自发形成的处理问题的成功办法应该予以支持和引导。

为了适应新发展情势,提高制度治理效果,必须积极转变制度建设理念,突破传统"中心—边缘"制度化思维,构建网络结构的合作治理制度体系。从实际调研来看,湖里区党建引领小区治理制度体系的建设理念与上述观念不谋而合,改变了发号施令、被动等待问题出现的陈旧行动方式,在制度建设中积极发挥党组织的作用。依靠党组织和党员干部,一方面,扎根小区一线、剖析小区问题,听取和反馈小区群众诉求,及时加强制度供给;另一方面,引领小区组织和小区居民进行创制活动,有效提高小区治理的制度化水平。

(二)推动党的领导与社会自主性的平衡共生

在以往的研究中,社区是基层治理的基本单元,党建具有"政治构建"和"社会构建"双重功能。[①] 这种观点潜在地包含着国家—社会关系视角,其二元对立的局限性比较明显。以行政为导向的国家力量与以自治为导向的民间社会之间的对比形成了城市基层社会的基本轮廓与秩序。[②] 而如今所言的"党建引领",其出场显然不是为了给国家与社会此消彼长的二元对立关系添加新的影响要素。因为党的组织体系

---

① 吴晓林.党如何链接社会:城市社区党建的主体补位与社会建构[J].学术月刊,2020(5):72-86.

② 徐勇.论城市社区建设中的社区居民自治[J].华中师范大学学报(人文社会科学版),2001(3):5-13.

并不是一种平行于行政和社会的网络,党是通过嵌入(而非平行)建设其组织、实现其功能。在这一过程中,基层党组织有效地改造了基层社会治理的格局,形成了一种新格局:"社区自治与党的领导共生共强。"①

无论如何,"党建引领"意味着必须扭转视角,考察政党嵌入城市基层治理后党的领导和社会自主性之间的平衡共生关系,并建立一套行之有效的制度规范。在相关研究中可以见到,党组织与居民自治组织之间并非完全和谐,而有可能产生分歧和矛盾。比如围绕居委会的实际控制权,双方在居委会成员名单、民选主任与兼任居委会主任的党委书记的关系,以及居民内部利益分配等问题上,产生了分歧和矛盾。而造成分歧和矛盾的原因,就在于"党建引领"模式新生,各治理主体之间还未建立起一套规范共识。②

破题的关键在于建立一套能够包容各方意见的制度体系,这既适用于社区,也适用于小区。小区治理实践要处理好两方面关系,一方面要确保党的领导,另一方面要培植多主体共治,两方面之间存在一定的张力。有的小区完全是小区党支部热情"张罗",而小区自治主体毫无兴趣。有的小区自治主体积极性很高,小区党支部只在自我建设上有发挥的余地。有一些小区"党建引领"运行良好,原因在于其本身的治理资源存量很高。比如,具有优质的物业服务企业、素质较高的业主群体、功能齐全的小区公共设施等。小区党支部的建立对于这些小区来说恰如锦上添花。但是在另一些"党建引领"运行良好的小区,党支部与小区自治组织之间融合度很高,比如达嘉馨园小区、锦绣金山小区等。它们原本是老旧商业小区、拆迁安置小区,在建立党支部后,小区面貌可以说是焕然一新,小区绿化、停车位、垃圾投放点、二次供水管道

①　刘厚金.基层党建引领社区治理的作用机制:以集体行动的逻辑为分析框架[J].社会科学,2020(6):32-45.

②　朱健刚,王瀚.党领共治:社区实验视域下基层社会治理格局的再生产[J].中国行政管理,2021(5):6-14.

修缮、消防设施、共享空间、电动车集中充电桩、文化娱乐项目、纠纷处理、睦邻爱邻服务等,都可圈可点。在这样的小区里,议事决策机制的群众基础很好,党员干部不是"孤家寡人",党员在小区自治组织中群众基础较好。"很明显,(如果党支部、业委会)要做事,就会有人跟着来做;办个事拿个主意,就有人会附和、起来说话。"(2019 年 11 月 7 日访谈记录)这样又何愁党的领导不能实现呢?

比较发现,这些"党建引领"典范小区的成功关键在于,在制度上达到了党的领导与社会自主性的平衡共生。所谓"共生",是指小区党支部与小区自治组织(尤其是与小区业委会)的高度融合。特别是小区党支部与小区自治组织高度融合的制度安排。简短而言,主要是党支部委员(书记)与业委会委员(主任)的双向吸纳制度。在制度上消弭了小区党支部与自治组织的二元对立,改变了小区治理格局。在更深刻的意义上,小区党支部与小区自治组织的高度融合,有效地解决了小区自治组织面临的困境。小区自治组织的困境即,由于小区公共事务刚需较弱、利益稀薄、利益分化和成本高昂,小区自治组织动力不足、运转成本太高。① "高度融合"逻辑的成功之处正在于加强和规范了小区业主的组织性,并且在治理合作中实现了小区党支部与自治组织之间的可信承诺与相互监督。

所谓"平衡",是指小区党支部的行为有边界。"党建引领"的目的是居民自治能够良性运转。毕竟,住宅小区是业主的私有财产,基于财产所有权的业主自治符合市场经济规律。② 没有居民的自治,就很难实现小区持久的善治。故而,小区不是党支部的"一言堂",而是多元治理主体的共治场域。同时,小区党支部开展工作也离不开居民自治组织的支持。作为小区里的"领头羊","小区党支部"这面旗帜名头很大,

---

① 夏巾帼,郭忠华.城市商品房小区自治困境的根源:基于小区公共事务性质的分析[J].浙江学刊,2019(5):165-171.

② 陈尧.自治还是治理:城市小区治理的认识逻辑[J].江海学刊,2018(6):112-121,255.

但是做事最终还是要依靠到人。从数量来看，小区党员通常是居民中的少数。所以，小区党支部开展工作必须依靠业委会委员、物业工作人员和普通居民群众。哪怕是小区党员，也不见得个个都服从党支部的调动。所以如何将各方人员调动组织起来，对于小区党支部的威望是个考验。小区党支部能否服众，有一项很重要的原则，即：避免权力的无限度扩张，而应当具有边界意识。访谈中，一位样板小区的党支部书记就清晰地表明了上述观念。他说："党支部与业委会的关系，就是党支部不应代替业委会，而是要引导它、帮助它，具体事情让业委会去做，不要事事插手，明晰各自的责任，这样才不会乱"；"干什么事情什么组织去处理，这个要明明白白安排清楚。支部可以发号施令，但应当避免直接介入，更切忌乱插手。支部可以通过大政方针、资金调度、党员骨干等方式来介入"。（2019 年 11 月 7 日访谈记录）基于这样的行事原则，在制度安排上，将小区党支部的权限确定下来，并由上级党组织和行政机关确认其权威性、合法性。

（三）明确小区治理制度体系的建设路径

对小区治理而言，内部的主要力量是小区党支部、业委会、物业、社会组织和小区居民；外部则需要社区、街道、职能部门以及各方社会力量的责任担当。制度建设的基本原则就是"应规尽规"，使小区治理的每一主体都有规可依。

一是谋划布局小区治理制度的体系框架。实现小区治理有规可依需要大量制度供给，必须提前谋划，做到心中有数。湖里区出台《推进城市居民小区治理工作的指导意见》作为纲领性文件，为小区治理制度建设提供了明确的原则、方向、目标、重点和思路。具体而言，通过小区党支部建设制度，保障了小区党支部的领导地位、决策能力和执行能力；通过小区管理服务制度、小区治理保障制度，确保了管理资源下沉到小区；通过小区治理参与制度，保障了多元治理主体参与；通过小区治理监督考评制度,确保了制度实施的有效性和体系的科学完备性。

二是深化小区党支部建设制度。小区党支部是小区治理的领导核心,《湖里区城市居民小区党支部管理办法(试行)》是福建省首个小区党支部实体化运行的管理办法,充分总结了小区党支部建设的有效经验,提高了小区党支部建设的规范化和制度化水平。相关制度在组织设置、支部委员会建设、党员教育管理、引领小区治理、领导和保障方面对小区党支部进行了全方位规范。

三是优化小区业委会建设制度。规范小区业委会运行,是实现小区居民自治良性运转的重中之重,是小区党支部开展工作的基本依托。湖里区从人、财、物三方面加强党建嵌入和制度规范,使小区业委会运行事前有党组织介入制度、事中有党组织监管制度、事后有党组织救济制度。湖里区出台的《加强小区业主委员会建设暂行办法》,是全国第一个专门聚焦于业委会建设的制度。它将分散在各业委会条例里有关业委会建设的条款进行汇总,同时在国家条款条例之外增加了许多有针对性的内容,重新定位了业委会与物业的关系,使业委会建设有规可依,业委会工作有据可循。

四是强化小区物业服务监管制度。湖里区突破性地对小区中业委会和物业的关系进行了重新定位,根据《湖里区物业管理暂行办法》等文件规定,小区物业的主要属性是服务性,小区物业必须在小区业委会和小区党支部的监督下开展工作。围绕小区物业服务的规范,湖里区在物业准入准出、价格调整、考核评估、信用评级、激励惩戒等方面不断强化监管制度。

五是同步推进社区管理体制改革。小区是社区治理的基本单元,社区是小区治理的重要支撑,小区治理工作由社区直接负责。为了推进党建引领小区治理模式,社区改革必须与小区治理模式改革同步谋划、同步探索、同步进行。社区改革的重点是推动社区力量下沉到小区。改革好不好,关键在于是否有利于小区治理,是否有利于提高工作效率,是否有利于提升服务居民质量。出台《湖里区深化社区管理体制改革的指导意见》和《湖里区社区工作人员"六统一"工作方案》，在两条主线推进改革："人"之科学化编配、扁平化管理、多元化激励、职业化考评；"事"之清单化定责、网格化管理、便民化服务、社会化参与。

总而言之，以行政力量为主导的小区治理，往往存在重此轻彼的局限性，或突出"政权建设"的一面，或突出"小区自治性建设"的一面。前者抑制了小区治理的自主能动性，不利于小区治理的未来发展。后者忽视了政党组织主导治理资源配置的客观基础，违背了小区治理运转的基本事实。

以基层党建为主导的小区治理，同样需要谨慎对待。基层党建工作的起点是组织建设、党员管理，但不能停留在这个环节，自我空转。党的活动越是封闭为内部控制，越容易患上官僚主义、形式主义作风的弊病，最终沦为抽象的领导，陷入科层体制的内部动员，导致本是深入群众家门口的组织建设反而脱离群众。所以，党的建设必须密切联系群众，避免囿于组织的自我空转。"从群众中来，到群众中去"，在这个过程中，小区党组织要扎根群众、动员群众、教育群众。一方面，小区治理是激活党建动力、开展党建活动的重要载体；另一方面，党组织嵌入小区治理场域的同时，再造小区治理的群众基础，重塑小区社会的公共性。

就湖里区小区治理的实践而言，党群关系的制度安排有两个方面。一方面是构建小区党员密切联系居民群众制度；另一方面是构建小区党支部与小区治理主体双向融合制度。这是湖里区以群众为中心的小区治理制度建设路径。它深化了对城市基层社会治理的制度框架与运行机制的认识，将党的建设理论转化为生动的社会治理实践。

【案例】

党建引领：小区志愿服务多彩多姿

根据前文分析，小区治理制度分为小区党支部建设制度、小区管理服务制度、小区治理参与制度、小区治理保障制度、小区治理监督考评制度五大部分。为推进小区治理制度化，湖里区采取了多种多样的方式，比如现场工作会、专题座谈会、主要领导挂帅调研、小区支书经验交流会、定期考评、媒体宣传，以及树立典型样板小区等。这里以小区治理参与制度为切入点，选取一个典型样板小区——金安社区高林居住区一里小区的志愿服务队为案例，从一个侧面审视湖里区小区治理制度建设的成效。

金安社区的高林居住区一里小区，是一个以保障性住房为主体的大小区，居民人口近3万。但因为是保障性住房小区，无法成立业委会，所以，办公驻地就在小区之中的金安社区工作委员会承担着主要的小区治理工作，物业以配合角色负责相关保障工作。无法成立业委会是一个方面，同时，保障性住房小区意味着小区居民成分复杂，来自天南海北，文化差异较大，人际关系疏远，管理服务有难度。在这种情况下，该小区走出了一条以成立居民志愿服务队为品牌的小区治理创新之路。

回顾志愿服务队成立之初，是在2009年9、10月份。当时，金安社区书记入户走访，探访社区中的老党员，着手组建党支部，同时询问居民愿不愿意参与社区建设。一些居民（二三十人）因为跳广场舞而互相认识，借着厦门"创建文明城市"的契机，自发开展了一次洁净家园行动——志愿捡垃圾活动，"行善立德"志愿服务的种子就这样生根。2011年成立3支志愿者队伍，在平安、文明、卫生等方面常态化帮扶小区治理。2014—2018年志愿者服务不断发展成熟，实现了"制度化""专业化""精准化""项目化"。截至2020年9月，志愿服务队发展成为

"金哥安妹"志愿服务品牌,旗下共计 20 支服务队伍,在册队员 3500 余人。2019 年开展志愿服务招募、文明督导志愿服务、平安护园、手工义卖等志愿活动 1256 场次,参与志愿者达 1.8 万人次。开展爱心义诊 12 场 5000 余人次、法律咨询 268 余人次、纠纷调解 82 场 200 余人次。社区不断深化志愿服务品牌,开展年度"金安社区十大志愿服务项目",加大志愿者在制度化方面的建设和对青年志愿者的培养,优化积分兑换制度,营造"我为人人,人人为我"的大爱氛围,共促社区发展,并结合购买的专业社工项目,将社区原有的强有力志愿力量引入社区治理和社区各项工作,转化为居民参与和提升社区服务的中坚力量。

根据相关宣传手册,金安社区志愿服务形成了"八项制度"。为扎实做好志愿者登记注册工作,建立了登记注册制度;为不断提升志愿者服务能力,提高志愿服务质量,建立了志愿服务培训制度;为确保社区居民服务需求与志愿者服务的有效对接和展开,建立了志愿服务需求对接制度;为规范志愿服务记录办法,建立了志愿服务记录制度;为鼓励更多的居民参与志愿服务,建立了志愿服务嘉许回馈制度;为推动志愿服务工作,发挥党团成员带头为居民服务的先锋模范作用,建立了党团员志愿服务制度;为实现社工和志愿者有效结合,整合社工和志愿者两种能力资源实现互动合作,促进社区志愿服务专业化发展,建立了社工带志愿者服务制度;为保障志愿者在参加志愿服务中的人身安全和权益,更好地发挥志愿者作用,建立了志愿服务保险制度。同时,对志愿服务流程进行规范,形成了"八步流程",即:公示志愿服务队伍和服务内容、收集志愿服务信息、评估志愿服务需求、确定志愿服务项目、开展志愿服务活动、评价与建议志愿服务、记入志愿服务记录。并且,根据专业特长,"金哥安妹"志愿服务品牌将 500 多名志愿者整合为 7 大类专业(维权调解、文化艺术、便民服务、医疗保健、安全救援、心理关怀、信息技术)和 1 个特殊群体专项服务,提供精准化、专业化的志愿服务。再者,通过征集居民意见筛选出"十大志愿服务项目"(例如梦想改造家志愿者服务项目、周奶奶环保站项目、金安心法律维权项目等),以项目带动志愿服务,提高志愿服务质量和效果。

总结高林居住区一里小区的实践,可以清晰地看到党的力量在志愿服务中发挥的引领作用:

第一,社区党委在志愿服务队的形成和发展壮大中具有引路人的意义。成立居民志愿服务队的倡议是由当时的社区党委书记提出的。目前上述志愿服务制度悉数印制在由金安社区党委和社区居委会印发的《金安社区志愿服务宣传手册》之中,方便志愿者或居民参阅。总之,党组织对居民志愿服务队及其活动的肯定和支持,是小区志愿服务得以发展壮大的关键因素。

第二,在志愿者队伍管理中体现社区党委的引领作用。一方面,志愿者队伍队长人选按照惯例须与社区书记沟通,并且由社区书记进行"面试"。另一方面,各个志愿者队伍队长大多由党员担任,骨干成员也以党员居多,接受组织领导。比如,现任志愿服务队队长张华娟就是一名老党员,她同时还是社区第四居民党支部书记,退休之前在企业上班,曾经担任过企业党支部书记。法律服务志愿者队伍负责人吴秀丹,中共党员,同时是金安社区离退休干部党支部书记。

第七章
治理成效的检验:
防疫战下的实践

　　习近平总书记强调,要着力完善城市治理体系和城乡基层治理体系,树立"全周期管理"意识,努力探索超大城市现代化治理新路子。此次重大公共卫生突发事件既是对国家治理体系和治理能力的一次大考,也是检验基层治理成效的试金石。新冠肺炎疫情暴发以来,"防控一线在基层"成为普遍共识,作为疫情防控的"最后一百米",社区与小区成为防止疫情扩散的重要战场,突发疫情下的管控更加考验基层的治理方式与治理能力。在这场没有硝烟的防疫战中,湖里区委、区政府将疫情防控全面深入小区,依托"支部建在小区上"的独特优势,充分发挥小区党支部的号召与引领作用,有效整合业委会、物业、居民等各方力量,灵活运用智能管理与服务技术,筑牢小区疫情防控的第一道防线和最有效防线,为疫情工作的有序开展提供强有力的保障。实践再次证明,湖里区以党建引领小区治理的创新模式,不仅能够保证基层常态治理下的有效性,更能在应对突发事件时发挥独特的治理效能,为后疫情时代的基层治理提供有益参考。

一、筑牢小区疫情防控基线

　　湖里区将小区作为基层治理的微观单元,着眼于小区开展精细化治理行动,不仅能够聚焦治理末端的问题与基层群众的切身需求,在各个小区形成定制型、针对性的治理方案,同时能够顺利推动治理资源的下沉,达到传达顺利、反馈通畅的治理效果,凸显了社会治理重心下移的"中国特色"。湖里区充分发挥小区在疫情防控中的前沿阵地作用,在疫情初期就能够迅速地在小区建立起防疫战线,直接将防控关口卡在最前端,实现疫情防控讯息与资源的上下贯通,完成从区、街道、社区,再到各个小区的一套疫情防控系统的构建,这对于及时排查疫情现状、掌握疫情发展动态、顺利展开防疫工作具有极其重要的作用。

(一)防疫单元在小区

　　首先,在治理链条上。"上面千条线,下只一根针",小区作为治理链条的最后一环,决定了政策的落地和有效执行情况,关系治理效能高低。在疫情防控的过程中,既需要政府统一指挥、全国资源的统一调配,更需要微型小区、居民的积极参与,在国家整合与公民参与的合力下,才能有效减缓疫情蔓延。2020 年 1 月 27 日,湖里区应对新型冠状病毒感染肺炎疫情工作指挥部根据疫情防控要求,迅速发布了《关于扎实开展"爱心厦门、防控疫情,小区在行动"工作的通知》,对小区疫情防控工作做出全面指导,反复强调了围绕小区开展的各项工作内容。确保防疫工作"十在小区"的落地:防控组织建立在小区、正面宣传延伸在小区、群防群控实现在小区、分片包干落实在小区、人员管控加强在小区、环境整治抓实在小区、自我防护落细在小区、关爱包容弘扬在小区、爱心帮扶激荡在小区、因地制宜细化在小区。湖里区将小区作为疫情防控治理的基本单元,承担着最基础、最重要的防控工作,在统一指挥的基础上发挥柔性治理的积极作用。通过防控关口的前移有效延伸治理触角,明确了疫情防控的范围,降低了疫情防控的难度,加强了小区各项防控措施的落实,筑牢了小区防线,有效遏制了疫情的扩散蔓延,为开展疫情防控工作创造了有利条件。

其次,在治理空间上。相较社区而言,小区具有一定的封闭性和界线,相对独立的居住环境和活动空间,具备了统一管控、灵活调整的治理条件。疫情防控期间,一方面需要严格控制人员的内外流动,阻断疫情传播渠道,另一方面需要迅速了解人员健康状况,掌握全面信息,以保障居民生命安全。在以党建引领小区的常态化治理中,湖里区以小区为单位开展的实践活动非常丰富,各小区具备应对突发事件的组织能力和实践经验。在疫情暴发初期,湖里区各小区迅速实行封闭式管理,关闭出入口 467 个,对保留的 562 个出入口全部设置体温检测点,全区 53 个城中村、124 个小组率先全面实行"党建引领、群防群治"的防控模式。在疫情防控关键阶段,各小区开展精细化、地毯式摸排工作,全面实施集中的"拉网式排查",综合运用电话、微信、入户等方式询查,争取"不漏一户,不漏一人",形成全面清单。在疫情防控逐渐常态化后,从"兴师动众"到"精准防控",各小区实现了更科学、更人性、更高效的防控。金尚小区能够实现在 1 小时内完成初步管控,在划定封控区、管控区范围后,迅速组织物理围挡隔离,连夜完成核酸检测,仅 4 个小时内迅速完成全面封控,并保留唯一出口。湖里区以小区为单位进行疫情防控,能够率先在各个小区中有序开展登记和排查工作,高效率高质量地完成排查与登记,同时能够及时监测疫情发展动向,并第一时间报告给小区疫情防控工作小组处置,最快发现、控制和转移传染源。在统一调控的基础上对各个小区分类施策,"外防输入,内防输出",从小范围到大范围,有条不紊地开展疫情防控工作,将各项防控措施在小区落细落实,坚决切断疫情蔓延扩散的渠道,有效降低了疫情传播风险。

最后，在治理对象上。小区居民作为小区共同体中的主体，不仅是治理成果的享有者，也是治理过程的参与者，与其说治理到事，不如说治理到人，政策只有落实到受众身上，并获得良性反馈才能实现治理目标。湖里区将小区作为治理结构的末端，居民作为小区的原子化个体，不仅能够得到更为全面的服务与保障，也拥有更多的机会参与小区事务，并充分表达自我意愿，在这种参与式治理中达到更好的治理效果。在疫情防控期间，湖里区全面推广线上"居民健康情况调查表"等做法，采取"不见面"的方式，由小区党支部牵头，小区业委会、物业等共同发力，通过小区建大群、楼栋建小群、户建家人群、亲友群和朋友群等对人员进行立体化摸排，对重点防范区居民加强自我健康检测，有可疑症状，立刻报告所在社区居委会，及时就医做好健康监管。为了就近方便群众，各小区在核酸检测点为老年人等特殊群体开设绿色通道，精心做好居民服务，通过科学有序的安排调度，努力减少群众排队等候时间，提高舒适度。针对部分行动不便的居民，采取上门的方式来完成核酸检测。一方面科学引导居民进行居家隔离，另一方面以小区为单位解决居民的生活需求，关怀特殊群体，"就地解决"小区内居民所遇到的各种困难。在互动过程中，湖里区以小区为纽带，构建起政府与居民的联系网，促进了双方的交流和信任。时刻将居民放在首位的诸多举措，体现了人性化的管理方式，而非封闭孤立式的"一刀切"，有方法、有温度的治理方式，保证了疫情防控工作的顺利开展。

（二）防疫组织在小区

第一，率先深入小区开展防控组织建设。为迅速有效地开展防疫工作，湖里区积极响应上级号召，第一时间成立了区疫情防控工作指挥部，并下设"一办十二组"，由区委常委、组织部部长担任组长，组织部、民政局、各街道为具体责任单位。同时，迅速指导各个小区成立疫情防控小组,由防控组全面负责各小区的防疫管理工作,对小区防疫工作进行具体的指导和安排。湖里区全区 442 个小区(含 124 个城中村小组),全部成立了以小区党支部为核心的疫情防控工作小组,小区防疫责任也直接落实至各党支部书记。防控组在小区层面以党支部为载体的直接链接和下沉,能够有效消除居民对疫情的恐慌情绪,在第一时间排查小区疫情现状,在第一现场为小区防疫工作提供权威和专业的指导,完善小区自治组织、小区服务站、小区配套组织等组织建设,与小区内各组织进行有效衔接,执行各项具体防控工作,获取即时反馈信息。反应迅速,执行有力,防控组织在小区层面的有序开展,为疫情防控工作的开展提供了强有力的组织保障。

第二,适时调整防控工作内容。湖里区全面开展"爱心厦门、防控疫情,小区在行动"活动,根据防疫工作重点变化,有针对性地对防控工作进行阶段性安排,先后制定出台"十在小区""八个重点抓""六个再"3份文件。同时,在防疫期间,区小区防控组组建 5 个检查组,按照"所有小区全覆盖、重点小区回头看"的要求,每天不打招呼、直插小区进行随机检查,既督促防疫工作落实,也收集居民意见建议。在疫情防控取得阶段性成效后,湖里区根据一手抓防控、一手抓复工的要求,及时调整了小区防疫重点,印发《入厦人员分类管理的操作办法》,让小区防控有章可循,做到疫情防控与企业复工复产两手抓、两平衡。从摸清楚底数、宣传发动,做好前期工作,到重点排查、建立疫情台账,打好防控攻坚战,再到防控组织全覆盖、无死角把控,适时恢复生产生活秩序,完成防控治理"防""控""稳"的常态化,防疫组织与小区防疫工作的适时对接,为湖里区争取到最佳防疫时机,是疫情防控工作顺利开展的重要一环。

(三)四级联控形成防控严密构架

首先,良好的治理架构是有效治理的基础。湖里区充分发挥了将

"支部建在小区上"的特点和优势,依托四级治理架构,迅速建立起区、街道、社区、小区四级防控体系。相较集中于社区层面的三级治理架构,湖里区的治理模式将党的基层战斗堡垒直接建在了防疫一线,能够迅速集结基层治理力量,构筑更加紧密的疫情防控共同体。在四级联控的治理架构中,湖里区委、区政府负责集中指挥,统筹协调,发挥核心作用;街道完成上传下达,督促检查,发挥枢纽作用;社区实时响应,灵活协调小区工作,发挥支点作用;小区党支部凝心聚力,率先垂范,发挥最关键的堡垒作用。同时,各社区可根据人口密度、管控难度等实际情况,细分为5~15个防疫网格,每个防疫网格由区直、街道下沉干部作为包保干部,社区"两委"作为网格长,社区工作者、志愿者、小区党支部书记、业委会主任、物业管理人员、共建单位党员志愿者等近邻力量作为网格员,辅以落实防控要求。湖里区通过筑牢四级防疫阵地,层层压实小区防控责任,实现了紧紧依靠基层力量守好密织的防控网络。在小区党支部的凝心聚力之下,疫情防控工作真正推进到了居民群众"最后一百米",党建引领小区治理的组织优势成功转化为小区联防联控的力量,形成"支部推动、党员行动、党群互动"的最大合力。

其次,有序的治理实践是有效治理的保障。湖里区在开展疫情防控工作的过程中,从区到街道,再到社区至小区,每一层级都将责任划分到位,最终在小区党支部这一末端将疫情防控工作落实至每一位居民。区领导全部下沉到街道指导;街道由班子成员带队,各办党支部分片包干组建防控责任区;社区成员下沉,采取网格化管理动态支援小区防控;小区全面建立分片包干制度,城市小区由楼长包干楼栋,指定楼栋党小组长、楼栋长、党员中心户作为楼栋疫情防控的第一责任人,负责做好人员排查、卫生巡查、消杀督查等工作,确保防控责任落到每家每户;城中村建立村党小组长和房东责任制,要求房东对租户逐一入户排查宣传,遇到需要居家隔离的,逐人做好跟踪管控。充分调动楼长、小组长、垃圾分类督导员等小区网格管理力量开展群防群控。在疫情防控期间,湖里区各小区实现了全面排查、责任到人、联系到户,不漏一人，不放过一个传染源，全面有效完成了人员分类排查、政策法规宣传、体温动态检测、生活用品采购、人文心理关怀等服务工作，构筑群防群治、联防联控、抵御疫情的严密防护网，为打赢疫情阻击战提供了强有力的组织保证。四级联控的严密构架不仅压实了小区防控责任，也打通了不同层级的防控通道，形成横向协同、纵向贯通的治理领导体系和工作体系，真正将疫情防控工作做到规范化、有效化、常态化。

二、凝聚小区核心领导力量

疫情防控是对各级基层党组织管党治党水平，领导班子和党员干部队伍建设水平的考验。以党建引领小区治理、让党旗在小区飘扬，是湖里区创新小区治理新模式的根本所在。注重通过党建引领，搭建党政服务平台和载体；依靠党员带头，选配素质高、业务精的骨干人才成为"领跑者"；做好组织群众、发动群众、依靠群众的工作。湖里区依托小区党建优势，以小区党支部为领导核心形成小区治理共同体，构建嵌入式的引领架构。在疫情防控期间，作为组织核心的小区党支部，顺利高效地将各项防控工作在小区内部进行组织与对接，带领群众凝聚防疫共识，统一防疫战线，成为疫情防控的核心力量。

（一）支部统筹，形成主心骨

首先，承担领导角色。湖里区在党建引领小区治理的模式下，将小区党支部视为小区内部的核心组织，承担着小区治理的重任。在湖里区的防疫工作指导中，"十在小区"要求的第一条，就明确了小区党支部承担充分领导的核心角色和重要功能，由小区党支部牵头成立由小区业委会、小区物业、小区社会组织等参加的小区疫情防控工作小组。在防疫工作中,党支部承担重任,挺身而出,全区442个小区(含124个城中村小组)全部成立了以小区党支部为核心的疫情防控工作小组,迅速在基层一线形成领导力量,第一时间牵头组织和协调小区防疫工作,带动业委会、物业、党员和居民志愿者等开展小区防疫工作,让小区有了主心骨,居民有了定心丸。关键时刻有党组织在,关键岗位有党员在,党建引领将权威性与治理功能相统一,厘清权力主体,从而明确了小区党支部在小区防疫工作中的领导地位和责任主体地位,为接下来实施一系列具体的防控治理工作奠定了基础。

其次,发挥领导作用。小区党支部的核心角色要求其在小区治理工作中,充分发挥政治优势、组织优势、密切联系群众优势,引领小区居民和内部组织共同参与小区治理,完成治理目标。在疫情防控工作开展之后,湖里区全区迅速成立了以小区党支部为核心的小区疫情防控工作小组,组长由小区党支部书记担任,督促带动业委会、物业、党员和居民志愿者等力量,领导开展小区防疫工作。其中,鑫海湾小区党支部在第一书记的指导下,成立了湖里区首个小区疫情防控工作小组,写倡议书、拟计划表,组织党支部、业委会、物业和热心居民迅速开展疫情防控工作。党支部每天要召开碰头会,总结工作、分析形势、传达指令,发布聚民心的措施以及第二天防控工作布置与调整的信息,有效保证了小区的管理和居民的生活秩序。从组织居民防疫,到发动各方力量参与防疫,从政策传达到实践指导,小区党支部作为疫情防控工作的主心骨,维持了小区正常管理秩序,保障了群众安全,让居民能够积极配合防疫工作,保证了疫情防控各项工作的顺利开展。

(二)党员服务,组建先锋队

首次,发扬党性,积极参与。不忘初心、牢记使命,最困难的工作、最辛苦的岗位,党员必须先上,这是党组织的要求,也是党员的自觉意识。湖里区将党支部建在小区上的治理架构,不仅给广大基层党员同

志提供了实践和服务的平台,更为小区治理注入了强大红色动力。从
新冠疫情暴发到抗疫取得阶段性成果,湖里区涌现出一大批基层党员
干部、党员志愿者、党员服务队、党员突击队、党员协管员等,他们把党
的旗帜树起来,把党员的身份亮出来,把党的工作干起来,把老百姓的
心凝聚起来。据统计,在疫情防控期间,湖里区共组建 670 余支小区防
疫党员突击队,共计 6820 余名党员直接沉在小区,勇担入户排查、测温
登记、巡逻劝导等重任,既直接推动了小区防疫工作,又带动了一大批
居民志愿者。还有 2800 多名区属党员到居住小区进行报到,接受所在
小区党支部统一调配,投身防疫一线。在疫情最严重时期,许多党员干
部主动请缨,勇敢逆行,在机场、车站、码头这些高危地点开展防疫工
作。彩虹花园小区已年过七旬的老党员陈贻北不顾家人和社区的劝
阻,仍积极参加小区防控、协助做好进出人员登记,并主动制作宣传海
报,用实际行动诠释"我是党员我先上"的红色精神风貌。鑫海湾小区
党支部书记马承云,除了午饭和晚饭时间,均坚持在小区客户服务中心
协调物资、对接资源、传达需要、提出方法建议,其忘我的奉献行为被媒
体报道宣传,得到了小区居民的赞扬,诠释了基层党员为人民服务的无
私精神。广大小区党员当先锋做表率,从大门到小门,从线上到线下,
用自己的"小力量"化解许多"小难题",让千万居民得到关爱和保障,其
初心使命在疫情防控中得到了真正的检验,在疫情"大考"中给党和人
民交出了合格答卷,增强了小区党支部的凝聚力和向心力。

其次,发挥专业性,正确带头。党员不仅要带头,还要带好头,才能
更好地发挥党员带头作用,发挥党支部引领作用。湖里区小区党建引
领的关键就在于选优配强的小区"带头人"能发挥表率作用,凝聚小区
正能量,发挥党支部的战斗堡垒作用。截至 2021 年底,湖里区全区共
有 62 名处级以上领导干部、182 名离退休人员担任小区党支部书记或
第一书记;有 76 个小区实现党支部书记、业委会主任"一肩挑";124 个
小区业委会主任是党员;595 名党员担任了业委会委员。各小区党支
部书记不仅具有良好的党性修养,更具备过硬的专业素养,大部分小区

党支部书记都具备丰富的管理经验与出色的个人能力,能够带领小区党支部妥善处理好小区治理的各种事务,科学高效地完成治理工作。在疫情防控期间,为增援基层抗疫力量,湖里区还鼓励在职党员投入志愿工作,发挥专业技能协助防疫工作,共计20多名正处级以上在职干部投入志愿服务,多名在职党员主动担任了小区疫情防控工作小组组长,在小区疫情防控工作中挑大梁,为疫情防控工作做出了突出贡献。作为小区上传下达的媒介,一方面,要将政府关于疫情防控的决策和相关知识传递到基层,帮助民众及时掌握有效信息,全面了解疫情,理性做出个人判断和选择,提高民众和社会应对危机的能力;另一方面,又要把实际了解到的信息,特别是民众的切身利益需求和意见建议反馈给政府,帮助政府了解民情、发现和解决问题,做出更有效的决策,进而促进基层治理的良性运作。

(三)组织引导,凝聚号召力

一是发挥政治优势。强大的社会动员能力源于中国特色社会主义的制度优势,能够在短时间内举全国之力抗击疫情,最为重要的就是坚持了中国共产党的领导。基层党组织作为社会治理和攻坚克难的战斗堡垒,充分发挥特殊时期的思想引领力、社会号召力和群众凝聚力,牢牢把握防控主动权,是疫情防控的重中之重。疫情期间,在小区党支部的号召下,湖里区不仅组建了670余支党员突击队,更带动3万余名志愿者战斗在社区、小区等防疫一线。在湖里区各个小区的大门口、城中村的重要道路口都飘扬着党旗,基层党组织、党员在抗疫一线亮明身份,引领严密细致的小区疫情防控工作,让疫情下的居民有实实在在的安全感。湖里区坚持政治引领,强化统筹兼顾,充分依靠党的基层组织,紧密依托小区党支部,坚持联防联控、群防群控,切实筑牢基层防控的最后防线。从湖里区委到每一个小区党支部,在大力宣传党中央关于疫情重大决策部署的同时,灵活运用各类媒体手段,传播权威声音,普及防疫常识,广泛报道各地区团结抗疫的行动,展示党员精神风貌,充分激发广大党员干部投身一线的使命感和责任感,进一步凝聚广大群众战胜疫情的坚定信心、众志成城的强大力量。

二是突出组织优势。党旗飘扬在哪里,党员就要战斗在哪里。发挥党的组织优势,就是要充分发挥基层党组织的战斗堡垒作用和共产党员的先锋模范作用。正是小区党支部和党员以高度的政治责任感,把疫情防控作为头等大事,不断强化政治引领、宣传教育、排查防控、服务保障、应急处理能力,进而凝聚防疫的强大正能量,使得党群关系愈加紧密。在组织带动下,为了做到快速反应、快速处置,水晶森林小区党支部专门牵头成立了疫情防控工作领导小组,将党支部、业委会、物业、小区志愿者等动员起来,划分为防控专家组、宣传信息组、监督检查组三个工作小组。特别是防控专家组,发挥小区里有医护工作者的优势,为居民提供疫情防控咨询建议,必要时协助开展流调及标本采集。湖里区正是在以党建引领小区治理的模式中,充分发挥了基层党组织在疫情防控阻击战中的战斗力,将基层治理的组织优势转化为群防群控的防疫优势,为打赢疫情防控阻击战提供强大的组织保障。

三是突出群众路线。习近平总书记在武汉考察疫情防控工作时提出,要做好深入细致的群众工作,把群众发动起来,构筑起群防群控的人民防线。紧紧依靠群众,充分发动群众,通过群防群控有效动员各方力量,提高群众的自我服务和自我防护能力,是应对疫情的基本策略,更是基层社会治理的鲜明底色。湖里区充分发挥了小区党建引领的独特优势,在小区网格化管理中,做到了精准到户,责任到人,切实关心每一位居民的诉求。在疫情防控的检查、排查、预警等工作中,各小区党支部引领业委会、物业以及小区其他自治组织共同发力,搭建沟通联系桥梁,发动每一位居民参与其中,凝聚小区群防群控的力量共同抗击疫情。防控工作的深入开展使得政府与居民之间发生频繁互动,在互动过程中,通过小区构建了政府与居民的联系网,增强了双方的交流和信任,在一定程度上增强了群众的认同度。湖里区通过发扬党支部建在小区上的红色力量,全面践行了人民至上的价值取向,做到了在思想上尊重群众,在感情上贴近群众,在工作上依靠群众,紧紧依靠人民群众打赢这场疫情防控阻击战。

三、激活小区防疫抗疫资源

疫情防控能力不仅取决于政府的要素投入,也取决于基层组织能力与治理水平。一方面发挥社区建设和党组织优势对于防疫具有重要的意义,另一方面,必须紧紧依靠人民群众,坚决依靠群众的力量打赢疫情防控阻击战。同时,还要重视基层组织与民间力量的作用,利用民间组织的弹性,充分发挥其自主性和积极性,畅通多元主体参与治理的形式和渠道。湖里区着力发挥小区党支部的引领作用,带领小区业委会、小区物业以及其他社会组织齐心协力,一起办好小区的事,以群众为中心,从党建引领下的"共建共治共享"向"群防群治联动"的小区防控模式转化,激活小区治理资源,为疫情防控提供中坚力量。

(一)引领小区居民共同抗疫

第一,在疫情防控中放手发动群众。仅仅依靠基层工作者来完成社区疫情防控工作是不现实的。广大群众是抗击疫情的主力军,放手发动群众,依靠群众合力抗疫,才能深入基层一线,将疫情防控命令传达到千家万户,做到全民参与。湖里区通过党建引领、党员带头,做好组织群众、发动群众、依靠群众的工作,切实凝聚了人心,把小区居民充分发动起来,构筑起疫情防控的人民防线。

自打响疫情防控阻击战以来,在各个小区党支部书记的带动组织下,湖里区的每个小区都成立了小区疫情防控志愿服务队。一些思想觉悟较高的居民率先加入抗疫队伍，主动投身抗疫工作，从"要我防疫"向"我要防疫"转变，群众志愿者们身披红马甲，稳站防疫一线；一些居民自觉捐款捐物、监督举报，积极弥补防疫工作的不足，充分展现了主人翁精神；还有一些居民虽未直接参与抗疫工作，但主动配合政府、社区工作人员和志愿者们的工作，自觉隔离，少出门，少走动，不给政府和社区添麻烦，也是一种积极抗疫的表现。东兴小区从社区发布志愿者"招募令"以来，有多位志愿者加入小区疫情防控工作中，其中不乏亲子档、夫妻档等。这些居民志愿者成了小区"守门员"，当居民需要蔬菜和生活用品时，变身"快递员"和"服务员"，将温暖的服务送至小区群众。除了志愿服务，各小区的居民慷慨解囊，奉献爱心，捐款、捐物资等爱心故事每天都在上演，以不同的方式支持着疫情防控工作。社区居民的参与充盈了防疫队伍，既解决了基层人手不足的难题，又密切了居民之间的关系，在放手发动群众的过程中，小区居民更加主动地参与疫情防控工作，主人翁意识得到激发，体现着小区治理逐步由"政府代管"向"居民自管"的转变。

第二，在疫情防控中强化教育群众。坚持上连"天线"，下接"地气"，坚持正面宣传和科学引导相结合，在小区内积极营造"科学防治、同舟共济"的良好氛围，强化宣传教育成效。湖里区在宣传过程中，力求做到精准有效、严格按照上级标准口径宣传，把群众最想了解、最需知晓的"声音"传播开来。湖里区指挥部每日及时更新确诊病例、疑似病例和密切接触者居住小区及楼栋情况，通过3000余块小区公示栏、宣传栏，张贴告示，做好小区每日疫情通报，对病例及相关者的后续诊断结果，由小区党支部在小区业主微信群、村改居房东微信群中及时做出说明，各小区党支部自觉承担起信息公开和止谣息谣责任，形成全过程信息滚动公开。为充分挖掘宣传树立小区人物榜样，湖里区还启动了小区治理最美人物评选，在"最美小区党支部书记""最美小区业委会主任"等类别中产生135名候选人，展示和传递小区治理的正能量与新风尚。疫情信息的透明、防疫保障措施的到位，让居民充分了解到疫情防控进展情况,注重自我保护的同时,能够积极主动地参与防疫抗疫工作,融于小区共同治理。

第三,在疫情防控中正确引导群众。防控工作必须要以正确引导的方式进行,避免不必要的恐慌,在抗击疫情的同时有序抓好生产生活。湖里区在开展疫情防控工作的过程中注重方法方式,能够讲究策略,获取群众的理解与信任,进而争取群众的支持与参与。湖里区在工作中积极探索,专门制定了"新冠肺炎病例信息通知模板材料",将病例信息分为 10 类,分别发布相应的通知,并附上致小区居民的一封信和健康提示。各小区党支部印发《致流动党员的一封信》《致辖区企业的一封信》《致辖区居民的一封信》,全区 22504 个房东积极响应,各个小区通过电话、短信、视频、广播等多种方式把防疫政策、防疫知识传递给居民,启用无人机对居民小区进行点对点宣传,配置宣传车在小区周边路口循环播放,增强居民防控意识,达到宣传教育目的,让居民从被动防疫向主动抗疫转变。东兴小区为将防疫知识传遍小区的每一个角落,创作闽南话版防疫顺口溜,借助小区"大喇叭"流动播放防疫注意事项,营造了寓教于乐的防疫宣传氛围,小区居民的防疫意识大大提高。以通俗易懂、诙谐幽默的宣传教育方式吸引居民眼球的同时,深入人心,通过正向引导的方式筑牢疫情防线,充分发动群众的力量,做到人人知晓、家家参与。

(二)协同各方力量联动抗疫

三位一体,小区党支部与业委会和物业公司三者相互配合,发挥各自优势,全方位做好疫情防控工作。一方面,"红色业委会"发挥积极作用。业委会作为政府执行事务的协助者、支持者和中介者,当政府动员基层小区组织时,能够快速响应小区民众需求。在党建引领小区治理的架构下,湖里区不断推行党支部与业委会深度融合制度,坚持小区党支部与业委会的双向培养和交叉任职,提升小区党支部书记与业委会主任"一肩挑"的比例和业委会中党员的比例。同时,大力推行"党支部主导业委会换届(选举)制度""小区书记列席业委会会议制度""党支部先议制度""党支部对业委会和物业评议制度"等。党员能够充分发挥先锋模范作用,带动业委会以公心、热心和诚心服务群众,释放正能量引领小区治理。另一方面,湖里区通过鼓励"红色物业"和党支部督查的工作方式,规范物业公司的服务水平,促进小区物业服务的再升级。让物业公司时刻绷紧服务居民这根弦,优化服务水平,提高居民的幸福感,进而拉近小区党支部、业委会与物业公司之间的距离,形成良性互助的和谐关系。疫情防控期间,湖里区各小区党支部率领支部委员和党员投身在疫情防控主战场上,率先成立"党员模范先锋队"。业委会与物业公司做好本职工作的同时,紧密配合党支部工作,从小区测量体温、疫情防控宣传到开展小区内绿地、楼道、电梯、地下车库、垃圾收集点、公共厕所等重点区域大扫除,在各项具体工作中实现紧密配合。鑫海湾小区党支部带领支部党员、业委会和物业成员、小区志愿者冲锋抗疫一线的先进事迹被央视《新闻联播》报道。湖里区通过务实管用的制度创新,强化小区党支部对业委会、物业公司的监督和管理。通过小区党支部与小区间"公私协力伙伴关系",三方力量相辅相成,形成良性循环,能够有效防控疫情,避免小区进一步感染及疫情扩散。

群防群控,充分发动小区能人、小区秘书、小区医生、小区警察、小区调解员等小区治理的生力军,提供精细化服务。湖里区在以党建引领小区治理的架构中,将力量、工作与服务重心下沉至小区治理末梢,探索实施"小区吹哨、部门报道"工作机制,建立区、街道、社区班子成员直接挂钩联系点制度、"小区治理六小员"制度等。截至2021年1月,湖里区职能部门共选配100多名小区警察、100多名小区城管、1200多名小区调解员、160多名小区律师、200多名小区医生、200多名小区教师,设立233个小区调委会、61家小区卫生服务站和小区医生工作室,与业委会等小区群众组织一起解决各种矛盾4230起,直接在小区一线服务居民,成为小区治理的重要力量。疫情防控期间,各街道多方合力,精准动员,和通社区滨海森林小区中,一支由社区党委牵头、社区网格员与厦门六中心理学教师组建的线上心理咨询小组,义务提供咨询服务且从未间断。他们用心服务、耐心倾听、积极关注,让隔离人员渐渐放下了心理包袱,有效缓解不良情绪,化解社会恐慌情绪。还有名为"湖里青年志愿者"的一群青年人,在湖里区第一时间发出"青年志愿者招募令"后,积极响应参与,2天内近230名青年闻令而动,加入抗疫志愿者储备队伍,随时准备响应号召,发挥所能。湖里区通过小区党支部统筹有效整合下沉了各类服务力量,使之成为疫情防控的重要合力。

弹性共治,推动社会组织在小区治理中的灵活参与。培育和发展社会组织是推动社会治理重心向基层下移,实现政府治理和社会调节、居民自治良性互动的重要工作。截至2018年7月,湖里区共拥有社会组织308家,成立党组织的有214家,覆盖社会组织258家,党组织覆盖率达83.8%,党员共计526名。在严峻的疫情防控形势下,湖里区民政局积极牵头,依托区社会组织服务园,园区社工机构、社会组织积极响应,第一时间组建"凤之湖"社工疫情联动应急先锋队。共计18家社会组织参与,开通22条疫情防控公益求助热线,对孤寡病残、困境儿童等特殊人群建档335份,通过线上询问和线下走访相结合的方式,专门为特殊人群提供就医协助、心理咨询等服务,对小区里受疫情影响居家的困难户,因家人被收治隔离而无人照顾的老年人和未成年人,以及一些散居儿童、留守儿童和孤寡老人等特殊人群提供特别帮助,了解他们的困难和需求,在帮助他们解决实际困难的同时给予心灵的慰藉。还有4名厦大、集大、闽南师大等高校社工专家和19名心理咨询师主动加入开展线上心理援助,提供专业社工帮扶、健康咨询指导和心理疏导1670人次。湖里区作为全国首批社会工作人才队伍建设试点示范区,将专业化、职业化、本土化的社会工作人才队伍和社会化公益性的服务资源,灵活运用于基层治理的实践中。注重引导居民与社会组织的良性互动,挖掘社区领袖,不断培育居民的公益意识和自治意识,有效构建起统一的疫情防控工作体系,筑牢了遏制疫情传播的前沿阵线,推动了基层治理共同体的联结和发展。

(三)引来驻区单位参与抗疫

湖里区利用城市基层党建互动互联机制优势,引来驻区单位参与小区治理,实现融合共建、联动共治、资源共享。一方面,借力全市"深化双报到,为民解难题"活动,积极争取各方资源,以"大党建"促进"微治理",发挥城市基层党建互联互通优势,整合驻区单位和大党委成员单位、驻区单位资源,纷纷向小区出人、出钱、出力,帮助居民共克时艰,做好协助防控工作。共计407家市直单位党组织与小区党支部签订共建协议,8543名居住在湖里区的市直党员共认领服务项目3612个,有效破解了一大批长期困扰小区居民的难题。在抗击疫情期间,为小区防疫捐资捐物、提供人力支持,协助开展小区卡口管控、宣传引导、入户排查、爱心结对等志愿活动。

另一方面,湖里区出台的《湖里区基层党建综合效能评估办法》《非公党建综合效能评估办法》等文件,将区直单位参与小区治理情况纳入效能考核内容。推动城市基层党建由"感情化"维系向"责任化"分担转变。截至2020年8月,235个区属机关国企事业单位、非公企业党组织与小区党支部签订共建协议,围绕"爱满小区"活动,认真落实爱心结对、爱心捐献、爱心志愿服务等机制做法。在防疫工作中,"爱满小区"的机制做法得到了检验,共建单位积极向小区出人出钱出力,帮助居民共克时艰。嘉福花园小区党支部联合火炬物业、微医集团、海底捞等企事业单位在封闭式小区提供"五爱"服务,解决居民就医、买菜难题,被媒体广泛报道。可口可乐党支部为机场专班送上印刻每位抽调干部的专属防疫纪念品,让爱心充盈防疫线。恒安支部、欣贺党委、亿联党委等累计捐款捐物1200万元用于疫情防控。高殿社区的义务消防队化身坚盾,承担了防疫宣传任务,调动了12辆消防车及2辆加装高音喇叭的车辆,上街循环播放5分钟的防疫宣传片,义务消防队深受群众信赖,群众相信其发布信息的权威性,这为小区开展防控工作起到了良好作用。湖里区通过社区、小区驻区企业单位党组织的双向互动,打造城市基层党建联合体,释放城市基层党建外溢效应,形成"众星拱月"的聚合态势,释放出共克时艰的强大合力。

四、巩固小区防疫抗疫效能

治理技术的革新是提高治理能力的关键手段,能否在基层治理过程中发挥互联网、大数据、人工智能等信息技术优势,依托高效便捷的信息平台,开发更适用的防控工作全流程和各环节功能,直接影响着疫情防控工作的效率。湖里区在党建引领小区治理的模式下,高度重视并积极推进小区智能化治理改革工作,通过新兴手段创新小区治理模式,在"数字湖里"的基础上加强"智慧小区"平台建设,将"云技术""智慧化"手段因地制宜地运用到疫情防控实践当中,积极运用信息化、网络化等智慧手段,在疫情防控排查摸底、医疗服务、生活和生产服务等环节精准发力,实现小区治理的精细化、智能化和人性化,为疫情防控取得全面胜利提供了技术保障。

(一)智慧信息整合

一是零接触登记。疫情期间,对于进出小区人员、车辆进行登记,是小区疫情防控的一个重要环节,此项工作繁杂琐碎,与人员接触较多,风险较大。为了安全便捷、专业可靠地开展此项任务,湖里区充分发挥互联网优势,各个小区均建立起居民小区的微信业主群。小区居民在扫码填写信息备案登记后,可实现"一次登记,快速审核,多次复用",极大地提高了出入登记效率与核查效率,避免人群聚集,降低交叉感染的风险。所有人员登记信息通过第三方信息采集App从湖里区的大街小巷传至智慧"大脑"管理平台,迅速到达第三方信息采集员手中,实现登记信息的快速集中整合,为后期疫情防控和决策实施提供科学的数据参考。

二是零遗漏排查。按照疫情防控在小区的治理要求,湖里区依托智能信息登记系统,在小区中完成关口登记、居民自主报备、入户随访采集的信息,进行分类归档,形成小区人口"一户一档"全覆盖,有效解决了流动人口的动态管控难题,提高了疫情防控的精准性。围绕"应检尽检、不漏一人"的原则,湖里区通过线上线下广泛宣传,利用群发短信以及公众号、朋友圈等平台发布全员核酸相关信息,第一时间向辖区群众集中发送短信,在房东、业主微信群推送,及时将信息传达给每一名居民,提升居民参加全员核酸知晓率。另外,各小区在线上开展网络调查居民健康状况,禾山社区在自己的微信公众号上发布网络问卷调查,并以小区为单位,进行线上指导填写,居民足不出户就可以上报信息情况。提倡"人防+技防",运用移动指挥车进入湖里区多处参与防疫,在移动指挥车及监控网的协助下,执法队员无须频繁进出小区,减少了交叉感染的潜在风险,可以腾出更多的人力支援更需要的地方,增加战疫力量。

三是零延迟反馈。防控一线人员在随访小区的过程中,可在第一时间通过移动终端设备,填写上报重点人员信息,随时随地在后台获取实时动态,后台大数据联网实时更新,即时自动分析生成表格与数据,帮助街道和社区精准掌握重点人员动态信息,加强疫情发展态势研判,极大提升了疫情防控能力。东兴小区充分利用"小兔开门"智慧门禁系统,掌控小区居民的进出情况,当居民回到自己所居住的楼道口,通过手机刷卡开门进入,智慧门禁系统就会实时传送至业委会主任的手机上,小区疫情防控小组在第一时间就能掌握居民出入信息。湖里区的居民可以在智慧平台上,随时发布对小区建设的意见或建议,金安社区的居民可通过"金安一码通"直接对小区秘书的工作情况进行反馈、建议和投诉。智慧平台的运用,有效节约了治理信息收集和反馈的时间,也让居民更直接地参与到疫情防控的监管环节中来,提升基层治理工作透明度,进一步提高工作效力,凝聚小区共建共治共享的合力。

(二)智慧生活服务

一是保障居民身心健康。湖里区进一步拓展智慧平台的服务功能,完善防疫服务平台的相关功能,助力防疫提质增效。通过按时推送防疫知识、健身常识和居家文体活动,引导居民在居家隔离的同时,保持健康生活方式;通过免费心理疏导,缓解居民紧张焦虑情绪,增强心理免疫力;依托微医"互联网+"服务平台与小区卫生服务站,召集数千名医生上线,实现线上医生群与线下小区医生互联互通,提供24小时免费接诊咨询服务,让居民足不出户即可用手机进行咨询,不必赴医院集中就诊、候诊;开发线上教学课程,联系书画社老师,通过网络直播教授课程,通过提供线上图书馆和在线教育资源,帮助居民提高终身学习能力,打造学习型小区。除此之外,智慧平台结合疫情防控宣教,利用微信、微博等新媒体平台,转发疫情防控科普视频,实时开展防控科普宣传,帮助居民做到不信谣、不传谣,指导居民科学防控。

二是维护生产生活秩序。湖里区依托数字政务平台支撑,通过"线上一网通"办理的在线申请、服务窗口解决问题的线上线下双途径办事流程,让居民办事实现"线上约"的高效便捷,在疫情期间也能实现足不出户办理相关事务。在生活物资的需求上,湖里区汇集区内多家商超、酒店,通过倡导开通线上智慧购物功能、线上订餐端口,为居民提供安全、无菌和速达的"无接触"配送服务;多个小区建立了物资配送网,采取线下、线上配送模式,让群众减少出门,生活物资便捷到家;很多小区还实行了代购制,由社区工作人员或志愿者无偿帮助居民采购物资并及时送上家门。金尚社区为加快助力小区快递、物资的流通,通过无人配送车助力运输,由志愿者对快递物资进行分类,归类到不同组团对应的货架上，然后交由无人配送车按提前设定好的定位、路线配送，提高了转运效率，减轻了志愿者的工作强度。从"治"理到"智"理，用智慧解决居民的操心事，用科技畅通居民的办事渠道，节约人力成本的同时，便利了群众生活。

三是服务企业复工复产。自疫情防控以来，区内企业生产受到了不同程度的影响，湖里区坚持"线上＋线下"两手抓，通过网络、电话等渠道，了解300余家人才企业疫情期间的困难和复工情况。为最大限度稳就业、促经济，湖里区增设"企业复工招募"智慧平台。一方面，落实区领导挂钩联系制度，鼓励企业立足实际，采取科学安全的方式复工；另一方面，开启"云招才"模式，为企业、劳动者发布人才招聘和求职信息，帮助解决疫情期间就业供求信息不通畅的问题，共计为260家企业发布招才需求，实现用工匹配433人次。同时，湖里区各人才服务站结合所在园区实际情况，积极主动为企业排忧解难，将贴心特色服务送到企业身边，通过短信、微信群等方式向企业推送各类防疫通知超19万条，制作防疫原创视频引导正确认知，主动走访企业采集企业人才战疫故事等，例如湖里创新园创新驿站的多渠道防疫宣传活动获得了企业的广泛好评。湖里区开通了24小时企业复产复工咨询电话和法律咨询电话，实时推送并解答最新企业扶持政策，完善服务企业"绿色通道"和"直通车"，通过智慧平台，实现防控复工两手抓。

（三）智慧社区管控

一是逐步完善智慧平台的相关管理功能，提高智能化水平。湖里区不断致力于小区管理的智慧平台建设，完善信息公示与反馈服务：第一，对小区公共信息进行公示，包含党支部、业委会主任和委员的名单及电话；物业公司便民电话、物业管理合同、物业公司管理办法；业委会章程、业委会议事规则、小区居民公约、业委会重大决策、工作动态等有关小区建设的相关事项。第二，通过线上对小区居民进行答疑、与居民的沟通和对居民需求的关注，定期收集业主对于小区党支部、业委会、物业公司以及对小区建设管理的意见建议。由业委会或物业公司对业主的投诉和意见、建议及时进行回复反馈。第三，通过网上投票的方式，对小区管理中的重要事项民主表决，解决业主高度分散、业主大会、业主代表大会到会率低的难题，凡是小区建设管理的重大决策、资金使用等都可以通过网上投票形成决议，便于快捷办理。第四，实行网络民主监督，凡需向居民公开的事项，都可以在微信平台上公示，接受业主的监督，也便于社区和职能部门监管。目前，"湖里智慧小区"平台正根据各小区反馈意见，综合探索，进一步完善和创新平台功能，力求更加贴近小区居民用户的实际需求。

二是建立健全常态化防控和应急转换机制，提高应急防范治理能力。湖里区积极借助高新技术手段，建立智能化防控体系，用科技助推城市治理，守住城市安全底线。"数字湖里"指挥中心依托智慧化城市管理系统，工作人员全天候保障，采用视频监控、物联网、大数据等科技手段，助力做好疫情防控工作。一方面，依托智慧小区内外部监控预警系统，发挥全区 2500 余处视频监控网络的功能，每天通过视频连线现场路巡员解决群众投诉举报的问题，及时发现并查处路边违法违规出售口罩和人群聚集的行为。使用人脸、虹膜、车牌识别等科技手段，重点关注未戴口罩人员和第一次进入小区人员，第一时间发现人员、车辆移动轨迹，相关信息及时推送给一线值守人员，实现精准预防、动态跟踪，逐一核实并及时反馈，确保疫情防控到面，精准到点。同时，还能够远程查看核酸检测现场是否有未佩戴口罩、人员聚集、秩序混乱等情况。另一方面，在社区和街道服务大厅实行全面健康检测，使用无接触、测温快、精度高、覆盖全的远红外热成像测温检测设备，对每位进出大厅人员进行自动化、无死角体温监测，一旦发现体温异常人员，系统通过标签化，实现快速筛查，切实保障群众人身安全。湖里区委、区政府在有关部门信息技术的协同优势上持续发力，力求完善多触点检测预警机制和应急处置转换机制，有序组织开展核酸检测，随时确保重点人员轨迹可寻,尽快查清传播轨迹,及时排查隐患,消除风险,在疫情常态化防控中,精准扑灭疫情"燃点"。同时,湖里区积极鼓励、支持各类专家人才和企业运用信息化、大数据等科技手段开展疫情防控技术研发,充分重视科技在基层治理中的重要作用。

此次疫情对我国基层治理来说,既是一次考验,也是一次机会。基层联防联控机制的畅通性、社会动员能力的强大性、防控手段的超常规性、防控体系的信息化,是疫情能够迅速得到控制的基本保证。在此次疫情防控中,湖里区充分展现了自身的制度优势,湖里区委、区政府抓住小区党建这一核心工作,通过支部建设的逐步嵌入,密切党群关系,整合治理资源,优化治理结构,充分发挥基层党组织的全方位引领作用;下沉公共服务,激发群众自主性,充分发挥居民自治作用;依托多方联合与大数据立体科学防疫网,为疫情取得阶段性胜利做出了突出贡献。

【案例】

小区防疫一线：党旗高高飘扬

2020年2月10日,习近平总书记在北京调研指导新型冠状病毒肺炎疫情防控工作时强调,社区是疫情联防联控的第一线,也是外防输入、内防扩散最有效的防线。湖里区抗击新冠肺炎疫情以来,区委、区政府高度重视社区,特别是小区一线的防控,从一开始就把小区作为疫情防控的第一道防线和最有效防线,充分发挥"支部建在小区上"的优势,各项防控措施在小区落细落实,坚决切断疫情蔓延扩散的渠道。

一、竖起"一面旗",防疫组织建立在小区

专设小区防控组。区委第一时间成立区疫情防控工作指挥部,下设"一办十二组"。同时,在全市率先专设小区防控组,具体负责小区防控工作,由区委常委、组织部部长担任组长,组织部、民政局、各街道为具体责任单位。确保"爱心厦门、防控疫情,小区在行动"工作"十在小区"落地:防控组织建立在小区、正面宣传延伸在小区、群防群控实现在小区、分片包干落实在小区、人员管控加强在小区、环境整治抓实在小区、自我防护落细在小区、关爱包容弘扬在小区、爱心帮扶激荡在小区、因地制宜细化在小区,有力地推动了防疫关口前移至小区,筑牢小区防线。

小区党支部充分发挥战斗堡垒作用。全区 442 个小区(含 124 个城中村小组,下同)于 2020 年 1 月 27 日前全部成立以小区党支部为核心的疫情防控工作小组,组长由小区党支部书记担任,督促带动业委会、物业、党员和居民志愿者等力量,领导开展小区防疫工作。小区党支部充分发挥政治优势、组织优势、密切联系群众优势,成为疫情防控的主心骨,2020 年 1 月 30 日,《新闻联播》报道了湖里区鑫海湾小区党支部书记马大姐带头成立小区防疫工作组,冲锋防疫一线的先进事迹。

广大小区党员当先锋做表率。全区组建小区防疫党员突击队 670 余支,6820 余名党员直接沉在小区,勇担入户排查、测温登记、巡逻劝导等重任,既直接推动了小区防疫,又带动了一大批居民志愿者。动员 2800 多名区属党员到居住小区报到,接受所在小区党支部统一调配,投身防疫一线。彩虹花园小区 75 岁老党员陈贻北心脏不好,但他不顾家人和社区的劝阻,仍积极参加小区防控、协助做好进出人员登记,并主动制作宣传海报,用实际行动诠释"我是党员我先上"。

二、织密"一张网",防疫责任压实在小区

层层压实小区防控责任。建立区、街道、社区、小区四级防控责任体系。区级领导全部下沉街道指导;街道由班子成员带队,各办党支部分片包干组建防控责任区;社区全员下沉,采取网格化管理动态支援小区防控;小区全面建立分片包干制度,城市小区由楼栋长包干楼栋,确保防控责任落到每家每户;城中村建立村党小组长和房东责任制,要求房东对租户逐一入户排查宣传,逐一电话劝导湖北籍租客延迟返厦,遇到需要居家隔离的,逐人做好跟踪管控。

严格执行小区封闭式管理。从 2020 年 1 月 27 日开始,全区各小区全部实行封闭式管理,关闭出入口 467 个,对保留的 562 个出入口全部设置体温检测点,做到凡进小区必量体温、必登记信息。同时,全区 53 个城中村、124 个小组全面实行"党建引领、群防群治"的防控模式,关闭出入口 419 个,对保留的 120 个出入口全部设置体温检测点,严格实行人员入村盘查。全面推广禾山街道线上填写"居民健康情况调查表"等做法,采取"不见面"的方式,由小区党支部牵头,小区业委会、物业等共同发力,通过小区建大群,楼栋建小群,户建家人群、亲友群和朋友群等对人员进行立体化摸排。通过"线上+线下"双线作战,设点专门查、主动申报查、专人入户查、发动群众查,四查结合,确保人员排查不漏一人,把"早发现、早报告、早隔离"落细落实。根据一手抓防控、一手抓复工的要求,及时调整小区防疫重点,印发《入厦人员分类管理的操作办法》,让小区防控有章可循,做到疫情防控与企业复工复产两手抓、两平衡。

加强小区防控督促检查。区委书记林建、区长林重阳以上率下、下沉指导,每天不打招呼、直插一线指导小区防控工作。区小区防控组建立 5 个检查组,按照"所有小区全覆盖、重点小区回头看"的要求,每天不打招呼、直插小区进行随机检查,既督促工作落实,也收集意见建议。省委组织部常务副部长杨国豪在全省新冠肺炎疫情联防联控工作第四场新闻发布会上肯定:"湖里区发挥'支部建在小区上'的特点和优势,建立区、街道、社区、住宅小区四级防控体系,将疫情防控工作推进到居民群众'最后一百米'。"市委常委、组织部部长陈沈阳在暗访指导湖里区小区防控工作时,也对湖里区志愿者的奉献精神及群防群治的工作局面表示肯定。

三、发动"一群人",群防群控实现在小区

组织小区居民共同抗疫。注重通过党建引领、党员带头,做好组织群众、发动群众、依靠群众的工作,把小区居民充分发动起来,构筑起疫情防控的人民防线。截至 2020 年 11 月,每个小区均组建了小区疫情

防控志愿服务队,吸纳居民志愿者近 11000 人。"村改居"社区按照"两必一选"的原则组建防控志愿服务队,即党员和居民代表必须参加、每户选代表参加的方式做好村庄的群防群控工作。他们穿着红马甲、佩戴红袖章在小区内巡逻,成为宣传劝导、人员排查等工作的有生力量。同时,居民群众还积极挖掘自身资源,为小区防控捐资献物。怡景社区芙蓉苑小区台胞简叔,积极响应小区党支部号召,先后两次"打飞的"回台湾地区带回 1350 个口罩,免费发放给小区内主动申报个人情况的居民。

发动各方力量参与抗疫。加大群防群控覆盖面,充分发动小区能人、小区秘书、小区医生、小区警察、小区调解员等小区治理生力军,在小区防疫中发挥专业特长。金安社区小区警察法医张海龙主动承担了对高林一里和三里两户疫区返厦家庭七口人的入户测量体温工作。外来人口聚集的城中村社区组建退伍军人防疫突击队、老人协会防控队、义务消防队等力量,暂停一切民俗活动,按照三班倒排班,全面筑牢城中村防护墙。

联合驻区单位支持抗疫。充分发挥城市基层党建互联互通优势,驻区单位纷纷向小区出人出钱出力,帮助居民共克时艰,整合资源做好防控工作。嘉福社区充分整合大党委成员单位力量,为封闭式小区提供"五爱"服务,解决群众就医、买菜等生活需求,社区党总支书记庄丽梅接受《新闻联播》采访。滨海森林、半山林海等小区党支部联系共建单位厦门六中心理教研组为居家隔离人员提供线上心理咨询服务。恒安支部、欣贺党委、亿联党委等累计捐款捐物 1200 万元用于疫情防控。

四、打好"一组拳",精准防控落地在小区

抓环境整治不放松。在各小区做好环境整治,小区党支部指导、督促业委会和物业做好卫生死角、垃圾点的清理;每天组织对出入门禁、楼栋大堂、车库、电梯厅、下水道等关键区位进行消杀;在每个小区设立加锁口罩回收垃圾桶,指定专人负责回收处理和销毁工作。积极创新技防举措,提高消杀功效。如中铁元湾小区党支部自主设计建设健康

消毒通道,新景国际外滩小区改造紫外线电梯轿厢进行密闭消杀。每天加大辖区内市容环境卫生保洁力度,对市政道路、村改居街巷、停车场等重点关键区域开展清洁消杀工作,累计消杀面积月 2316 万平方米,清运垃圾 3200 吨。加强对流动摊贩巡查与农贸市场周边检查,通过数字湖里事务中心,快速调处疫情相关事件 925 件。

抓正面宣传鼓好劲。坚持正面宣传和科学引导相结合,在小区内积极营造"科学防治、同舟共济"的良好氛围。小区党支部在小区内悬挂宣传标语 1.1 万条,发送宣传单 38 万份、短信 454 万余条。启用无人机,飞入城中村背街小巷、居民小区进行点对点宣传。编写疫情防控打油诗,配置 234 辆宣传车,在小区周边路口循环播放,强化居民防控意识。堵截源头输出,印发《致流动党员的一封信》《致辖区企业的一封信》《致辖区居民的一封信》,层层通知到位,全区 22504 个房东积极响应,第一时间通知 9317 个湖北租户暂不返厦。明确"红事缓办、白事简办",及时出台《关于做好疫情防控期间丧事简办的通知》,按照"五不"要求妥善处理多起丧事。

抓信息公开稳民心。区指挥部及时公布确诊病例、疑似病例和密切接触者居住小区及楼栋情况,各小区党支部自觉承担起信息公开和止谣息谣责任。通过 3100 块小区公示栏、宣传栏,张贴告示 9 万余张,做好小区每日疫情通报。对突发的确诊病例、疑似病例、密切接触者相关情况,由小区党支部在小区业主微信群、村改居房东微信群中及时做出说明,安抚群众情绪。及时指导各小区党支部明确市区防控要求、调整防控重点,防止拔高要求、层层加码的问题。出动警力 1333 人次,群防群治力量 7424 人次,指定舫阳酒店作为湖北籍返厦人员集中隔离入住酒店,全力做好疫情期间小区稳控工作。

五、献出"一份爱",关爱帮扶激荡在小区

关爱疫区来厦返厦人员。注重做好对疫区来厦返厦居家隔离人员的后勤保障、心理疏导、外出劝导等工作。为居家隔离家庭配备健康管理员,全面落实居家隔离 14 天、社区医生每日上门测量体温 2 次的要

求。长乐三期、永乐阁等小区的30多个党支部党员与本小区的返厦湖北人员开展结对帮扶,为他们送去口罩、蔬菜等物资,每天微信问候,关心返厦人员身体情况及动向。金林社区马厝党支部书记陆臻荣主动将自家闲置厂房腾出,为因封城复归的2名湖北籍租客提供住所,并赠送体温计和口罩,叮嘱他们居家隔离。

关爱生活困难群体。结合"爱心厦门"活动,加强"爱心小区"建设,在防疫期间做好孤寡老人、残疾人等困难家庭关心关爱及防控一线医务人员家属工作。55个社区均建立"每日一问"机制,小区秘书每日通过电话沟通,及时了解辖内孤寡老人、残疾人生活需求。280个小区党支部建立结对联系、就近帮助机制。金安社区建立"爱心服务微信群",为小区21名残疾人提供快递代收、生活物资代买的贴心服务,琥珀湾小区党支部发起了为在发热门诊工作无法回家的工作人员、警务工作者提供居家服务的志愿活动,受到群众普遍赞誉。

关爱小区防控一线工作者。为激励基层一线党员干部敢于担当、冲锋在前,出台关心关爱防疫一线党员干部的相关措施,加大动员、激励、保障、关爱力度,为奋战在一线的街道、社区、小区防控工作人员解决后顾之忧。加大一线考察力度,对经受住考验的社区干部和青年人才,优先纳入新一轮村(社区)组织换届推荐人选;对表现突出的小区书记,积极推荐予以奖励,东兴小区书记麻章新获评全市首批疫情防控先进个人,是全市唯一入选的小区党支部书记。安排省市区专项党费40万元,用于购买一线紧缺防疫物资、慰问73名在防控一线表现优秀但生活困难的党员。为全区所有体温检测点提供"四个一"(一个取暖器、一件军大衣、一个热水壶、一份加班餐)等关爱措施,将党的关怀和温暖传递到防控一线。

第八章
弥足珍贵的经验：
湖里模式的价值

　　从近年来基层治理的创新实践来看,基层治理正逐渐从"自上而下""一元主导"的行政管理模式向"双向互动""多元参与"的协同治理模式转变。实践中,由于不同城市的社区发展状况存在差异,社区内部的阶层分化、空间分化也较大,各地往往会因地制宜采取不同的治理组织架构,形成了差异化的基层治理创新模式。厦门市湖里区自 2016 年开始,"由点到面,逐步扩散",探索小区治理新路径,形成了"党建引领小区治理"模式,其特点可总结为:坚持以人民为中心,树立小区治理核心价值;强化党建引领作用,重塑小区治理结构;协调政府、市场、社会三个主体间关系,打造小区多元共治格局;聚焦制度、技术、资源,推进小区共同体建设。湖里模式在全国各地基层治理模式中独具特色,也颇具借鉴价值。

一、坚持以人民为中心

　　坚持以人民为中心,是我们党和国家治理一以贯之的价值追求和行为准则。在基层治理中,坚持以人民为中心的发展理念,就是要做好基层群众的工作,"一切社会管理部门都是为群众服务的部门,一切社会管理工作都是为群众谋利益的工作,一切社会管理过程都是做群众工作的过程"①。为此,基层治理工作要紧紧依靠人民、牢牢根植人民,满足人民对美好生活的新期待,让每位居民成为美好家园的建设者和行动者,以及治理成效的评判者。湖里区小区治理实践坚持以人民为中心的核心价值理念,始终着眼于小区治理的自主性和公共性,引导人们参与小区公共事务的管理,从关乎人民群众的衣食住行着手,由点及面、自主处理事关群众福祉的每一件小事,实现了治理成果小区共享,充分体现了治理创新的人民性。

(一)引导广泛的公共参与

基层社区治理的场域范围相对狭隘,其内部的各类参与者和行动规模也相对较小,容易受到个体尤其是领导者的影响,基层治理经常带有领导者个人色彩。受限于治理资源、治理规模、组织动员等因素,各地基层治理在政策措施、行动策略方面往往有许多共性,但是实际治理效果却明显不同,其主要原因同样与基层治理的领导者分不开:一个能力较强、为人正派的基层领导可以带领和推动社区治理的良性运转;反之,基层领导如果能力普通、怀有私心,则会使治理停滞不前,甚至走向混乱。这种情况在场域更为狭窄的小区更加常见。

同时,基层治理在内容上更多地集中于一些操作性的事务上,诸如维护生产生活环境、调和邻里和家庭关系等。而国家治理、地方治理体系对基层治理的影响是通过整体性制度安排、宏观环境塑造和公共资源的配给来实现,这些都是结构性或者政策性层面的指引,对纷繁复杂的基层事务,尤其是小区内群众"鸡毛蒜皮"的小事无法实现面面俱到的指导和参与。

---

① 习近平.习近平新时代中国特色社会主义思想基本问题[M].北京:人民出版社,2020:297.

　　基于此,小区治理的湖里模式创造性地走上了一条党建引领下的自主治理之路,实现了"自己的问题自己解决"。湖里区的小区治理从公共性出发,从小区治理本身的自治属性和自主治理的特点出发,通过内部的具体行动,在细节上完善工作机制、调整要素结构、重塑治理情境,改善小区治理的公共环境,引导全体小区居民投身于小区的公共事务当中,培养小区居民的参与意识,将小区打造成每一个居民亲身参与治理行动,切实感受治理效果的场域。

　　在基层公共事务的管理方面,小区治理的湖里模式至少在以下两个方面超越了以往的基层治理模式:

　　第一,小区治理不是重复过去政府主导和行政管理式的基层治理模式,而是一个在党委领导和政府支持下,以制度为保障,以科技为支撑,以民主协商、社会协同、居民参与为机制的新的治理模式;不再以个人为基层治理的领导者,而是发挥小区党支部的引领作用,激发全体小区居民的主体作用和治理智慧,彰显小区治理的公共性和人民性。第二,小区治理模式,不仅仅是制度层面的转变,更将人民对公共参与的需求落到了实处,提升了小区居民的参与意识和责任意识。一方面,湖里区在全区开展小区治理,建立健全了小区居民参与治理的认知机制、表达机制、反馈机制、利益协调机制、信息公开机制和监督机制等,通过机制创新将居民的参与权、知情权、管理权和监督权落到实处,激活小区居民的参与意识。另一方面,湖里区将小区打造为公共场域,以形式多样、内容丰富的活动促进居民交往,让居民相互了解、交换意见、形成共识,并在此过程中认识到公共利益的重要性,自觉为自己和他人的利益承担起维护小区行动秩序和公共利益的责任。这两种意识,是公共生活中主体道德升华和高度精神自治的表现,是实现我国社会生活和基层治理两个方面的民主建设不可或缺的精神要素。

(二)推动治理成果居民共享

成果共享是基层治理的核心目标,也是成功的关键。正如前文所说,基层治理的场域和组织规模较小,其中一些特殊个体容易动员数量较多的普通民众,从而产生较大影响。这决定了基层治理不能简单地以"少数服从多数"原则展开,而是需要建立最广泛的联合,在共同体内部形成最大共识,确保基层治理成果由居民共享,而非个人或者部分人享有。同时,基层治理又要关注个体尤其是那些极少数个体的诉求,并在一定程度上关照其利益,避免使个体陷入孤立和受迫的情况。在现实的基层治理中,存在着执行多数决定而忽视少数人权利的情况。这种治理方式,往往只关注"多数共识"而忽略了"最大共识",看似提高了基层治理的效率,却时常诱发维权行动,在一定程度上反而容易造成基层内部的撕裂。

党的十九大报告指出:"党的一切工作必须以最广大人民根本利益为最高标准。我们要坚持把人民群众的小事当作自己的大事,从人民群众关心的事情做起,从让人民群众满意的事情做起,带领人民不断创造美好生活!"[①]就基层治理而言,"人民"就是基层治理共同体内部的全体。在一个基层治理共同体内部,人民共同美好生活的实现不可能建立在剥夺其他成员的权利基础上。小区治理的湖里模式,贵在始终坚持"以人民为中心",限制场域内部的"恶性剥夺",致力于实现人人享有、各得其所,满足全体小区居民的利益。

一方面,强调优化最基层的公共服务体系。湖里区首先通过推进小区党支部建设,由党支部主导、链接、引进和整合公共服务资源,为小区群众提供更为丰富多样的服务,满足小区居民的多元化需求;其次,

---

① 习近平.全面贯彻落实党的十八大精神要突出抓好六个方面工作[EB/OL].[2022-05-26].http://theory.people.com.cn/n/2013/0104/c83846-20083095.html.

通过动员小区和周边的社会力量，推进小区综合服务设施建设，依托其开展就业、养老、医疗、托幼等服务，同时加强对小区困难群体和特殊人群的关爱照护，让所有群体都能享受到基础的公共服务；最后，通过完善支持社区、小区公共事业发展的政策，采取以奖代补、项目示范等方式，实施政府购买社区服务，鼓励小区与市场主体、社会力量合作，提升小区服务质量，实现"幼有所育、学有所教、劳有所得、病有所医、老有所养、住有所居、弱有所扶"。通过公共服务体系的优化提质，湖里区切实保障了小区居民的基本权利，使基层治理成果人人享有真正落到了实处，治理的人民性特质得到充分体现。

另一方面，始终以人民满意为小区治理的根本标准。习近平总书记强调，"检验我们一切工作的成效，最终都要看人民是否真正得到了实惠，人民生活是否真正得到了改善"①。因此，湖里区的小区治理始终着力营造公平的环境，在将小区"蛋糕"做大的同时，更加重视将"蛋糕"分好。为此，湖里区定期开展了小区治理的专项检查和满意度调查，及时发现问题，总结成功经验，确保小区治理有序高效推进；鼓励各小区开展自查，发掘各项工作存在的不足，努力改进治理成效。同时开辟小区事务线上线下参与平台，引导居民开展对各主体的全方位监督，使小区公共事务的决策满足各方需求与利益，使治理的过程公开透明、治理的成效符合预期，实现了小区居民基本权利一律平等、公共参与机会公平和治理成效人人满意。

"人民是历史的创造者，是决定党和国家前途命运的根本力量。"②基层社会治理事业是人民的事业，社会治理的好与坏，直接关系到人民的生活质量和幸福指数。在湖里区小区治理的过程中，居民对公共事

---

① 习近平.全面贯彻落实党的十八大精神要突出抓好六个方面工作[EB/OL].[2022-05-26].http://theory.people.com.cn/n/2013/0104/c83846-20083095.html.
② 习近平.决胜全面建成小康社会 夺取新时代中国特色社会主义伟大胜利：在中国共产党第十九次全国代表大会上的报告[EB/OL].[2022-03-26].http://www.gov.cn/zhuanti/2017-10/27/content_5234876.htm.

务的参与,既维护了群众的切身利益,又实现了治理成果的共享。从某种程度上讲,小区治理的湖里模式激活了基层治理共同体"以人民为中心"的意识,将抽象的"以人民为中心"的价值理念与立足本地进行的基层治理行动结合起来,既形成了民众高度认同的基层治理价值共识,也完成了基层治理的行动探索。

二、强化党建引领作用

基层党建工作是党执政的坚实基础与重要内容。习近平总书记指出,党建工作的难点在基层,亮点也在基层。党的工作最坚实的力量支撑在基层,经济社会发展和民生最突出的矛盾和问题也在基层,必须把抓基层打基础作为长远之计和固本之策,丝毫不能放松。[①] 与传统党建话语不同,新时期党建对基层治理的引领除了强调党的政治、组织、思想、作风等建设之外,还要求党的组织网络和领导功能嵌入基层(社会),强调将党的组织和制度优势转化为基层治理效能,[②]这是"密切联系群众"的政党属性使然,也是弥补基层治理的多主体缺位,达成集体行动,破解基层治理困境的现实选择。近年来,"党建引领"成为全国各地基层治理实践中的流行话语,也形成了诸多颇具特色的实践模式。与全国其他地区不同,湖里模式不仅以小区为治理场域,而且创造性地实行"支部建在小区上",以强有力的小区党支部深度融入小区治理各环节,引领小区治理各项工作的创新。

[①] 习近平.看清形势适应趋势发挥优势　善于运用辩证思维谋划发展[N].人民日报,2015-06-19.

[②] 邱晓星,黎爽.基层党建与基层治理的双重变奏:党建引领基层治理创新研究综述[J].中共天津市委党校学报,2021(1):13-20.

（一）支部建在小区上，确立党支部的核心地位

在基层治理的实务方面，国内其他地区正逐步推行"党建引领"基层治理的路径，如上海浦东的区域化党建的"1＋N"模式、黄石的"一核为主"引领"多元共治"模式、成都社区党组织"五线工作法"和小区党支部"五步工作法"等，尽管模式有所区别，但实践中均成效显著。理论界同样关注基层治理的党建工作。有研究者立足于执政能力、社会转型和社区建设三个价值维度，讨论了基层党建的组织架构、多元关系和运行机制；[①]亦有学者从基层党建存在的问题和挑战出发，从党组织的权力结构、党员队伍素质、干部管理等方面提出了推动基层党建与社会治理良性互动的对策；[②]还有学者从基层党建的路径和策略角度，归纳出了"嵌入式党建"[③]"融合式党建"[④]"社区化党建"[⑤]"区域化党建"[⑥]等多元化的党建模式，为其他地区的基层党建提供了可行的路径借鉴。

不过，这些党建引领基层治理模式均聚焦或落脚于城市社区，这固然是党组织建设和领导的下沉，但客观上还没有完全落地，党的建设依然呈现"悬浮化"趋势，[⑦]党对基层社会治理的引导能力或将遭到普遍

---

① 沈东.社区党建研究：一个文献综述[J].重庆社会科学，2014(10)：104-109.

② 易卓.党建嵌入乡村治理的组织路径创新：基于某省 Z 镇党建示范区的实证研究[J].中国特色社会主义研究，2020(1)：102-110.

③ 黄立丰.建构文化认同："嵌入式"党建何以可能与何以可为[J].理论月刊，2019(10)：153-160.

④ 袁校卫.从嵌入到融合：新时代新型社会组织的党建路径探析[J].河南社会科学，2020(9)：48-53.

⑤ 李浩，原珂.新时代社区党建创新：社区党建与社区治理复合体系[J].科学社会主义，2019(3)：76-83.

⑥ 王磊.从空间整合到服务供给：区域化党建推动城市基层治理体制创新[J].中共天津市委党校学报，2020(2)：37-46.

⑦ 陈亮，李元.去"悬浮化"与有效治理：新时期党建引领基层社会治理的创新逻辑与类型学分析[J].探索，2018(6)：109-115.

削弱。基层党建若不能深入小区、紧贴群众,工作将存在脱离群众的风险,使得"党建引领"沦为抽象的领导,陷入科层体制的内部动员。① 基于此,湖里区与时俱进拓展基层党建工作的内涵和领域,着眼于社会最基层的居民小区,把"支部建在小区上",将党的基层组织作为小区治理的主导力量,打造党建引领小区治理模式,不仅达到促进基层治理主体互动合作的目的,而且避免了基层治理中出现权力真空,②完善了基层治理体系,强化了党组织的社会整合能力。这种治理模式既与上述几种代表性模式有相似之处,也有自己的特色和创新。

一是拓展和夯实执政之基。基层党组织是执政党用来覆盖和渗透社会民众的组织网络体系的结点,③将党支部建在小区上,能够将党的工作深入社会最基层,渗透到小区物业公司、业主委员会和其他各类社会组织中,让党组织更贴近群众,更容易倾听群众呼声、了解群众需求、回应群众期待,从而更好地组织群众、凝聚群众、服务群众。与群众面对面、心贴心的互动交流,拉近了党支部与居民的距离,在党和基层群众之间架设起联系的桥梁,有助于凝聚和动员社会力量,保持基层政治秩序稳定,夯实党的执政根基。④

二是强化和保持组织战斗力。基层党组织的创造力、凝聚力、战斗力,在很大程度上取决于党员队伍建设的状况,取决于党员队伍的先锋模范作用发挥得如何。通过吸纳政治素质过硬、专业素质良好、群众基础牢固、党员同志信得过、年富力强的中青年干部进入小区党支部,同时严格落实党员日常管理和组织生活的各项基本制度,能够强化基层

---

① 杜鹏.迈向治理的基层党建创新:路径与机制[J].社会主义研究,2019(5):112-119.

② 郑长忠.多元共存条件下社区治理的政党逻辑:以上海临汾社区物业管理党建联建工作为例[J].理论与改革,2009(2):55-59.

③ 胡小君.党建科学化视角下基层党组织设置模式的变迁与趋势[J].马克思主义与现实,2011(6):191-196.

④ 刘安.吸纳与嵌入:社区党建背景下中国党社关系的调适策略[J].黑龙江社会科学,2015(5):99-104.

党员队伍的自我教育、自我更新、自我约束和自我纠错能力,为小区党组织注入活力,使党的基层组织永葆先进性与战斗力。

三是确立和巩固党支部的核心主导地位。党的十九大报告指出,"党的政治建设是党的根本性建设,决定党的建设方向和效果"①。方向决定路径,路径落实理念,小区治理"怎么治"很大程度上决定了治理成效"好不好"。为此,中共湖里区委印发了《湖里区关于加强城市居民小区党支部建设的指导意见》,明确了小区党支部在小区治理中的统领地位,选好配强"领头人",推动全区小区治理创新。小区党支部的建立,使得小区治理摆脱了以往行政部门、街道、社区等多个部门"九龙治水"的局面,确立了其小区治理工作的"带头人"和"责任人"身份。同时,党建引领小区治理改变了以往居民遇事找社区、社区找街道、街道找相关政府部门这样层层上报的局面。尤其是在未成立业主委员会或者无物业小区,党支部的成立让小区治理有了"主心骨"。

"支部建在小区上",从组织的功能上看,将小区中的党员,特别是一些流动党员、离退休党员更好地凝合在一起,夯实了党支部的组织基础;从组织的效能上看,能够推动党员在小区直接联系和服务群众,满足居民需求、回应居民诉求,不断拉近党组织与群众的距离,让群众在日常生活中能更具体、真切地感受到党员的先锋模范作用,进一步拓展了党的政治影响力、示范力和引导力,提高了小区治理的效能,也巩固了党支部在小区治理的核心地位。

(二)推进党建与小区治理深度融合,发挥党支部的引领作用

小区党支部直接面对的是小区内多元化而又"碎片化"的利益群

---

① 习近平.决胜全面建成小康社会 夺取新时代中国特色社会主义伟大胜利:在中国共产党第十九次全国代表大会上的报告[EB/OL].[2022-03-26].http://www.gov.cn/zhuanti/2017-10/27/content_5234876.htm.

体,因此想要发挥党支部的整合功能,就必须依托社会组织和社会成员之间的横向联系,①党支部与小区治理的深度融合则是必然要求。湖里区在确立了党支部在小区治理中的核心地位之后,进一步推动党支部在组织、结构和过程三个层面融入小区治理,强化了党支部对小区治理的引领作用。

1.组织嵌入:推动党支部与业委会融合发展,强化组织服务功能

业委会作为小区治理的重要主体之一,其作用的发挥将使得社会基础结构关系发生根本转型,并产生一种"新公共空间"。② 然而在实践中,一方面,政府职能部门、街道和社区对小区公共事务大包大揽,导致业委会悬浮于小区之上,名实不符;另一方面,业委会与业主之间关系松散、业委会与其他治理主体之间权责关系不明、业委会的组织和相关制度不健全等问题同时存在,使得业委会面临着内部治理结构欠完善、业主群体公共意识不足、政策制度缺陷等"三重阻抑"。因此,为了进一步捋顺小区治理的结构,发挥业委会的积极作用,明确业委会的角色和职能,创新业委会运作方式就显得十分必要。

通过支部书记、业委会主任"一肩挑",打造"红色业委会",推行党员认岗位等制度,湖里区将新时期党的群众路线和小区治理相融合,在践行群众路线的过程中加深业委会与小区居民之间的"血肉联系"。此举改变了以往业委会委员一经选举即与广大居民脱节的局面,支持和监督业委会依法依规行使职权,广泛听取业主意见建议,维护业主合法权益。"红色业委会"的形成,能够更好地发挥业委会的服务功能,解决诸多历史遗留问题。这种组织层面的嵌入能够使党员引领服务的认知嵌入业委会中,并形成一种稳定的群体意识,推动组织共同维护关系,

---

① 梁妍慧.从"行政化"到"社会化":创新城市社区党建领导方式[J].理论视野,2012(11):50-53.

② 张静.培育城市公共空间的社会基础:以一起上海社区纠纷案为例[J].上海政法学院学报,2006(2):7-16.

在互动中催化融合与升级,①实现"共商共管",激活了小区治理的内生动力,强化了党组织的服务功能。

2.结构重塑:搭建协商议事平台,贯彻小区治理目标

小区治理是小区所有居民的事,单一主体治理模式往往难以达到应有的效果,应当人人参与治理过程,人人共享治理成果。在小区不同主体的多元诉求间凝聚共识,找到多元价值之间内聚的元价值,则是小区有效治理的前提条件。为此,湖里区在治理结构上进行创新,搭建以党支部为核心,业委会、物业公司、居民代表和小区其他自治组织共同参与的"共建理事会"作为民主协商的载体和小区的决策机构。理事会成员经推选产生,在广泛听取各方意见基础上提出议案,交由党支部讨论、业委会审议,再经业主代表会议讨论形成决议,最后向全体居民公布并实施。同时,党支部引领小区不断探索和完善协商议事的机制和程序,形成小区居民畅通有序的诉求表达、心理干预、矛盾调处、权益保障机制,确保了居民问题能反映、矛盾能化解、权益有保障;建立了以小区居民福祉为目标的民主决策机制,确立了多方联动和"民情协商"工作法,赋能了小区治理主体,推动了小区事务的民主决策,使居民自治落到实处。在党建引领之下,共建理事会表现出强大的动员、组织、商议、决策及实施能力,协调了小区各主体的功能,解决了小区民生"老大难"问题,维护了居民的合法权益,增强了小区居民的认同感和归属感。在此过程中,党支部通过协商平台参与小区重大事项的决策,引导并监督其他成员执行决策,充分发挥了党支部的领导核心作用,保证了小区治理始终沿着正确的方向前进。

3.过程介入:创新小区治理工作方法,提升小区治理效能

"共建理事会"等协商机构,既是小区公共事务的决策者,也是小区事务的执行者。然而参与小区治理的多方主体在能力、智识方面有所

---

① 刘蕾,邱鑫波.社会组织党建:嵌入式发展与组织力提升[J].北京行政学院学报,2019(6):31-38.

差异,其利益诉求也有所区分,因而在执行共建理事会关于小区治理的决议时也会存在不同的偏好,如果力量过于分散,则小区治理的效果就难以得到保证。因此有必要形成有效的工作机制,引导各方主体"心往一处想,劲儿往一处使",形成治理的合力。多方联动是湖里区小区治理工作方法的创新,该方法强调在小区党支部的带动下,把业委会、物业公司、小区社会组织、共建单位、居民小组等多个小区治理主体进行有机融合,从而凝聚各方力量,确保小区治理有序、高效开展。在多方联动工作模式下,党支部作为小区治理的核心,在事关小区重大事项的处置中,召集、引导多方主体参与协商决策,统筹部署重大公共事项的实施,指导和督促其他五方主体承担各自责任;在小区治理决策执行过程中,小区党支部通过各方主体中的党员贯彻支部决议,鼓励党员主动承担小区治理责任,发挥先锋模范作用,引导居民广泛参与;对居民关于小区公共事务的意见反馈,小区党支部主动倾听、及时回应,积极推动各方主体改进工作方式、创新工作方法、优化服务措施,从而提升治理效能。多方联动使得党支部与其他五方主体之间形成了有机的联系,也让党员的身影遍布小区每一个角落,实现了党支部对小区治理过程的全面引领。

党建工作与小区治理的深度融合,让党的基层组织建设进一步压实做细,使党在治理末梢继续占据核心主导地位,建构起能够将原子化的居民个体重新有序地纳入治理结构中的新体制,[①]实现了党组织与小区自治组织的有效沟通与衔接,完整准确传达党的意志,践行了党的群众路线,厚植了民意基础,推动了"党建引领的政治逻辑"和"群众参与的自治逻辑"齐头并进的复合式小区治理模式的形成。

---

① 袁方成.国家治理与社会成长:城市社区治理的中国情景[J].南京社会科学,2019(8):55-63.

三、打造多元共治格局

　　小区治理涉及政府、市场、社会三方力量的关系，具有复杂性与多样性，协调好三者关系可以最大限度地调动积极力量，强化治理合力。在基层社会治理方面，当前国内其他地区或者遵循"强政府、弱社会"治理形式，[①]如北京市海淀区田村路街道的"宜居街区"建设，虽然有利于贯彻政府意图，但无形中影响了小区居民的自治意愿、能力和参与意识，[②]小区居民只关注"分内之事"，而对小区的公共事务漠不关心，也没有主动参与的意愿和自治的能力，客观上降低了小区治理的效能；或者主张市场主导模式，如武汉市江岸区百步亭社区，依靠有社会责任感的企业和企业家介入社区治理，尽管资源配置能力强，发展潜力较大，但却难以克服市场失灵问题；抑或强调社会自治模式，如南京市雨花台区翠竹园社区，其最大优势就是最合乎居民自治原理，符合制度设计初衷，具有十分突出的共建共享特征，社区自治能力得到了培育，但社区几乎没有资源动员能力，发展遇到多重困境。也就是说，单一依靠行政、市场或者居民自治开展小区治理工作都存在着较多不足，需要对多元主体关系进行协调，消除现有模式的缺陷。

　　党的十九大报告提出，"有事好商量，众人的事情由众人商量，是人民民主的真谛"[③]。湖里区积极贯彻中央精神，在基层社会治理的场域中，在关系到广大民众切身利益的事项上，重新界定政府、市场和社会

---

　　①　沈原.市场、阶级与社会：转型社会学的关键议题[M].北京：社会科学文献出版社，2007：338-339.

　　②　唐越.提升城市居民的"幸福指数"："四位一体"小区治理道路之探索[J].东南大学学报（哲学社会科学版），2018(S1)：133-137.

　　③　赵振宇.用制度体系保证人民当家作主[N].北京日报，2017-11-13.

三方主体间权力关系,发挥不同主体各自的优势,共同参与小区事务的治理,构建了"多元共治"的小区治理格局,有效促进了小区善治。

(一)明确行政部门职能,推动小区治理"简政放权"

政府(党政)强势化与行政主导性是以往湖里区基层社区治理的突出特征。此种治理结构的行政色彩十分浓厚,公共部门集中了大量资源,且拥有强大的社会动员能力,①确保了基层治理的效率和稳定性。但政府职能部门、基层政府、社区的过度行政干预,不仅会侵蚀基层自治的组织基础,强化行政权力的层级化下沉,更虚化了基层自治组织对利益诉求的吸收消化机制,使得居民的自治意愿和能力难以得到培育,最后往往是政府干预越强,基层自治能力越弱。

随着单位制解体与城市化加速,当前的城市基层社会治理环境已不同往昔。在基层社会治理的多主体结构中,政府的角色正在由"管理型"向"服务型"转变,由"划桨"向"掌舵"转变。小区治理的湖里模式则是政府角色转型的重要实践。湖里区通过小区治理的相关文件,明确了应由政府职能部门、街道、社区、小区负责的治理事项:政府职能部门和街道主要发挥制度和资源供给、服务和咨询提供、公共事务治理指导等作用;社区承接政府部门的行政任务,开展社区公共活动,协调居民关系,维护群体利益;小区则聚焦于为小区居民提供各项基本服务,引导小区居民参与小区公共事务的决策、执行与监督。由此,湖里区协调好小区同社区、街道、政府职能部门之间的权力关系,实现了行政部门"简政放权",将原本属于街道、社区的权力应放尽放,将决策、资源和任务的实质性控制转移给小区。这既保护了小区的多样性,又增加了居

---

① 周雪光.运动型治理机制:中国国家治理的制度逻辑再思考[J].开放时代,2012(9):105-125.

民的公共理性,巩固了基层秩序。①

(二)发挥市场主体功能,打造小区服务的前沿阵地

随着体制改革的不断深入,我国基层社会的公共事务与社会管理不断下移,多元力量的碰撞导致基层的复杂性与不确定性也日益突出,传统的政府独揽模式已经无法满足人民多样化的利益诉求和对公共服务的高水平、专业化要求。在这种情况下,市场主体参与基层社会治理就显得十分必要了。基层社会应当建立与社会主义市场经济相协调的治理体系,利用市场的竞争机制为社区、小区筛选出优质的公共服务市场化供给主体。作为基层治理中市场主体的代表,物业公司在社区治理中理应扮演着越来越重要的角色。

然而,实践中物业公司在基层治理当中的作用往往被忽视。在传统的社区管理模式中,物业公司是一个经济实体和市场主体,通过契约形式与业主形成"委托—代理关系",在国家法律范围内按照合同或契约对已投放使用的物业进行统一管理,对小区环境、清洁卫生、安全保卫、公共绿化和道路养护等实施专业化管理,并向物业所有者和使用者提供相关服务。② 人们更多地将物业公司的角色界定为小区服务的提供者,而非小区治理的参与者。

要发挥市场主体的作用,前提基础是把市场主体找回来。在小区治理的湖里模式中,物业公司的角色实现了突破性的转变。湖里区不断拓宽党的组织覆盖面和工作覆盖面,推进物业公司党建联建工作,通过在物业公司中发展党员、将公司中的党员吸纳到小区党支部以及将物业公司作为多方联动中的一方等方式,加强物业公司和小区其他组

---

① 尹浩.社区微治理的实践逻辑与价值取向[J].内蒙古社会科学(汉文版),2017(4):160-166.

② 刘杰,朱格佳,邹英.市场主体参与社区治理的机制与实践:基于百步亭"红色物业"的案例分析[J].江汉大学学报(社会科学版),2018(1):63-67,126.

织特别是党支部之间的联系。于是,在党的领导和行业协会的规范下,小区物业实现了功能与形式的重塑,形成了党支部与物业公司相融合的"红色物业"。"红色物业"创造性地将物业公司纳入小区治理之中,将其打造成小区服务的前沿阵地和解决小区重点难题的重要力量,让物业公司从以前单纯的服务提供者转变为有效治理的参与者,由"看客"变成了真正的责任主体。党建工作与物业服务相互补位、紧密合作,加强业委会与物业公司之间的互信互利,预防矛盾和冲突的产生,形成观念和行动上的共识。[①]"红色物业"的创建,成功实现了多方主体之间的共赢:物业服务水平得到整体提升,小区面貌得到明显改观,物业公司收益增加,居民满意度和生活幸福感显著提升,有效地完善了小区治理体系和治理能力。

(三)引导社会主体参与,协调多元诉求和利益关系

从历史趋势看,公共服务对象的经济成分、价值观念、社会结构、利益诉求越来越复杂化,带动公共服务需求趋向多样化,社会公共事务和公共问题也渐趋膨胀与复杂,单纯依靠政府或者市场主体难以有效解决这些错综复杂的棘手问题。社会主体的参与对于化解社会治理难题具有重要作用,原因有二:一方面,社会主体与社会治理对象同根同源,对于社会治理对象的自身需要、利益诉求有着清晰的了解,能够最大限度地接近广大小区群众,集合公共意愿,整合公共利益,化解不同利益主体间的矛盾和冲突;另一方面,社会主体具有强大的组织活力和动员能力,对小区居民的价值观念和个人行为具有范导和约束作用,能够有效吸纳社会力量参与到公共事务与社会服务之中。因此推动基层社会组织和个人等社会主体参与基层社会治理,化解小区治理当中复杂的

---

① 容志,孙蒙.党建引领社区公共价值生产的机制与路径:基于上海"红色物业"的实证研究[J].理论与改革,2020(2):160-171.

利益诉求和利益矛盾已经成为必然趋势。[①]

　　基层社会组织包括社区自组织、专业社会组织等，具有公益性、公共性与合作性特征，是构建基层社会秩序的重要力量。然而，实践中社区自组织和专业社会组织在社区公共事务上的参与多集中于自娱自乐和较为简单的社区活动、社区服务，对社区问题的深度参与较少；高度依赖社区党委的组织和召集，相互之间的关系较为松散和疏离，尚未发展为能够真正参与、推进社区治理的独立力量，因而其作用并没有得到有效发挥。

　　引导基层社会组织参与小区服务与管理，是湖里区小区治理的又一亮点。湖里区通过一系列规范性文件明确了基层社会组织在小区治理中应当承担的公共服务、利益协调等职能，使之成为小区治理中的重要力量。一方面，诸如志愿者组织、律师协会、社工组织等社会组织利用其在管理方法和专业技能等方面的优势，以及与行政、市场的力量互动、资源互补特征，承接政府在某一特定领域的服务供给职能，与政府部门共同建立、完善小区公共服务体系，帮助小区补齐短板、平衡供需，为小区的治理注入新动能；另一方面，如老人协会、共建理事会等社区自组织能较好地将原子化的居民个体纳入各种类型的社会组织之中，将居民个体利益诉求整合到组织的共同目标之中，以集中的、制度化的、理性的、和平的方式反馈给社区、街道和政府部门，利用规则在小区各主体之间架设起沟通的桥梁。质言之，社会组织在小区治理中的参与，既能够缓解小区公共服务获取困难的窘境，还能够对在分散的小区共同体中发展出"半熟人社会"和"半陌生人社会"的某些特征起到聚合作用，[②]从而提升小区服务能力，协调小区内的利益关系，巩固小区治理成效。

---

　　① 丁煌,叶汉雄.论跨域治理多元主体间伙伴关系的构建[J].南京社会科学,2013(1):63-70.

　　② 刘开君,卢芳霞.再组织化与基层社会治理创新:以"枫桥经验"为分析案例[J].中共浙江省委党校学报,2019(5):98-104.

通过将"共建共治共享"社会治理的理念落实到小区治理实践中，湖里区在厘清政府、市场、社会三大主体之间的权责界限之余，通过小区党支部工作机制创新，在三者之间架设起沟通的桥梁，使其治理积极性得到激发的同时，能够相辅相成、相得益彰，催生"多元共治"的协同效应，推动基层社会治理事业向前发展，实现小区的良善治理。

四、多维构建治理共同体

"共同体"一词最初是由德国社会学家滕尼斯（Ferdinand Tönnies）提出，意指一种持久的、共同生活的"生机勃勃的有机体"。[①] 从这个角度来看，作为居民生产、生活、活动基本单元的小区，同样也是一个微型"共同体"。这个共同体不只是原子化个体的机械组合，也不只是构成小区实体的设施设备、物质环境等外在呈现，而且是人与人之间密切生活联系的有机共同体。因此，小区治理也不仅仅是提供水电气网、医养安全等公共服务，还包括化解邻里纠纷、协调小区秩序、营造小区环境、凝聚小区认同等内容。尽管小区治理共同体的内容和结构较为复杂，但总的来说可从制度、技术、资源等三个维度着手实施建设。实践中，小区治理的湖里模式坚持健全小区治理的制度机制，形塑小区治理的公共场域；通过技术赋权，激活小区共同体精神；整合治理资源，巩固小区共同体建设成效。

---

① ［德］斐迪南·滕尼斯.共同体与社会［M］.林荣远，译.北京：商务印书馆，1999:54.

(一)制度形塑,再造小区治理公共场域

新制度主义认为,社区治理的外在环境不仅包括行政资源,还包括制度环境,二者的互构是形塑社区治理结构和治理行动的主要动力。换句话说,社区治理首先是一种制度安排,完善基层自治相关制度建设,尤其是通过制度安排使权力、资源和机制等基础性要素的作用得以长效、稳定的发挥,[①]这是实现基层自治由"空转"向"自转"的一个根本性的政治条件。具体到小区治理层面,有效的制度供给能够让小区治理的每一个环节都规范化、公开化,让治理资源都用到实处,让各治理主体的诉求和声音都得到尊重;能够让法治思维进小区,强化居民的契约意识,促进居民有序有效参与小区治理,再造小区治理公共场域。

1.推进过程规范,营造公平的治理场域

盖伊·彼得斯(Guy Peters)认为,制度的重要意义在于为所有参与者提供平等保护。[②]小区各主体的公平参与是实现小区善治的必要前提,公平的制度则能够为其参与治理提供安全感与坚实保障。如果确保公平参与的制度缺位,小区治理便复归"国家在场"式的一元化基层管理,小区治理主体将缺乏实现自身利益的手段,自主性空间将被极度压缩,主体间共识和共同利益将成为无源之水,小区治理的成果便难以公平惠及所有居民。

小区治理的湖里模式,注重用制度化推进治理过程规范化、透明化。各小区在党建方面,通过活动报到登记制度、党建活动信息公示制度、结果反馈机制和考核机制,构建标准化、透明化的党建治理体系,让基层党建有章可循,有据可查;在主体权限方面,明确包括小区党支部、

---

① 尹浩.城市社区微治理的多维赋权机制研究[J].社会主义研究,2016(5):100-106.

② 何俊志,任军锋,朱德米.新制度主义政治学译文精选[M].天津:天津人民出版社,2007:77-78.

业主委员会、物业公司、社会组织、小区居民等在内的小区治理主体的权责义务,限定了各主体参与小区治理的边界;在小区治理过程方面,构建和完善了多主体协商共治制度、民主选举制度、财务监督管理制度、建设项目招投标制度、财政奖补制度等制度体系,规范各主体参与小区治理的环节与程序。这些制度安排对小区治理的组织架构、治理机制、规则体系等各个方面做出具体规定,使小区治理有"法"可依、执行顺畅,从而营造了一个公正公开、平等参与、稳定有序的小区治理环境,促进利益的公平分配,保证了小区自治微权力"在阳光下运行",推动小区自治有序化进行。

2.强化法治思维,培养居民的契约意识

以往小区治理过程中,常出现因主体缺失、公地悲剧和集体行动的困境所导致的治理困局,这在很大程度上与小区居民缺乏契约意识有关。通过制度形塑,小区自治的合法性基础进一步强化,引导居民在制度框架下参与小区治理,有助于培养居民的法治思维和契约意识。

为此,湖里区一方面设计了"1+4+N"制度体系,明确了小区治理各主体之间的权责关系,通过协商制度、民主参与制度、监督考评制度等更为微观的制度,在合理的范围赋予小区自治主体以知情权、参与权、表达权、决策权,让小区各主体都能参与小区治理的立项、决策、执行的全过程,突破了长久以来形成的无权利、无管理的局面,有助于被除小区治理的痼疾。另一方面,通过小区治理章程和小区居民公约等选择性合约,明确小区党支部书记、业主委员会、物业公司、居民等各个主体的权利义务,并对各主体开展规范化的程序监督、灵活的群众监督和面向小区全体的公开监督,确保各主体义务得到履行,培养各主体的契约意识,逐步使小区治理依"约"而行。

制度形塑让居民真正参与到小区共同体的公共生活当中,依据制度性规范和公民间选择性合约,开展自我管理、自我服务、自我监督,提升小区居民通过自组织系统来解决问题的能力,使小区居民的个体自主性真正得到激发,[①]最终形成"党建引领""治理下沉""群众自治"的制度合力。在参与小区治理过程中,湖里区的小区居民们学到了如何遵守规则、采取理性集体行为维护秩序,如何遵循民主法治的途径、以契约方式依法自治、构建和谐的小区,[②]再造了小区治理的公共场域,为有序的小区治理提供了制度保障。

(二)技术赋权,激活小区共同体精神

小区"共建共治共享"的善治格局、和谐的小区氛围离不开居民的积极参与。然而,伴随着当前社会中个人行为与组织形态的剧烈变化,小区公共事务的参与也发生了重大改变。一方面,随着城市社区规模的不断扩大,人口流动性不断增强,原有的邻里社区和以居委会为中心的基层社会组织结构被打破,人与人、人与组织、组织与组织之间的关系日渐疏离;另一方面,科技发展日新月异,借助互联网技术和平台开展交流互动已经成为社会交往的重要途径,但这种不在场的交流将社会交往简化为文字和图像的互动,并不能强化人际的交往关系,也不能提升个体的交往技能,反而使个体长期沉溺于虚拟社群的交往,逐渐脱离了现实社会,与社会格格不入,最终陷入了个体化的孤独当中。在此影响下,社区居民对于社区内部的公共事务缺乏关注度和参与热情,甚至漠不关心。[③] 这种缺乏"共同体"意识的寂寞感,恰恰是社会治理能力现代化所需要解决的根本性问题。

正如有学者指出的,在基层治理中要通过赋权增能的方式鼓励社

① ZIMMERMAN M A,WARSCHAUSKY S. Empowerment theory for rehabil-itation research: conceptual and methodological issues[J].Rehabilitation psychology,1998,43(1):3-16.

② 陈幽泓.让社区走向开放[N].市民,2006-06-28.

③ 刘伟.半嵌入性互动治理的形成逻辑与主要类型:以 H 街道四个社区的业委会与物业管理运作为例[J].理论与改革,2021(1):50-61,151-152.

区居民参与到社会治理中去,①只有如此才能充分激活小区居民主动参与治理的积极性,才能使小区治理更具有活力。湖里区大力推进小区信息化建设,通过技术赋权激活小区居民的共同体精神,对解决居民公共参与的缺失问题有着独到的优势。所谓赋权就是权力分享与下放,从而增强个体或群体控制、支配生活的信心和能力的过程,②而技术赋权就是个体通过掌握特定的技术,对自身所处环境的某些方面产生控制力和影响力。③ 具体到实践情境,技术赋权意味着个体或者群体借助技术开展特定实践活动,并在相互间的对话与交往过程中不断学习,从而提升个体或群体的能力。湖里区运用移动互联网、物联网、新媒体等技术,开展了一场破解治理难题、重构治理模式、提升治理效率的"治理革命",拓展小区治理参与渠道,赋权小区各主体,推动小区共同体建设。

首先,疏通信息共享渠道,破除小区"陌生人"困局。湖里区通过打造与实体社区相对应的虚拟社区和以数字化、感知化、互联化、智能化为特征的智慧小区,推广党建 e 家、小区微信、电子地图等移动端信息平台,实现了小区局域信息共享,使居民足不出户即可随时随地通过移动终端在网上互动、议事。同时,也实现了党支部、业委会等各治理主体与小区居民的无缝连接,及时了解民情、反映民意,破除居民自治的"信息孤岛",突破了以往因信息不对称、居民认可度不高、参与度不够、邻里间不熟悉不"通气"所导致的小区治理困局。

其次,搭建在线议事平台,培育小区公共精神。"新朋友圈""议事

① 尹浩.城市社区微治理的多维赋权机制研究[J].社会主义研究,2016(5):100-106.

② PAGE N, CZUBA C E. Empowerment: what is it? [J].Journal of extension, 1999,37(5):24-32.

③ ZIMMERMAN M A.Taking aim on empowerment research: on the distinction between individual and psychological conceptions[J]. American journal of community psychology, 1990, 18(1):169-177.

圈"等渠道的打通,强化小区居民获取治理相关信息的能力,赋予居民以知情权、选择权,提升居民的话语能力、参与能力;[①]推行"电子支付""电子投票"等可溯源的现代信息管理手段,加强对小区公共资产的监管,促进小区治理透明良性运作,强化居民的主体意识。在这个过程中,小区居民通过线上参与、互动、沟通、协商,实现了自己身份上的转变,即从小区治理的相对人角色变成了相对人与参与者双重角色,强化了自治意识和治理能力,培育了小区公共精神。

最后,推进小区服务智能化,引导小区共同体建设。党建引领小区治理规范化运作平台的形成,整合了智能党建、小区互动、物业管理、公共服务等功能,以信息化手段强化了小区党支部、业委会、物业公司的管理和服务能力,让小区治理更加人性化、智能化,提升居民的满意度与归属感。同时,各小区通过搭建一个集移动互联网、公共服务、小区治理于一体的交互式平台,将小区居民的需求和利益连接起来,不仅及时了解社情民意、提供精细化服务、解决小区问题,还加强了小区各主体之间的沟通联络,有助于营造良好的小区氛围,引导小区居民的集体行动和公共参与,实现了小区治理群策群力、信息公开、过程透明、决策民主、治理高效。

小区治理的湖里模式通过技术赋权引导居民公共参与,增强小区居民自治的能力和信心,加强了居民彼此间联系的纽带,激活了小区共同体精神,引导小区从"熟人共同体"向"情感共同体"和"自治共同体"依次递进发展。[②]

---

① 张瑞瑞.科技如何赋权?:科技赋权的特征、途径与内容[J].云南行政学院学报,2020(4):103-109.

② 吴兴智,田耀华.生活化治理:构建城市民主发展的微观逻辑[J].中共天津市委党校学报,2017(4):46-53.

(三)资源整合,巩固共同体建设成效

资源动员理论认为,资源总量的大小及其组织化程度是决定一项运动成败的关键,资源总量越大,资源组织化程度越高,成功的可能性越大。[①] 然而,基层治理资源具有"公中有私、私中有公、公私混合"的特征,所有权分散在不同的所有者手里,开展资源动员、整合与共享的难度较大。传统的基层治理模式和此前诸多基层治理模式的改革陷入困境甚至最终走向失败的原因,很大程度上与基层资源动员和整合能力不足有关。在开展小区治理改革工作之前,湖里区的小区治理同样存在此类状况,许多小区处于"三无"状态,即无场地、无设备、无经费,严重地影响了小区公共事务的展开;业主委员会的成员也大多数是老年人,且专业性不强;行政资源下沉到社区为止,难以真正落到最底层的小区。多重因素导致小区治理的资源有限、能力不足,治理效果自然大打折扣。为了解决小区在治理资源获取、利用和共享上的困境,湖里区坚持优化资源配给结构、多方面汲取治理资源,实现小区治理资源的合理、有效利用,巩固小区共同体建设成效。

首先,下沉行政资源,倒逼体制改革。针对小区的治理,湖里区围绕公共管理、公共服务、公共安全等领域进行探索,将各类政治、行政资源下沉到小区,让相关部门的力量同步分布到各小区及网格,直接面对基层群众的"凡人琐事",现场办公、现场解决;街道和社区通过工作例会进行资源调度,形成扁平化管理模式,既可以完成阶段性、突击性任务,又可实行常态化、精细化管理,最终形成条块结合、以块为主的治理模式。这种治理模式的建立,既推动了行政资源向小区下沉、资金项目向小区倾斜、群众诉求在小区身边解决,又倒逼了与小区治理直接相关

---

① 石大建,李向平.资源动员理论及其研究维度[J].广西师范大学学报(哲学社会科学版),2009(6):22-26.

的各级行政性部门转变作风、积极履职、减少文山会海和繁文缛节,为基层减负。如此,湖里区各级部门通过推动资源下沉,找准自身定位,实行工作目标化和清单化管理,保障了小区治理有序有效推进。

其次,开发社区资源,推动共建共享。社区资源存在于小区内部的社会要素之中,不仅包括小区居民、小区自治组织、企事业单位及其所具有的设施设备等实体资源,还包括文化传承、民俗信仰、道德共识等无形资源。充分开发和利用小区内部资源,不仅能够为小区提供异质性的资源补充,弥补单一依靠政府资源存在的不足,也有利于减轻政府沉重的资源负担。湖里区以小区居民的兴趣爱好为切入点,将分散的小区居民组织起来,通过专业培训和专家辅导,让其掌握相应的技术和方法,来孵化和培育一批小区自治组织及草根团体如志愿者组织、小区调解员等,自发为小区内的居民和业主提供服务;小区党支部和业主委员会委员发挥带头作用,寻找小区居民与辖区企事业单位的利益结合点,通过共同举办小区文娱活动、环境整治活动、公共服务活动等实现了双方的互利互惠,有效提升了资源链接的工作效率;发掘小区的文化记忆和历史传承,开展内容多彩、形式多样的传统文化和民俗活动,丰富小区的精神文化生活,使小区治理的家庭氛围更加浓厚、人心更加凝聚、群众根基更加牢固。

最后,深挖人力资源,确保长效治理。无论是小区治理相关组织机构的建设,还是自治管理能力的提升,均需要大量具有专业素质能力的人才。但是从小区外部导入的社会组织往往与内部工作人员和居民存在"疏离感",很难真正实现对居民的组织、整合。① 只有坚持专业社会组织导入与本土人才培育并举,才能有效整合小区外的专业社会服务资源,也才能有效激发小区内部人才的活力。湖里区在探索小区治理新路过程中,坚持将人才资源开发和培养放在小区治理最基础的位置,

① 叶南客.“三社联动”的内涵拓展、运行逻辑与推进策略[J].理论探索,2017(5):30-34.

致力于小区治理的长效性,成效显著。湖里区一是转变以往基层治理人才多由上级下派的"输血式"人力资源管理方法,主张加大人力、物力和财力投入,鼓励社区、小区自主培养和引进需要的人才,为小区社会组织"造血助长";二是严格小区工作者的选举和考核机制,完善小区服务队伍奖励、补助机制,加强对小区自治组织和工作队伍的赋能、引导与监管,挖掘小区法治、德治、自治等典型人物,通过"存量改革",进一步壮大了小区治理的内部潜力;三是建立小区人才问题解决机制,大力培育顺应小区治理需要的服务性、公益性、互助性社会组织,促进"增量发展"。通过这三个方面的改革,湖里区保证了小区治理队伍既有人才留得住、社会人才进得来,增加了小区治理人才储备的厚度,拓宽了人才培育的广度,提升了小区治理人才的专业强度,确保了小区治理各项工作的高效、有序、长效。

创新是一个民族进步的不竭动力。湖里区近年经济社会快速发展,政府与社会良性互动,这些同包括小区治理在内的改革创新密切相关。从历史的视野看,小区治理的湖里模式将基层社会治理发展到了新的境界,已经落地生根,开花结果。展望未来,我们深信随着新时代的呼唤,湖里区小区治理改革创新必将再启新篇,再续华章。

参考文献

一、著作

1.[美]埃莉诺·奥斯特罗姆.公共事物的治理之道:集体行动制度的演进[M].上海:上海译文出版社,2012.

2.陈幽泓.社区治理的多元视角:理论与实践[M].北京:北京大学出版社,2009.

3.[德]斐迪南·滕尼斯.共同体与社会[M].林荣远,译.北京:商务印书馆,1999.

4.何俊志,任军锋,朱德米.新制度主义政治学译文精选[M].天津:天津人民出版社,2007.

5.李晓燕.新时代社区治理创新:理论与案例[M].北京:社会科学文献出版社,2019.

6.李月娥,刘更光.中国城市社区治理报告(2020)[M].北京:中国社会出版社,2020.

7.刘玉东.体系、结构与功能:新中国城市社区治理转型研究[M].北京:人民出版社,2016.

8.卢俊秀.制度变迁背景下的社区治理:基于广州市一个城中村的实证研究[M].上海:华东理工大学出版社,2017.

9.罗兴佐,等.城市社区治理的地方经验及其阐释[M].北京:中国社会科学出版社,2020.

10.[美]曼瑟尔·奥尔森.集体行动的逻辑[M].陈郁,郭宇峰,李崇斯,译.北京:生活·读书·新知三联书店,1995.

11.民政部编写组.创新的脚步:全国社区治理和服务创新实验区成果集萃[M].北京:中国社会出版社,2018.

12.齐恩平.业主权的释义与建构[M].北京:法律出版社,2012.

13.沈原.市场、阶级与社会:转型社会学的关键议题[M].北京:社会科学文献出版社,2007.

14.石兵营,孟祥林.城市社区治理:理论分析与案例呈现[M].北京:中国社会出版社,2020.

15.时玥,胡梦珠,李莎莎.西南地区城市社区治理的现代转型[M].成都:四川大学出版社,2020.

16.苏爱萍.城市基层社区治理新探[M].济南:山东人民出版社,2019.

17.谭日辉.北京社区治理机制研究[M].北京:中国社会科学出版社,2018.

18.王杰秀.基层社会治理创新经典案例评析[M].北京:中国社会科学出版社,2020.

19.王杰秀.中国城乡基层社会治理研究[M].北京:人民出版社,2019.

20.王杰秀.中国社区治理创新[M].北京:人民出版社,2018.

21.王利明,杨立新,王轶,等.民法学[M].6版.北京:法律出版社,2020.

22.王喜富,陈肖然.智慧社区:物联网时代的未来家园[M].北京:电子工业出版社,2015.

23.吴志华,翟桂萍,汪丹.大都市社区治理研究:以上海为例[M].上海:复旦大学出版社,2008.

24.习近平.习近平新时代中国特色社会主义思想基本问题[M].北京:人民出版社,2020.

25.夏建中.中国城市社区治理结构研究[M].北京:中国人民大学出版社,2012.

26.徐丹.社会组织参与美国社区治理的经验与启示[M].北京:中国经济出版社,2016.

27.徐勇.中国城市居民自治有效实现形式研究[M].北京:中国社会科学出版社,2015.

28.徐勇.中国农村村民自治[M].武汉:华中师范大学出版社,1997.

29.杨君,郭琴,卢恋.让小区治理运转起来:基于全景化及实践性的视角分析[M].暨南:暨南大学出版社,2018.

30.尹广文,彭振芳,梅文馨.社会组织参与社区治理体制创新研究[M].兰州:甘肃文化出版社,2016.

31.张海冰,蔡小慎.我国城市社区治理模式创新研究[M].北京:人民出版社,2016.

32.张巍.深圳社区治理体制改革与实践40年[M].北京:中国经济出版社,2020.

33.浙江省民政厅.社区治理共同体创新的浙江样本[M].杭州:浙江大学出版社,2020.

34.周秋琴.国家治理现代化背景下城市社区治理研究[M].北京:中国商务出版社,2020.

二、文章

1.班涛.名实分离与融合:业委会参与社区治理的制度与实践分析[J].中南大学学报(社会科学版),2017(6).

2.曹海军,侯甜甜.新时代背景下智慧社区建设:价值、逻辑与路径[J].广西社会科学,2021(2).

3.陈柏峰.中国法治社会的结构及其运行机制[J].中国社会科学,2019(1).

4.陈亮,李元.去"悬浮化"与有效治理:新时期党建引领基层社会治理的创新逻辑与类型学分析[J].探索,2018(6).

5.陈文.政党嵌入与体制吸纳:执政党引领群众自治的双向路径[J].深圳大学学报(人文社会科学版),2011(4).

6.陈妍兵.社区治理如何实现现代化:以福建省灵源街道两个社区为例[D].厦门:厦门大学,2017.

7.陈幽泓.让社区走向开放[N].市民,2006-06-28.

8.代玉启,刘妍.党建+治理:党建引领基层社会治理的浙江探索[J].中共宁波市委党校学报,2017(5).

9.邸晓星,黎爽.基层党建与基层治理的双重变奏:党建引领基层治理创新研究综述[J].中共天津市委党校学报,2021(1).

10.丁煌,叶汉雄.论跨域治理多元主体间伙伴关系的构建[J].南京社会科学,2013(1).

11.董万云.关于和龙市社区党建工作创新的几点思考[J].延边党校学报,2011(6).

12.杜鹏.迈向治理的基层党建创新:路径与机制[J].社会主义研究,2019(5).

13.段尧清.以数字化转型应对基层治理碎片化[J].国家治理,2020(38).

14.范德繁."六联工作法"做实居民小区党建:解决好城市基层党建"最后一米"的问题[J].人民论坛,2019(7).

15.费孝通.居民自治:中国城市社区建设的新目标[J].江海学刊,2002(3).

16.韩福国."开放式党建":基于群众路线与协商民主的融合[J].中共浙江省委党校学报,2013(4).

17.韩沙.基层治理数字化转型的迫切性、挑战性与突破点[J].领导科学,2021(12).

18.贺先平.城市社区党组织建设与党在城市基层执政地位的巩固:对广西城市社区党组织建设的调查与研究[J].广西社会科学,2011(5).

19.黄立丰.建构文化认同:"嵌入式"党建何以可能与何以可为[J].理论月刊,2019(10).

20.黄巧莲,杨婷.构建共建共治共享的社区治理新格局:以厦门市湖里区党建引领小区治理创新为例[J].社会治理,2019(6).

21.黄歆彤.城市小区的善治之道:石狮市 H 街道三个小区治理模式的比较研究[D].厦门:厦门大学,2014.

22.姜晓萍.国家治理现代化进程中的社会治理体制创新[J].中国行政管理,2014(2).

23.李浩,原珂.新时代社区党建创新:社区党建与社区治理复合体系[J].科学社会主义,2019(3).

24.李威利.从制度化到结构化:现代国家转型的新结构政治理论[J].甘肃行政学院学报,2019(4).

25.梁妍慧.从"行政化"到"社会化":创新城市社区党建领导方式[J].理论视野,2012(11).

26.林建.支部建在小区上　服务沉到家门口:湖里区探索新时代党建引领小区治理模式[N].学习时报,2018-11-05.

27.刘安.吸纳与嵌入:社区党建背景下中国党社关系的调适策略[J].黑龙江社会科学,2015(5).

28.刘锋.党建引领基层社会治理创新的实践探索与经验启示:以北京市"街乡吹哨、部门报到"为例[J].中共天津市委党校学报,2019(3).

29.刘厚金.基层党建引领社区治理的作用机制:以集体行动的逻辑为分析框架[J].社会科学,2020(6).

30.刘杰,朱格佳,邹英.市场主体参与社区治理的机制与实践:基于百步亭"红色物业"的案例分析[J].江汉大学学报(社会科学版),2018(1).

31.刘开君,卢芳霞.再组织化与基层社会治理创新:以"枫桥经验"为分析案例[J].中共浙江省委党校学报,2019(5).

32.刘蕾,邱鑫波.社会组织党建:嵌入式发展与组织力提升[J].北京行政学院学报,2019(6).

33.刘太刚.人类组织化生存:动因、图景与未来[J].求索,2007(1).

34.刘伟.半嵌入性互动治理的形成逻辑与主要类型:以 H 街道四个社区的业委会与物业管理运作为例[J].理论与改革,2021(1).

35.刘笑言.党治社会:区域化党建过程中的内卷化倾向研究[J].社会科学,2020(6).

36.闵学勤.嵌入式治理:物业融入社区社会的可能及路径[J].江苏行政学院学报,2019(6).

37.丘昌泰,薛宇航.台湾的第三部门与小区治理的创新:以六星计划为例[J].开放时代,2007(5).

38.任志祥,利用大数据提升基层治理水平的路径[J].人民论坛,2020(26).

39.容志,孙蒙.党建引领社区公共价值生产的机制与路径:基于上海"红色物业"的实证研究[J].理论与改革,2020(2).

40.沈东.社区党建研究:一个文献综述[J].重庆社会科学,2014(10).

41.石大建,李向平.资源动员理论及其研究维度[J].广西师范大学学报(哲学社会科学版),2009(6).

42.孙健,赵丽丽.新时代社区党建的内在逻辑、问题指向与路径选择[J].宁夏党校学报,2019(6).

43.唐有财,王天夫.社区认同、骨干动员和组织赋权:社区参与式治理的实现路径[J].中国行政管理,2017(2).

44.唐越.提升城市居民的"幸福指数":"四位一体"小区治理道路之探索[J].东南大学学报(哲学社会科学版),2018(S1).

45.田先红,张庆贺.再造秩序:"元治理"视角下城市住宅小区的多元治理之道[J].社会科学,2020(10).

46.王杰,李斌.治理单元下沉小区:党建赋能社区的有效实现形式[J].内蒙古农业大学学报,2021(1).

47.王磊.从空间整合到服务供给:区域化党建推动城市基层治理体制创新[J].中共天津市委党校学报,2020(6).

48.吴海琳,程茹.走向"复合型社会"赋能的智慧社区建设:空间社会学视角下的"十三社区"案例分析[J].福建师范大学学报(哲学社会科学版),2021(4).

49.吴海琳.找回"社会"赋能的智慧社区建设[J].社会科学战线,2020(8).

50.吴晓林,张慧敏.治理视野中的城市基层管理改革:问题、悖论与出路[J].行政论坛,2016(4).

51.吴晓林.党如何链接社会:城市社区党建的主体补位与社会建构[J].学术月刊,2020(5).

52.吴兴智,田耀华.生活化治理:构建城市民主发展的微观逻辑[J].中共天津市委党校学报,2017(4).

53.习近平.决胜全面建成小康社会　夺取新时代中国特色社会主义伟大胜利:在中国共产党第十九次全国代表大会上的报告[EB/OL].[2022-03-26].http://www.gov.cn/zhuanti/2017-10/27/content_5234876.htm.

54.习近平.看清形势适应趋势发挥优势　善于运用辩证思维谋划发展[N].人民日报,2015-06-19.

55.习近平.全面贯彻落实党的十八大精神要突出抓好六个方面工作[EB/OL].[2022-05-26].http://theory.people.com.cn/n/2013/0104/c83846-20083095.html.

56.夏建中.中国公民社会的先声:以业主委员会为例[J].文史哲,2003(3).

57.向玉琼.从制度主义转向行动主义的社会治理:读张康之教授《公共行政的行动主义》[J].北京行政学院学报,2015(5).

58.熊光清,钟园园.多中心协同治理在社区治理中的作用:以湖北省宜昌市西陵区社区治理经验为例[J].学习与探索,2018(5).

59.徐勇.论城市社区建设中的社区居民自治[J].华中师范大学学报(人文社会科学版),2001(3).

60.薛泽林.老年人在社区治理秩序重构中的作用:以上海市同济新村为例[J].城市问题,2016(5).

61.杨骊.从"社区治理"到"小区治理":反思当下社区治理的"合作—共治"模式之一[J].常州工学院学报(社科版),2015(5).

62.杨玉圣.论小区善治面临的主要矛盾:兼论小区公共事务治理之道[J].政法论坛,2013(3).

63.杨玉圣.论小区善治与社会建设创新[J].社会科学论坛,2014(1).

64.叶南客."三社联动"的内涵拓展、运行逻辑与推进策略[J].理论探索,2017(5).

65.叶雪梅,陈建萍.厦门社区治理与物业管理融合发展的探索与思考[J].厦门理工学院学报,2018(4).

66.佚名.厦门市湖里区:基层党建与社区治理的双向赋权增能 支部建在小区上[EB/OL].[2021-05-21].http://jl.people.com.cn/n2/2019/1119/c349771-33555494.html.

67.易卓.党建嵌入乡村治理的组织路径创新:基于某省Z镇党建示范区的实证研究[J].中国特色社会主义研究,2020(1).

68.尹浩.城市社区微治理的多维赋权机制研究[J].社会主义研究,2016(5).

69.尹浩.社区微治理的实践逻辑与价值取向[J].内蒙古社会科学(汉文版),2017(4).

70.袁方成.国家治理与社会成长:城市社区治理的中国情景[J].南京社会科学,2019(8).

71.袁校卫.从嵌入到融合:新时代新型社会组织的党建路径探析[J].河南社会科学,2020(9).

72.张紧跟.党建引领:地方治理的本土经验与理论贡献[J].探索,2021(2).

73.张静.培育城市公共空间的社会基础:以一起上海社区纠纷案为例[J].上海政法学院学报,2006(2).

74.张瑞瑞.科技如何赋权?:科技赋权的特征、途径与内容[J].云南行政学院学报,2020(4).

75.张颖,苑帅民.基层党组织要善用"互联网+"[J].人民论坛,2018

(16).

76.赵永茂,曾瑞佳.区级小区治理中跨部门伙伴关系之研究:以台北市北投区为例[J].南开学报(哲学社会科学版),2013(2).

77.郑长忠.多元共存条件下社区治理的政党逻辑:以上海临汾社区物业管理党建联建工作为例[J].理论与改革,2009(2).

78.中共厦门市湖里区委组织部.福建厦门市湖里区:坚持"四个突出"把握"四个维度" 不断提升城市基层党建工作水平[EB/OL].(2018-09-30). http://dangjian. people. com. cn/BIG5/n1/2018/0930/c420318-30323369.html.

79.中共厦门市湖里区委组织部.小区建立党支部 治理水平大提升[EB/OL].(2018-10-08).http://dangjian. people. com. cn/n1/2018/1008/c420318-30328081.html.

80.周雪光.运动型治理机制:中国国家治理的制度逻辑再思考[J].开放时代,2012(9).

81.朱健刚,王瀚.党领共治:社区实验视域下基层社会治理格局的再生产[J].中国行政管理,2021(5).

82.朱懿,韩勇.我国智慧社区建设及其优化对策[J].领导科学,2020(2).

83.PAGE N,CZUBA C E. Empowerment:what is it? [J].Journal of extension,1999,37(5).

84.PRESTBY J E,WANDERSMAN A,FLORIN P,et al. Benefits, costs, incentive management and participation in voluntary organizations:a means to understanding and promoting empowerment[J].American journal of community psychology,1990,18(1).

85.ZIMMERMAN M A. Taking aim on empowerment research:on the distinction between individual and psychological conceptions[J]. American journal of community psychology,1990,18(1).

86. ZIMMERMAN M A, WARSCHAUSKY S. Empowerment theory for rehabilitation research:conceptual and methodological issues

[J]. Rehabilitation psychology，1998，43(1).

三、内部材料

1.禾山街道.智慧小区平台铺就智治"高速路"[Z]//2020年小区治理特色品牌实地评审事迹材料.内部材料，2020.

2.湖里区城市居民小区治理工作领导小组办公室.2019年湖里小区治理"双十佳"评选资料汇编[Z].内部材料，2019.

3.湖里区城市居民小区治理工作领导小组办公室.2019年小区治理最美人物评选候选人风采录[Z].内部材料，2019.

4.湖里区城市居民小区治理工作领导小组办公室.党建引领，强基固本：新时代小区治理创新的湖里模式(报省民政厅工作报告)[Z].内部材料，2018.

5.湖里区城市居民小区治理工作领导小组办公室.湖里区2020年小区治理工作推进会工作制度汇编[Z].内部材料，2020.

6.湖里区城市居民小区治理工作领导小组办公室.湖里区城市居民小区治理参考资料汇编[Z].内部材料，2018.

7.湖里区城市居民小区治理工作领导小组办公室.湖里区城市居民小区治理文件选编[Z].内部材料，2019.

8.湖里区城市居民小区治理工作领导小组办公室.湖里区城市居民小区治理新闻宣传选编[Z].内部材料，2019.

9.湖里区城市居民小区治理工作领导小组办公室.湖里区小区治理培训宣讲教案汇编[Z].内部材料，2018.

10.湖里区城市居民小区治理工作领导小组办公室.湖里区"最美小区人"评选候选人风采录[Z].内部材料，2021.

11.湖里区城市居民小区治理工作领导小组办公室.新时代社区治理

的探索与实践:湖里区优秀社区工作法案例集[Z].内部材料,2019.

12.湖里区城市居民小区治理工作领导小组办公室.小区治理特色品牌实地评审事迹材料[Z].内部材料,2021.

13.湖里区殿前街道.我的幸福家园(上):殿前街道小区治理创新案例之经验篇[Z].内部材料,2019.

14.湖里区殿前街道.我的幸福家园(下):殿前街道小区治理创新案例之人物篇[Z].内部材料,2019.

15.湖里区金山街道党工委,湖里区金山街道办事处.金山街道深化社区管理体制改革工作汇编[Z].内部材料,2019.

16.湖里区社区治理领域专项整治工作领导小组办公室.湖里区2020年社区治理领域专项整治材料汇编[Z].内部材料,2020.

17.湖里区小区办,湖里区民政局,湖里区建设局.小区业委会实地评审事迹材料[Z].内部材料,2021.

18.湖里区小区办.关于全区小区业委会建设情况的调研报告[Z].内部材料,2021.

19.湖里区小区办.湖里区无物业小区治理工作情况报告[Z].内部材料,2020.

20.湖里小区办.湖里区小区治理体系研究,民政政策理论研究材料[Z].内部材料,2018.

21.彭芳兰.关于全面加强业委会建设的调研报告:以厦门市湖里区为例[Z].内部材料,2021.

22.章再耕.湖里区社区管理体制改革的进程及问题思考[Z].内部材料,2018.

附　录

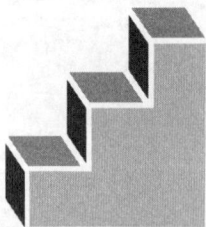

公共性再造：现代城市小区的治理之道[*]

——基于厦门市湖里区城市小区治理创新实践的考察

◎朱仁显　邬家峰

一、问题的提出

《中华人民共和国 2020 年国民经济和社会发展统计公报》显示，2020 年末，我国常住人口城镇化率超过 60%，这意味着我们已经真正步入了城市中国时代。小区作为城市居民生活的基本形态，是国家城市社会治理的基本单元和神经末梢，是重塑社会关系、促进社会整合和实现社会团结的重要场域。但是随着中国城镇化的不断加快，城乡流动融通的急剧加速，城镇人口结构的多样性与异质化日趋明显，城市小区已由传统"单位制"熟人社会向现代"杂居性"陌生人社会转型过渡。居民人际关系网络的离散性、原子化、陌生感已经成为现代城市小区最为典型的状态特征。中国城市小区正日益成为美国著名学者帕特南（Robert Putnam）所描述的那样："人们不再喜好结社和过组织化公民生活、关注公共话题、热心公益事业，而更愿意一个人在家看电视或独自打保龄球。"①城市小区居民间联结纽带的断裂，社会资本的流失，思想观念的碰撞，正不断消解着城市

＊　本文的浓缩版发表在《中国行政管理》2022 年第 1 期。

①　［美］罗伯特·帕特南.独自打保龄球：美国社区的衰落与复兴［M］.刘波，祝乃娟，张孜异，等，译.北京：北京大学出版社，2011：3.

小区的公共性,造成城市小区治理陷入集体行动的困境。

关于如何破解公共治理的困境,哈丁(G. Hardin)曾以公共牧场为例,提出了经典的"公地悲剧"①的理论范式;奥斯特罗姆(Elinor Ostrom)则以公共池塘为喻,提出了自主治理的"公共治理之道"②;奥尔森以集体行动的困境为基点,精辟论述了"集体行动的逻辑"③;帕特南也从社区资本的视角来解释美国社区的衰落和复兴。帕特南指出,"信任、规范以及网络能够通过促进合作行为来提高社会的效率"④。通过加强人际关系网络,建构社会信任,形成互惠机制可以有效促进社会合作。这些研究都为中国城市小区治理提供了可资借鉴的理论范式和具体路径。

党的十九大报告提出"打造共建共治共享的社会治理格局",党的十九届四中全会进一步提出了"建设人人有责、人人尽责、人人享有的社会治理共同体",都把共在共生、共建共享作为核心的治理价值,把"公共性"再造作为城市基层社会治理的重要维度和实践路径。嵌入公共性,推动城市小区治理现代化,就是要通过重构小区的公共组织、重建小区的公共空间,促进小区的公共交往,从而提升小区居民的公共意识,形塑小区居民的公共精神,为小区治理的集体行动提供内在驱动力,为打造共建共治共享的城市小区治理格局探寻治理之道。

二、社会治理现代化视角下的公共性理论

公共性作为一个流动而多元的概念,在不同的时空背景下,不同的学

① HARDIN G. The tragedy of the commons[J]. Science,1968,62(2):1243-1248.

② [美]埃莉诺·奥斯特罗姆.公共事务的治理之道:集体行动制度的演进[M].余逊达,陈旭东,译:上海:上海三联书店,2012:4.

③ [美]曼瑟尔·奥尔森.集体行动的逻辑[M].陈郁,郭宇峰,李崇斯,译.北京:生活·读书·新知三联书店,1995:6.

④ [美]罗伯特·帕特南.独自打保龄球:美国社区的衰落与复兴[M].刘波,祝乃娟,张孜异,等,译.北京:北京大学出版社,2011:5.

者对于公共性有着不同理解。汉娜·阿伦特（Hannah Arendt）所谓的公共性强调的是公共领域和公共场域。哈贝马斯（Jürgen Habermas）则更为强调公共性所彰显的主体间性与公共性交往，认为"公共性是公共场域内对自我和他者的真实感知，是对建构规则和价值理念的分享和共识"①。罗尔斯（John Rawls）指出，公平和正义具有天然的公共性，公共性是对公平和正义的"重叠共识"②。国内学者李友梅则强调，"公共性是以个人为基础，却以超越极端个人主义即利己主义为旨趣"③。在李友梅看来，公共性是指在同一社会生活共同体内的人们走出各自的私人领域，以平等公开的方式参与公共生活，关注公共议题，参加公共活动，维护公共利益的过程。虽然国内外学者们对于公共性的研究各有不同，但都阐明了公共性最为根本的价值内核是共建、共治、共享，这与推进社会治理体系和治理能力现代化的本质要求具有耦合性和内在适应性。

首先，公共性是实现社会治理现代化的核心价值。正如亚里士多德所言："人是天生的政治动物。"④其暗指人之所以为人，是由人的社会群体性特征所决定，即人天生要过群体性生活。马克思也指出："人的本质是一切社会关系的总和。"⑤人的本质就在于，人无不生活在与他人交互的社会关系网络之中。人与人之间正是通过互动沟通、平等交往的方式共生共在于同一社会共同体之中，并通过道德规约、行为习惯、制度规则等公共性纽带和制度性机制来建构社会秩序，维系共同体内的和谐稳定。而伴随现代经济社会发展而来的利益多元化、思想异质化、观念多样化已然成为当前社会最为显著的特征。如何在极具分化多样和异质多元的现代

---

① ［德］哈贝马斯.公共领域的结构转型［M］.曹卫东，王晓珏，刘北城，等，译.上海：学林出版社，1999：63.

② ［美］约翰·罗尔斯.正义论［M］.何怀宏，何包钢，廖申白，译.北京：中国社会科学出版社，2001：6.

③ 李友梅，肖瑛，黄晓春.当代中国社会建设的公共性困境及其超越［J］.中国社会科学，2012（4）：125-139，207.

④ 亚里士多德.政治学［M］.吴寿彭，译.北京：商务印书馆，1965：123.

⑤ 马克思，恩格斯.马克思恩格斯选集［M］.北京：人民出版社，1995：54.

社会中,寻觅具有社会普遍性与公共性的契合点,是推进社会治理现代化的内在逻辑起点。构建共建共治共享的社会治理格局有赖于社会个体对理性包容、互助合作、公共责任、共建共享等社会公共性价值内核的认同和践行。由此可见,公共性是实现社会治理现代化的核心价值指向。

其次,公共性是实现社会治理现代化的现实根基。社会治理现代化的基本要求就是治理行动过程中的多元主体协同共为。在现代社会,任何社会治理行动的发生,都依赖于各个主体与社会共同体内的共在他者发生交互关系,合力共为创造集体行动,推动公共治理问题的解决。社会治理关系本质上是社会个体交互产生的公共性社会关系,是各个社会治理主体就大家所共同关注的公共议题,通过沟通协商达成共识,并采取协调一致的公共行动,进而增进公共利益和创造公共价值的过程。同时,参与社会治理的过程也是公共性再生产的过程。通过公共参与,可以强化居民间的彼此联结,增进彼此信任,在互动合作中形成一个公共场域。公共场域的生成有助于社会个体的行为在社会共同体内部得到他者和社会的确认,也接受着社会公共舆论的监督和约束,从而倒逼社会个体积极参与社会治理的集体行动,防止搭便车行为的产生。"游离于公共性价值坐标以外的社会治理叙事,其正当性都是不充分的"①,而基于社会交互关系衍生出来的社会公共性则是推进社会治理现代化的现实根基。

最后,公共性是实现社会治理现代化的内在要求。进入新时代,我们国家提出了人类命运共同体、共建共治共享等重大战略思想,已然将公共性培育作为推进当代中国社会治理现代化的重要路径。这也意味着在推进现代社会治理的过程、目标等方面都必须彰显社会公共性的价值指向。就治理目标而言,公共性主张将合作包容、共建共治共享、公共责任等公共价值内化为共同体社会成员的价值共识,并把维护公共利益,增进公共价值作为社会个体参与社会治理的目标指向。就治理主体而言,公共性要求构建政府、社会、公民等多元社会主体共同参与的包容性社会治理结构。就治理过程而言,公共性要求参与治理的多元主体,以公开平等、协

---

① 孔繁斌.公共性的再生产[M].南京:江苏人民出版社,2008:86.

商对话的方式就公共议题进行讨论,凝聚社会治理共识和民意基础,从而采取一致性的公共事务治理集体行动。公共性突出强调社会治理过程中程序的公开性、内容的协商性、诉求的整合性、价值的共享性。这些都已然成为当下中国社会治理最重要的内容、最核心的要求。

公共性是人们能动参与公共生活的意识和行动的统一体,有助于人们实现对社会个体性和自利性的超越,促成向群体性和集体性的回归。公共性作为凝结社会共识,激发社会集体行动的重要机制,其核心要义就是要求人们尊重并包容共在差异、关注并增进公共利益、主张并奉献公共事务、参与并采取公共集体行动。这些都为现代社会公共治理提供了价值指引、现实基础和内在要求。

三、城市小区公共性与小区共同体困境

公共性作为城市小区间的联结纽带和柔性机制,是现代城市小区治理的关键。然而,城市化的加速推进,城乡人口的急剧融通,造成了城市小区人员结构的异质化、思想观念的差异化和人际关系的离散化,加剧了现代城市小区的公共性消解与流逝,使得现代城市小区治理陷入了空转与失效的共同体困境。

(一)城市小区公共性与小区共同体

将公共性理论置于现代城市小区治理的现实场域之中,城市小区的公共性突出体现在小区居民的价值取向和行动实践两个层面:在价值取向方面,小区公共性是指小区居民对自我个体性的超越,强调小区居民从个体私域向社会公域的回归,把维护集体公共利益,增进社会公共价值作为价值指向,进而培育小区居民的公共精神,增强小区认同。在行动实践方面,小区公共性是指小区居民通过互动交往,以平等沟通、对话协商等方式探讨小区公共议题,公开表达意见诉求,凝结群体共识,并就小区公共议题采取集体行动的过程,强调多元主体的协同参与性。

在现代城市小区生活共同体内,小区的公共性还呈现出以下几个方面的具体表征:一是小区公共组织,如小区治理组织、小区志愿服务组织等内生性社团;二是公共空间,既包括公共场所等实体空间,也包括以 QQ 群、微信群、小区论坛等平台为载体,因公共讨论而形成的虚拟场域;三是公共舆论,就小区公共议题所形成的讨论氛围和无形约束;四是公共利益,由小区居民个体利益整合凝结形成的小区非排他性的利益诉求及其实现;五是共识规范,为建构小区秩序而形成的共识性规则,如居民公约、小区守则等;六是公共行动,就维护和增进小区社会公共价值所采取的集体行动。

在现代城市社会,小区与小区共同体是相互联系又相互区别的统一体。小区是小区共同体的空间载体,小区共同体是小区的社会化建构。"共同体是一种持久的和真正的共同生活,而社会只不过是一种暂时的和表面的共同生活。"①共同体是建立在以血缘、地缘、亲缘、友谊等社会联结纽带的基础之上,而家庭、家族、村庄、小区只是其外在表征。现代城市小区共同体,是指由小区居民联结而成的生活、利益、价值共同体。作为理想化的小区共同体应当具备以下基本特征:小区内有着居民表达诉求的机制和场域,形成了实现和回应居民诉求的小区内生性组织;集聚生活在一起的小区居民能够彼此互动交往,有着较为紧密的人际关系网络;小区内的居民有着共同的利益诉求,并愿意为公共利益彼此合作,采取共为的集体行动;小区内的居民有着共有的价值认同,凝结形成了小区居民共守的行为准则和价值规范。

(二)公共性流逝的小区共同体困境及其表现

改革开放以来,中国的经济社会体制发生着深刻的转换,城市居民的社

---

① 　[德]斐迪南·滕尼斯.共同体与社会[M].林荣远,译.北京:商务印书馆,1999:53-54.

会生活领域也随之发生着深刻的变动,从彼此熟识的传统生活单元转变为陌生化杂居式的现代小区。居民间的生活习惯、价值观念也在不断地发生碰撞与交融,居民间的信任感和依赖感不断消解,原有的公共空间和公共精神逐渐消亡,小区居民对小区公共事务日趋冷漠化。在狭隘的个人主义和人际关系异质化的冲击之下,城市小区陷入了治理困境,具体表现如下:

一是小区治理结构的碎片化。中国社会的治理结构长期以来都是实行政府主导的社会管理体制,形成了政府与其他治理主体间的纵向等差关系,构建形成一种"条块"格局和网格化管理。这种条块分割、纵横明显的管理结构,弱化了横向平等主体之间的联系,缺乏纵向非直属上下级间的有效合作,在一定程度上使得社会治理主体结构呈现出单一且破碎的局面。在这种管制型的社会治理体系中,城市小区共同体被撕裂成碎片化,而串联起这些碎片的纽带是政府的公共行政权力。政府一家独大的社会治理模式,抑制和消解了社会内部的互动合作纽带和相互连接的社会网络,致使公共性的发育和生长缺乏必要的土壤,由此造成政府、社会组织和公民个体等治理主体难以建立起平等、协商、合作的良性互动关系。而现代社会治理对治理技术的过分强调,更是进一步忽视了对其他治理主体的有效整合,特别是对小区居民个体公共责任意识的激发和治理诉求的回应,影响着小区内资源配置的效率和小区治理效能的提升。

二是小区公共空间的萎缩化。现代城市生活将居民定格在各自狭小的封闭空间内,居民公共交往、公共价值生产和公共事务发生发展的现实场域不断受到侵蚀。城市小区居民往往被置于陌生人的世界中,居民间缺乏必要的联结和纽带,信任感和安全感缺乏,无法像在熟人社会那样可以通过生活共同体内的社会关系网络获取资源,实现自我价值。于是,便会选择蛰居在自己狭隘的私人空间里,放弃彼此交往的机会,从而导致城市居民对小区内的公共事务往往采取冷漠态度,普遍将对小区公共事务的利益诉求和情绪表达隐藏起来。这也导致了小区公共舆论场域的缺失,消解了公共价值规范的生产,最终阻碍和瓦解了公共利益的实现。另外,现代信息技术的发展缩短了人际交往的地理距离,将现实中的交往转换成了线上的互动。然而,城市小区内包罗万象的微信群、QQ群也只是扮演着物业与小区居民间传递信息的角色,无法达到小区居民间交互对话、沟通情感、建构信任、凝聚共识的作用。即使有少量参与意愿强烈的居民因兴趣爱好结合在一起,也难以形成一种常态化的有机团结。城市小区公共性交往与群体性空间的消解和萎缩,最终影响了小区公共性的营造和居民公共精神的重塑,制约着小区治理过程中集体行动的发生。

三是小区人际关系的离散化。改革开放以来,随着市场化和城镇化的加速推进,城市传统的单位制、街居式模式逐步消解。而农村人口的大量涌入,城镇人口流动的急剧加速,使得城市小区人口的多样性和异质化日益明显。城市社会已然从传统的熟人社会向现代的陌生人社会加速转型。原有熟人社会所形成的居民间紧密的相互交织关系逐步演变成原子化的松散结构,邻里之间的交互活动日渐匮乏,居民之间的社会资本日益消解,传统熟人社会所形成的互惠性契约规范也失去了其存在基础和约束效力。"成千上万的人虽然居住生活近在咫尺,却连见面点头之交都没有。"[1]传统社会的关联机制早已破碎,而新的社会联结机制却尚未形成,居民间的关系就像是散落的原子彼此疏离,尤其表现为社会联结松弛、公共规约失效、公共价值消解等。另外,工具理性至上和利己主义观念盛行,使得人们把对经济利益的追求视为个人社会生活的中心,而对集体利益和公共事务漠不关心。小区居民习惯于退守私人领域,远离公共事务中心,致使小区治理难以实现内在整合,凝聚治理合力。

四是小区居民公共精神的匮乏化。一方面,社会主义市场经济形态的确立,不仅造成了经济和社会结构的转换,还给人们的思想观念带来了深刻变化。市场经济在激励社会个体积极谋求自我利益的同时,不免强化利己主义观念。这也使得城市居民在小区治理中习惯于采取漠视态度和搭便车行为,即使关注小区公共事务也多是关涉个人切身利益的具体事务,而对于公共性和集体性较强的小区事务则呈现出明显的立场分化与疏离。这些都不断消解着小区的公共性与价值认同,弱化了小区居民

---

① 王敏,王滨.公共性视野下社会治理现代化的现实困境和优化路径[J].理论导刊,2020(6):89-94.

的公共意识和公共精神,影响和制约小区共同体的建构和集体行动的发生。另一方面,信息网络的快速发展,加速了各种思想观念、价值理念、社会思潮的杂糅和传播,推动着整体性、单一化的价值观念向多元化、异质化的样态过渡。特别是在全媒体时代下,社会个体在毫无自觉的情况下演化为各种思潮的传播者。社会个体的自我价值也在潜移默化中被社会思潮所分化和重构,甚至被异化和消解。这些都不断冲击着社会个体对社会主流公共价值的认同和践行,致使公民个人公共责任的缺失和公共精神的匮乏,难以形成推动社会治理体系和治理能力现代化的内在驱动力。

(三)小区公共性再造的内在逻辑

针对城市小区共同体困境的具体表现和内在根源,必须要从完善小区治理结构、营造小区公共空间、促进小区公共交往、培育小区公共精神等方面,通过全方位、立体化的路径来实现城市小区的公共性持续再生产。而具体的逻辑过程是:通过重塑小区治理结构,激活小区公共性再造的动力机制,形成多元主体参与小区治理的整体合力;通过营造小区公共空间,搭建小区公共性再造的空间场域,为小区居民关注和参与小区公共事务提供平台和渠道;通过促进小区居民的公共交往,强化小区居民的联结网络,形成小区治理的链接性社会资本;通过培育小区居民公共精神,强化小区居民在小区公共事务中的主体性作用,在参与小区的公共治理活动中形塑小区居民的共同体意识和小区认同感。

四、以公共性再造推进城市小区治理的湖里实践

随着中国社会城市化的加快推进,城市小区治理既是理论探讨的焦点,也是实践探索的重要场域。厦门市湖里区在创新小区治理的探索实

践中,深入剖析小区治理困境的深层次原因,从公共性培育的视角来破解小区治理中的共同体困境,打造共建共治共享的城市小区治理格局,形成了现代城市小区治理的湖里案例。

(一)案例的基础背景

厦门市湖里区位于我国东南沿海,处于改革开放前沿,是厦门经济特区的发祥地。全区陆地面积 72.26 平方公里,海岸线长达 30 公里,现辖 5 个街道 57 个社区,约有城市小区 442 个,总人口 103.7 万人,常住人口 102.5 万,流动人口 793436 人。随着湖里区城市化的不断发展升级,人口流动融通急剧加速,城市小区治理的难度也随之不断加大,传统的小区治理模式已经无法适应当前湖里城市小区治理的现实需要,逐步陷入城市小区治理的共同体困境,集中表现为:一是小区环境脏、乱、差。小区房屋乱搭乱建,垃圾随处乱扔,电线凌乱交错,车辆乱停乱放,公共设施老旧坏损,小区污水横流。二是小区人际关系冷漠化。小区居民近在咫尺,却不相往来,彼此互不包容,居民纠纷多发高发。三是小区公共参与低下。小区居民对小区公共事务不关注、不了解、不参与,满足于退守个人的私人领域。四是小区认同归属感缺失。小区居民缺乏必要的公共责任和主人翁意识,小区共同体意识较为淡薄,缺乏小区认同感和归属感。

(二)城市小区治理的湖里实践

小区作为城市社会最基础的细胞和神经末梢,连接着千家万户,关系着每一个城市居民的幸福指数。针对城市小区的突出病症,湖里区坚持以人民为中心的工作理念,以小区公共性培育为逻辑起点,推动社会治理重心下移,公共资源下沉,着力破解当前城市小区治理中存在的共同体困境,打通城市社会基层治理的"最后一百米"。

1.构建公共组织:激活小区治理的动力机制

社会治理如果缺乏最核心的动力之源,必然会处于停转或虚置的状态。深入挖掘湖里区城市小区治理乱象的根源发现,小区治理组织结构碎片化,缺乏坚强有力的领导核心是造成小区公共性缺失困境的关键性因素。湖里区通过借助我们党"支部建在连上"的宝贵经验,实施全区党员"双报到"制度,推动党员回流反哺小区,成为带动居民互动参与,激活小区公共性的核心骨干和"领头雁"。在党员回流的基础上,通过组建小区党支部,建构形成了"社区党委(党总支)—小区党支部—楼栋党小组—党员中心户"的纵向组织体系,实现了党的组织在湖里城市小区的全覆盖。与此同时,湖里区还借助推进老旧小区改造的契机,让社区干部下沉一级,指导推动全区所有城市小区组建成立小区业主委员会(小区理事会或居民议事会)等小区自治组织,形成了小区党支部、小区业委会、小区物业的横向管理服务体系。

在完善小区治理组织架构的过程中,为城市小区治理选好"领头雁",将热心公共事务的小区能人(业委会委员)发展成小区党员,将小区党员,特别是退休党员干部推荐选举为小区业委会核心骨干,推动实现城市小区党支部与业委会的深度融合,大力打造"红色业委会"。

此外,湖里区在建强小区治理内部组织架构的同时,积极引导小区外的力量和资源为小区治理服务,推动驻区机关事业单位、企业、社会组织与各个城市小区签订共建协议,认领小区服务项目,以"大党建"促进"微治理"。

目前湖里区的城市小区治理已经基本形成了以小区党建为引领,与业委会、物业管理一体加强、整体推进的小区治理结构和政府、社会、居民个体等多元主体良性互动的治理网络,为城市小区的公共性持续再造,推进小区治理提供了动力引擎,汇聚了整体合力。

2.搭建公共空间:营造治理共识的空间场域

城市小区的公共空间是小区居民开展公共活动的实体场所,也是小区居民就公共议题进对话沟通的现实载体,更是小区公共舆论和公共价值生产的具体场域。公共空间的营造依赖于实体空间场所的建设。湖里区的城市小区自小区党支部组建以来,就注重挖掘整合小区原有的空间场所资源,着力打造小区党群服务站、党群活动中心、居民议事广场等实体场所,为小区居民开展群体活动,协商小区事务提供空间平台。同时,积极扶持有条件的城市小区建设小区图书馆、文化长廊、绿色网吧、康健中心等,鼓励引导小区居民走出个人狭隘的私人领域,融入小区开放共享的公共场域。在推进小区实体空间场所建设的过程中,湖里区的城市小区还注重利用现代信息技术加强线上公共空间的营造,通过组建QQ群、微信群、飞讯群、小区微博、小区居民BBS论坛等方式,搭建起线上与线下一体互动的公共空间平台。

此外,小区公共空间的营造还有赖于由平等协商、对话沟通等公共互动机制和制度设计所激发的公共场域的生成。湖里区的城市小区通过建立健全小区公共事务意见征集制度、小区事务议事规则、小区管理评议制度、小区事务监督制度、小区公共事务公示制度等,为小区居民参与小区公共事务提供了规范性渠道和制度性安排,营造形成了小区居民参与小区公共事务,表达居民个体诉求的开放性、可达性的公共场域。正是公共空间的营造,使小区居民能够就小区公共事务进行互动协商达成共识,并自觉接受小区公共舆论的监督和评议,促成湖里区小区居民在小区治理实践中的理性合作和公共集体行动。

3.促进公共交往:重构小区居民的关系网络

随着现代城市的加速扩张和单位制城市小区的逐步解体,城市小区居民的流动性和异质化增强,现在湖里区的城市小区基本都是一群彼此毫无关联的陌生人。小区居民人际关系离散,就像是散落的原子缺乏凝聚力,难以形成对小区公共事务的兴趣和参与积极性。湖里区坚持通过促进居民公共交往来密织小区居民的人际关系网络,构建睦邻友好、守望相助的小区生态。自实施党员"双报到"制度以来,就注重依托小区居民党员既是"居民",又是"党员"的双重身份,积极开展"带党旗回家""党员楼栋亮灯"等系列活动,让党员居民主动联系走访邻里、楼层、楼栋,带头整治家门口卫生、违章占道、乱搭乱建等不文明行为,切实以话家常和文明践行的方式,实现党建活动带动居民互动。

与此同时,湖里区的城市小区还结合地方文化习俗和居民的兴趣爱好,开展各具特色的群体活动来促进小区居民交往,密切居民人际网络。如嘉福盐业小区每年重阳节以敬老文化为主题的"老叟宴",拆迁安置小区兴隆新村的小区"中秋博饼会""元宵灯谜会"等民俗活动,还有体现小区居民兴趣爱好的广场舞会、歌友会、琴友会、拳友会、手工会等群体活动。

此外,专业的社工服务也是触发小区居民交往互动,密切居民人际网络的重要力量。湖里区以政府购买服务为依托,通过挖掘小区居民的职业特长,为城市小区治理配备了小区秘书、小区医生、小区警察、小区教师、小区律师、小区城管、小区调解员等"七小人员"。在享受"七小人员"提供社会公共服务同时,发挥"七小人员"的链接性社会资本的作用,实现对小区居民的整体性动员,从而重构小区居民间的人际关系网络,破除了"陌生人世界",构筑形成睦邻友好、守望相助的邻里关系。

4.增进公共利益:发掘小区治理的持续动力

小区既是城市居民的生活共同体,也是利益共同体。小区公共利益作为对小区居民个体利益的兼顾和整合是小区共同体持续发展的天然动力。正如帕特南所说,"共同体里的公民不必是利他主义者,对自我利益的恰当理解,即便是在最广泛的公共需要面前,也有助于公共利益的实现"①。小区治理不能单方面地要求居民个体的无私奉献,而应结合居民个体的切身利益以追求居民群体的共同利益,否则小区治理将陷入尴尬的境地。湖里区在实现小区公共性再造的过程中,就注重依托小区居民议事会等互动协商平台,在兼顾个体利益的同时,推进公共利益的实现,进而让居民保持公共参与的持久动力。通过依托小区居民的个体利益来激活动员小区居民的公共参与,让小区居民在公共议题关涉主体的利益博弈中表达立场,争取权益,进而实现对个体利益的凝结和对公共利益的生成,促发最大限度的合作和公共行动。嘉福盐业小区的电动车棚建设就是一个典型的案例。

嘉福盐业小区在实施小区治理之前,小区电动车乱停乱放、随意充

_____

① [德]斐迪南·滕尼斯.共同体与社会[M].林荣远,译.北京:商务印书馆,1999:2.

电,既堵塞通道,又带来极大安全隐患,成为困扰小区居民生活的突出问题。经过小区居民议事会多次讨论,决定搭建小区充电停车棚,但是居民却对停车棚的建设选址各执一词:小区高楼层住户希望停车棚设在自己的楼栋附近,便于车辆停放充电;小区低楼层住户则因安全隐患和车棚雨天噪音问题,反对将车棚设置在靠近自己住所的位置;家中无电动车的住户则不愿意为停车棚的建设支付费用。最后经由利益相关者的互动博弈达成一致意见:通过招标或议标方式引进一家资质较好的电动车充电公司来出资建设小区停车棚,实施收费充电;由低楼层居民来监督充电公司的资质和车棚搭建所用为降噪材料以解除低楼层住户对噪音等的疑虑;车棚选址在空间允许的前提下尽可能选择在距离楼栋 7 米开外的位置,并由议事会成员监督小区电动车的停放,对违规者实施处罚。正是小区居民积极参与博弈,平衡了各自利益,兼顾了公私利益,最终增进了公共利益。

5.培育公共精神:强化小区居民的归属认同

小区的公共性持续再造不仅取决于以利益为导向的外在驱动力,更需要一种内在的精神支撑,有赖于小区居民公共精神的培育。帕特南的社会资本理论和托克维尔(Alexis de Tocqueville)的民情思想都阐述了公共精神对公共治理绩效的影响。湖里区的城市小区治理,主要通过营造小区公共舆论、建设小区公共文化和发展小区志愿组织来培育小区居民的公共精神。

(1)小区公共舆论:达成小区的共识规范

公共性的持续再造离不开公共舆论的土壤和场域。在小区里,由公共舆论所生成的非强制性互惠规范和公约,发挥着对小区居民的无形约束和规制,促进了小区居民的公民道德和公共精神生成。在湖里区的城市小区,以前居民总是"事不关己高高挂起""各人自扫门前雪,莫管他人瓦上霜",只要不触及个人利益,都以冷漠态度视之。现在通过强化居民的交流互动,消除了小区居民间的隔阂和陌生感,围观也成为小区内一种不可忽视的力量。针对小区居民乱丢垃圾、损坏公物等不文明行为,只要其他居民的一个眼神就是一种无形约束。还有不少城市小区通过居民协商议定形成了小区居民公约,构建起居民共守的行为规则和价值认同。

还有的小区居民理事会,依托小区展板、粘贴栏、小区简报、小区微信群、小区居民论坛、小区广播站等空间载体,及时通报小区的公共事务、小区的好人好事和小区内的不文明行为,形成强大的公共舆论场域,激励小区居民多做好人好事,改正不文明行为,积极传播社会正能量。正是公共舆论这种无形的力量,在增进小区公共利益的同时,对违规者进行无形的监督和规制,促使小区居民自觉遵守小区公共行为规则和共同价值理念,进而培育小区居民的公共道德和公共精神。

(2)小区公共文化:建构小区的共同记忆

文化是形塑公共认同的场域,也是加强人与人之间联结的纽带和桥梁。独特的文化认同能够建构起自我与他者的身份标识,强化"我们"的群体认同。"在现代社会,公共文化被视为一个国家或民族公共价值理念的有形载体与形塑方式。"[①]打造融合小区居民共同记忆和价值归属的小区特色文化,有助于培塑小区居民的小区认同感。湖里区在推进小区治理过程中,支持鼓励小区结合自身特色,形塑小区居民的共同记忆,提升小区居民对小区的归属感和认同感。诸如嘉福盐业小区以盐为主题,打造小区公共文化长廊,以盐的品质和精神构筑小区的公共价值和公共认同;铁路家园小区以铁路文化为核心,用乘务组的模式打造小区治理架构,构建小区铁路文化中轴线,以"老铁人"的奉献开拓精神塑造小区的价值内核;拆迁安置小区兴隆新村以小区的建设发展历程为主线,以图片的形式展示小区的发展变迁和多彩的小区群体活动,构筑起小区的"家园"文化,让居民从小区的改进变化中深刻感受到投身小区建设的成就感和自豪感。湖里区的小区治理,正是通过积极打造各具特色的小区公共文化,挖掘小区居民原有的集体记忆和文化基因,形成居民感触性强、共识度高的小区文化主轴,形成体现小区发展、居民结构、地域特色的文化板块,从而冲淡了居民间的陌生感、疏离感,重塑了小区居民的归属感、认同感,凝结形成浓厚的小区共同体意识。

---

① 钟起万,邬家峰.文化治理与社会重建:基于国家与社会互动的分析框[J].江西社会科学,2013(4):107-111.

（3）小区志愿组织：增强对小区的认同感和归属感

社会志愿组织是公民奉献社会的平台，也是习得公共生活技能，培育公共意识的载体。社会志愿组织多由公民自发形成，彼此自由平等，完全依靠信任和互惠原则来建构彼此的关系和角色。公共精神的培育正是在公民个体参与社会志愿活动等公共生活的过程中，对公共责任、公共价值等思想观念的认同中内化而成。湖里区在推进小区治理过程中，注重挖掘小区内在资源，积极培育内生性小区志愿服务组织，不断增强小区治理的内生动力。通过实施党员"双报到"制度，全区党员回归小区，自觉亮明党员身份，模范带动小区居民组建小区志愿服务队伍，积极参与小区建设各项自愿服务活动。在小区党员的示范带动下，各个城市小区组建成立了邻里矛盾纠纷调解队、社会文明督导队、小区垃圾分类督导队、上学放学交通安全维护队、小区广场舞教导队等小区志愿服务队伍，广泛开展治安巡逻、纠纷调解、垃圾分类宣导、小区环境整治等志愿服务项目。与此同时，充分挖掘小区居民的职业专长和技术特长，引导小区居民自觉主动服务小区，相助邻里。如动员小区居民中的医生、教师、警察、水电工、技术员等，为小区居民开展意外急救、学生辅导、治安巡查、水电维修、设施维护等志愿服务和互帮互助。湖里区的城市小区治理，正是在小区精英的示范带动下，培育形成小区志愿服务组织，积极开展小区志愿活动，让小区居民在小区志愿活动中强化互动交往，增强彼此信任，提升小区居民对公共事务的参与度和责任感，潜移默化中培塑了小区居民参与小区治理、奉献小区事务的公共精神和价值追求。

五、结语与讨论

公共性作为联结城市小区治理各个主体的纽带，是重构现代国家、社会和公民三者相互关系的重要机制，是形塑社会个体公共责任和公共精神的重要价值体系。湖里区的城市小区治理创新实践表明，通过优化小区内部治理结构,营造小区治理公共空间,促进小区居民公共交往,增进小区公共价值,培育小区公共精神等路径,可以有效破除当下中国城市小区治理的共同体困境,实现小区公共性的持续再造,打造共建共治共享小区治理格局。城市小区治理的"湖里实践"启示我们:

第一,现代城市小区共同体的困境主要体现为:小区治理结构的碎片化、小区公共空间的萎缩化、小区人际关系的离散化、小区居民公共精神的匮乏化,究其根本是小区共同体缺乏必要的链接性社会资本,实质是小区治理的公共性不足。因此,城市小区治理的共同体困境,从本质来说就是小区治理中的公共性缺失困境。

第二,小区公共性再造是破除小区治理共同体困境的根本所在。公共性是联结小区居民的纽带,是推动小区居民公共参与,实现小区内部整合,形塑小区居民共同体意识的关键。以公共性为基本价值指向,激活城市小区治理的内生动力,有助于实现小区资源的共在、共育、共享。理顺小区治理主体结构,营造小区公共空间,促进小区公共交往,有助于密切小区居民的人际关系网络,提升小区居民公共参与度,培育出小区居民的公共责任和公共精神,从而增进小区公共利益,激发小区居民对小区的认同感和归属感,形成浓厚的小区共同体意识。这是实现现代小区治理由无序乱治到居民有序自治的重要保障,是破解当前城市小区治理共同体困境的内在逻辑路径。

第三,小区公共性再造是一个协同合作机制,需要政党、政府、社会、居民个人等小区治理主体的共同努力。以公共性再造为基础,优化小区内部治理结构,实现对小区治理主体的有效整合,可以切实破除小区治理结构碎片化的局面,形成高效稳定的社会治理格局。只有实现政党、政府、社会、小区内生性组织、小区能人和小区居民的多方协作,让小区内的公共组织、公共空间、公共交往、公共利益和公共精神形成彼此促进、协同发展的联动效应,才能实现小区公共性的持续再造,为城市小区治理的集体行动提供内在驱动力,真正让小区治理持续运转起来。

最后,正如鲍曼(Zygmunt Bauman)关于社会共同体悖论的论述那样,"现代人越是抱着追求共同体的目的,越是求之不得"①。作为小区共同体的内在生成机制,小区公共性的再造也有待于精心培育,不可能一蹴而就。小区公共性作为小区居民间的联结性社会网络,是公共空间、公共舆论、公共利益、共享价值和公共行动的内化叠加,需要在小区居民的互动交往中慢慢凝结,培育生成。特别是在推动小区治理过程中,要真正让小区居民成为自己所在空间的主人,使得小区自治组织和居民个人在小区治理过程中拥有更多的话语权和自主权,不断增强小区居民参与小区公共治理行动的能力和意愿,强化赋权增能的效应,让小区治理的内生性力量源源不断地推动小区治理的内在运转,实现小区的共建共治共享。

---

① [英]齐格蒙特·鲍曼.流动的现代性[M].欧阳景根,译.上海:上海三联书店,2002:112.

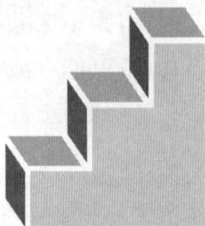

组织、制度与工具：城市基层社会治理创新的三重路径

——以厦门市湖里区小区治理创新为例

◎樊山峰　朱仁显*

一、问题的提出

近几年,探讨城市基层治理的文章层出不穷,各地也不断创新基层治理模式和路径。总的来说,这些新模式可以概括为政府主导、市场主导、社会自治、专家参与和党建引领等五种模式。其中,北京"街乡吹哨、部门报到"社区治理创新,是典型的政府主导模式[1];在深圳桃源居社区等地的社区治理中,市场力量和市场机制发挥了关键作用[2];在无锡太湖国际社区等地,社区居民自发组织起来参与社区治理,社区自组织的特征十分突出[3];在上海浦东塘桥街道,许多专家、学者的参与起到了引领社区发展、

* 感谢厦门大学公共事务学院李佩姿、罗家旺、马健裕、王佳慧、王钰棋、邬家峰等对本研究的前期调研和写作做出的贡献。

① 张勇杰.多层次整合:基层社会治理中党组织的行动逻辑探析:以北京市党建引领"街乡吹哨,部门报到"改革为例[J].社会主义研究,2019(6):125-132.

② 高鹏.企业参与社会治理研究:以深圳市桃源居集团为个案[J].中国非营利评论,2015(1):152-167.

③ 吕青.减负增效:创新社区治理新路径:对无锡市滨湖区社区治理经验的分析[J].中国民政,2015(23):28-30.

推动社区治理创新的重要作用①;湖北省宜昌市西陵区,则强调党和政府的引领作用、重视业主委员会的自治效能、调动公民个人带头作用,形成了多元主体协同治理模式②。由于不同城市基层社会发展状况差异较大,内部社会阶层、空间分化也较大,各地往往因地制宜采取不同的组织架构,形成了差异化的基层治理创新模式。这些模式各具特色,实践成效也颇为显著,有力地推进了基层治理体系和治理能力的现代化进程。

然而从总体上看,这些基层社会治理创新案例,皆以社区为实践场域,以国家和社区的互动为主要内容,以社区党建引领区域内多元主体的公共参与为主要路径,是一种"大社区"治理模式。此种模式在实践中取得了不错的成效,但仍然面临着一些挑战,诸如治理主体缺位与功能失灵、公共资源难以下沉到底、制度体系不健全等,使得社区治理陷入失序困局,再加上社区治理共同体意识缺乏,最终使得社区治理陷入了"集体行动""零和博弈""公地悲剧"③的困境当中,基层治理走向失效。

湖里区的小区治理创新开创了与国内其他地区"大社区"治理模式不同的城市基层治理进路,将治理的"触角"进一步延伸到小区,将小区作为真正的基层治理微观单元和"主战场"④,探索以小区为基本场域的基层治理模式。湖里区的小区治理探索着重聚焦于组织、制度和工具三个层面:以组织建设为引领,重塑小区治理结构;以制度形塑为保障,再造小区治理的公共场域;以工具创新为手段,培育小区共同体意识。这一实践创造

---

① 葛天任,李强.我国城市社区治理创新的四种模式[J].西北师大学报(社会科学版),2016(6):5-13.

② 熊光清,钟园园.多中心协同治理在社区治理中的作用:以湖北省宜昌市西陵区社区治理经验为例[J].学习与探索,2018(5):38-48.

③ 集体行动困境:除非一个集体中的人数很少,存在强制或其他某些特殊手段促使个人按照他们的共同利益行动,否则理性的、自利的个人将不会采取行动以实现共同的或集体的利益。零和博弈困境:博弈的两方或者多方,任何一方的最终收益都会造成另一方或者其他各方的损失。公地悲剧困境:有限的资源因自由使用和不受限的要求而被过度剥削,最终因资源有限而引发冲突,损害所有人的利益。

④ 杨骊.从"社区治理"到"小区治理":反思当下社区治理的"合作—共治"模式之一[J].常州工学院学报(社科版),2015(5):100-103.

性地落实了"共建共治共享"社会治理新格局的要求,回应了新时期基层社会治理的新发展和新问题。相较于传统的社区治理,小区治理形式上只是治理场域的改变,但实质上它是一次制度创新,切实有利于实现基层治理社会协同、公众参与、共同发展。[1]

二、组织建设,重塑小区治理结构

近年来,"党建引领"成为全国各地基层治理实践中的流行话语,也形成了诸多颇具特色的实践模式,如"嵌入式党建""融合式党建""社区化党建""区域化党建"等。但这些基层党建模式往往到社区而止,不能深入小区、紧贴群众,使得党建工作存在虚置风险。湖里区通过将党支部建在小区上,让党建工作根植于城市最微观的场域,夯实了组织基础;强调党建同小区治理的深度融合,理顺了治理结构;发挥党组织的动员能力,引导了资源下沉,为小区治理注入了新动能。

(一)"支部建在小区",从"党建虚置"到"夯实基础"

当前社会正处于转型过程中,各种社会思潮相互激荡,社会结构趋向于多元化和异质化。并且随着经济社会的快速、深入发展和信息技术的广泛应用,个体在获得相对自由的同时,也在渐趋原子化[2],社会整体利益格局日益呈现出高度的复杂性。与此同时,长期以来的"党政分开"与行政主导式的基层社会治理使得党的建设呈现"悬浮化"趋势[3],难以扎根最

---

① 夏建中.中国城市社区治理结构研究[M].北京:中国人民大学出版社,2012:213.

② 蔡禾,贺霞旭.城市社区异质性与社区凝聚力:以社区邻里关系为研究对象[J].中山大学学报(社会科学版),2014(2):133-151.

③ 陈亮,李元.去"悬浮化"与有效治理:新时期党建引领基层社会治理的创新逻辑与类型学分析[J].探索,2018(6):109-115.

基层。而党建如若不能深入社会最底层、走到群众最近处,那么党组织将存在脱离群众的风险,使得"党建引领"沦为抽象的领导,陷入科层体制的内部动员[①],治理能力将遭到普遍削弱。基于此,湖里区与时俱进拓展基层党建工作的内涵和领域,着眼于居民小区这个基本单元,把"支部建在小区上",打造"党建引领小区治理"模式,将党支部作为小区治理的主导力量,不仅达到促进基层治理主体互动合作的目的,而且避免了基层治理中出现权力真空,强化了党组织的社会整合能力。[②]

一是创设党支部书记(党员)与业委会主任"一肩挑"的工作机制。"一肩挑"主要有两种样态,即小区支部书记直接兼任业委会主任,或者将业委会主任发展为党员。该机制的创建,在一定程度上纾解了党支部与业委会在结构和功能上的交叉与对立困境,将小区治理统合到党支部的领导之下,将组织间的矛盾、对抗、冲突,转化为组织内部的沟通、协商、合作。二是强化小区党组织建设,增强支部战斗力。一方面实施党员"双报到"制度,即"辖区的市直、区直机关单位的党组织到社区报到""在职党员到居住小区报到",要求党员特别是机关党员干部放下架子、扑下身子,察民情、接地气,民有所呼,即有所应。另一方面搭建"社区党委—小区党支部—楼栋党小组—党员中心户"纵向到底的四级组织体系,将组织影响力延伸到楼栋、到家庭;成立"兼合式"党支部,要求凡在册正式党员达三名以上的居住小区,成立建制性党支部,积极吸纳非在册党员,完善小区支部架构。三是在小区内部组织中发展党员,打造"红色物业""红色业委会""党员先锋队"等,将新时期党的"群众路线"和小区治理相融合,在践行群众路线的过程中加深党支部和各组织与小区居民之间的"血肉联系",让党员同志深度参与到小区治理的每一项工作当中,既履行好本职任务,又贯彻好党的思想、方针、政策。

---

① 杜鹏.迈向治理的基层党建创新:路径与机制[J].社会主义研究,2019(5):112-119.

② 郑长忠.多元共存条件下社区治理的政党逻辑:以上海临汾社区物业管理党建联建工作为例[J].理论与改革,2009(2):55-59.

湖里区把"支部建在小区上",使党的组织进一步向居民小区下沉,将党的工作贯穿到小区各类社会组织当中,吸纳小区优秀人才,扩展组织规模,通过强化学习、锻炼和交流,增强了党支部的政治意识、组织意识,让党的基层组织工作进一步压实做细,使党在治理末梢继续占据核心主导地位,建构起能够将原子化居民个体重新有序地纳入治理结构中的新体制。[①] 如此,湖里区实现了党支部与小区自治组织的有效沟通与衔接,确保向社会完整准确传达了党的意志,践行了党的群众路线,厚植了民意基础。

(二)党建深度融合,从"群龙无首"到"一核多元"

一直以来在由业委会、物业公司、居委会、居民等多元主体组成的小区治理体系中,治理主体的功能失灵、角色缺位、彼此关系松散与失衡,小区治理长期"群龙无首"。面对小区内多元化而又碎片化的利益群体,小区党支部要想发挥其核心引领作用,就必须依托社会组织和社会成员之间的横向联系。[②] 如此一来,仅仅让党组织下沉到最基层小区还不够,需要更进一步地让党组织深度融入小区治理的全过程,发挥党支部的组织整合、政治引领和公共服务功能。为此,湖里区进一步推进小区党支部从结构和过程两个层面融入小区治理当中,整合分散的小区治理力量,实现了小区治理从"群龙无首"到"一核多元"的结构性转变。

一是搭建协商平台推进结构嵌入。湖里区创新搭建以党支部、业委会、物业公司、居民小组和社会组织[③]为核心的"共建理事会"(见图1)作为

---

① 袁方成.国家治理与社会成长:城市社区治理的中国情景[J].南京社会科学,2019(8):55-63.

② 梁妍慧.从"行政化"到"社会化":创新城市社区党建领导方式[J].理论视野,2012(11):50-53.

③ 一般意义上的社会组织是人们为了达到特定目标按照一定的宗旨、制度、系统建立起来的共同活动集体,有正式组织和非正式组织之分,前者如政府机关、军队、学校、专业协会等,后者如兴趣小组、业余活动团体。本文语境下的社会组织主要代指小区内部形成的非正式组织,如老人协会、志愿者组织等。

民主协商的载体和小区治理的决策机构。理事会成员自小区各主要群体
中推选产生,凡属重大事项(如制定《小区居民公约》、大规模维修改造、资
金安排、停车管理、物业合同确立与修订等),理事会代表要在广泛听取各
方意见基础上提出议案,交由党支部和业委会审核,再经业主大会或代
表会议讨论形成决议,并向全体居民公布,由理事会对决议的执行进行监
督。同时,"共建理事会"还通过公布财务收支情况、监督重大公共事务进
展等活动,行使对党支部、业委会和物业公司的日常监督职能,督促相关
事项的责任人落实好理事会决策。在党建引领之下,共建理事会表现出
强大的动员、组织、商议、决策及实施能力,协调了小区各主体的功能,保
证了小区治理始终沿着正确的方向前进。

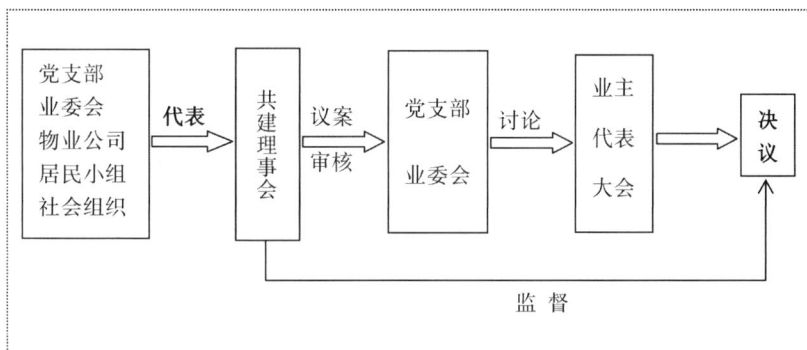

图1　"共建理事会"运行图

　　二是通过创新小区治理工作方法实现过程嵌入。"六方联动"是小区
党支部提出的创新小区治理的工作方法,该方法强调在党支部广泛吸纳
小区内社会组织成员的基础上,在小区党支部的辐辏和带动下,把业委
会、物业公司、社会组织、共建单位、居民小组等五个小区治理主体进行有
机融合,形成小区治理的合力(见图2)。在"六方联动"工作模式下,党支
部作为小区治理的核心,在事关小区重大事项的决策中,召集和引导多方
主体参与协商决策,统一思想和精神,统筹部署重大事项的应对措施,指
导和督促其他五方主体各自履行责任;在小区治理项目的落实过程中,通
过各方主体中的党员同志贯彻党支部的决议,鼓励党员同志主动承担小

区治理的各项任务;项目落成之后,党支部主动倾听小区居民的意见、回应居民诉求,积极推动各方主体改进工作方式、创新工作方法、优化服务措施,从而提升小区治理效能。"六方联动"让党员的身影遍布小区每一个角落,让党的声音响彻治理过程的每一个环节,在党支部与业委会、物业公司、社会组织、共建单位和居民小组之间彼此建立了连接,使小区治理成为一个有机整体,实现了党建工作与小区治理的高度融合,明确了党支部小区治理的"引领者"、治理组织的"动员者"、小区利益的"协调者"角色,统筹小区治理各方主体的功能。

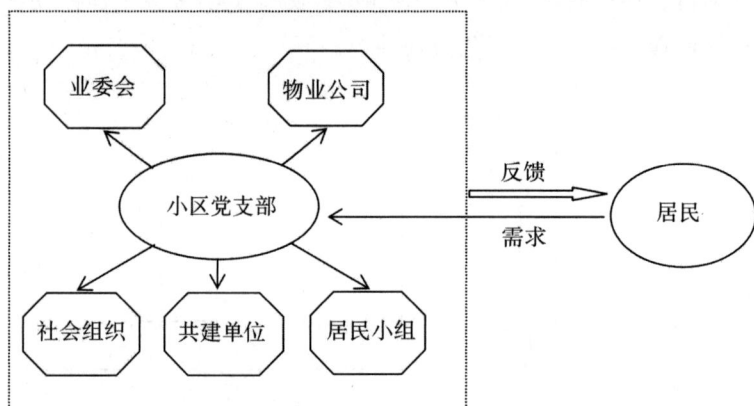

图 2 "六方联动"互动机制

(三)下沉公共资源,从"短缺失衡"到"便捷高效"

小区是基层社会治理最为基本的单元,是个人参与公共生活的最直接和最现实的场域,所有的公共政策和治理实践最终也都要落脚在小区,小区的善治是整个基层社会治理有效性的基础。然而在传统"国家在场"的模式下,基层治理资源由政府职能部门向街道、社区统一划拨、层层下放。由于管理链条过长,公共资源常常只触及社区层面,难以直接到达更为微观和底层的小区,导致小区治理公共资源短缺失衡。因此,面对各行各业、形形色色的人们对公共服务和美好生活的多元、多样、多层次的诉求,行政管理式的基层公共服务供给往往显得捉襟见肘,亟须创新治理方式,下沉治理资源,以更为精准化、精细化、高质量的服务,满足日新月异的多元需求,应对层出不穷的挑战。

　　有鉴于此,湖里区围绕公共管理、公共服务、公共安全等领域,突出党组织的动员整合能力和资源汲取能力,探索公共资源下沉的新方式。一方面,让党政部门的力量同步分布到各小区及相关网格,动员各部门和党员同志直接面对基层群众的"凡人琐事",现场办公、现场解决。同时,实行工作目标化和清单化管理,从群众最关心、最期盼解决的问题入手,有效保障群众的切身利益,实现治理高效化、精细化和常态化。另一方面,小区党支部找准自身定位,通过与小区所在的社区、街道范围内的行政机关、社会组织、人民团体、企事业单位开展党组织共驻共建、服务联动,形成了党员同管、活动同办、资源同享的大党建工作格局,推动了公共资源向小区下沉、群众诉求在小区解决,将公共服务送到"家门口"。迄今为止,湖里区492家驻区机关、事业单位、企业、社会团体、社工组织等与小区党支部签订共建协议,认领小区服务项目892个,以"以大党建"促进"大服务"。在小区党支部的引领下,各小区围绕居民普遍关心、长期无法解决的"老大难"问题9000余条,采取项目化管理方式逐条落实解决,有效破解物业管理、环境卫生、设施维护、违建拆除等小区建设难题,保障了小区治理有序有效推进,精准对接居民服务需求,破解小区公共服务供给不足、需求错位、效率低下等难题。

三、制度形塑,再造小区治理的公共场域

　　社区治理首先是一种制度安排,完善基层自治相关制度建设,能够让权力、资源和机制等基础性要素的作用得以长效、稳定的发挥。[①] 健全小

---

① 尹浩.城市社区微治理的多维赋权机制研究[J].社会主义研究,2016(5):100-106.

区治理制度体系的意义就在于此。湖里区的小区治理改革,通过立体式、全方位地推进小区治理制度建设,形成了"1＋4＋N"小区治理制度体系①,再造了小区治理的公共场域,破除了因制度缺位导致的小区治理自主性困境和治理失序困局,为基层治理问题的解决提供了系统的、规范的、有效的制度化样板。

(一)营造小区治理的公平场域

随着我国市场经济的发展和城市住房制度的改革,越来越多的城市居民正在实现从"单位人"到"社会人"这一崭新的角色转型,基层社会形态正在发生变化。各色小区如雨后春笋般涌现,社区规模日渐膨胀、异质化程度不断加深,导致居民间关系疏离化、价值流散化问题普遍出现。小区又缺乏健全有效的制度安排和运转良好的利益整合与意见吸纳机制,因而难以形成共识和共同的利益基础。于是,个体的原子化和制度的不健全,致使小区治理主体缺乏确定和实现集体利益的手段,自主性空间将被极度压缩,小区治理的成果便难以公平惠及所有居民。

为了扭转这一局面,健全小区治理的制度安排迫在眉睫。制度的意义在于为所有制度参与者提供平等保护。② 小区各主体(包括党支部、业委会、物业公司、居民小组、社会组织等)的公平参与是实现小区善治的必要前提,而制度能够为其参与治理提供安全感与坚实保障。基于此,湖里区注重用制度化推进治理过程规范化、透明化,从而营造出一个公平、公开的小区治理场域。具体而言,湖里区采取了如下安排:

一是通过微观可操作的制度安排,赋予小区各主体公平参与的权利。

---

① "1"是一个党建引领小区治理的总体指导性意见,即湖里区《推进城市居民小区治理工作的指导意见》;"4"是指小区党支部建设、业委会建设、物业管理、社区管理体制改革4个重点框架性文件;"N"是指小区秘书、小区医生、小区城管、小区警察、小区调解员、小区律师等系列配套规范性方案。
② 何俊志,任军锋,朱德米.新制度主义政治学译文精选[M].天津:天津人民出版社,2007:77-78.

湖里区出台诸如多主体协商共治制度、民主选举制度、财务监督管理制度、建设项目招投标制度、财政奖补制度等全面而系统的制度安排,对小区治理的主体构成、组织架构、治理机制、规则体系等做出全方位、具体性的指导,赋予了小区各主体以充分而广泛的平等参与权利,为其参与小区事务管理提供了制度保障。

二是通过完善小区治理的"村规民约",明确小区治理主体的平等义务。实践中,各小区结合本小区治理实践和居民需求,自主制定诸如《业主公约》《小区居民公约》《自治章程》等一系列规范性文件,健全小区治理的规章制度,探索"契约化治理"路径,积极培育居民的契约精神和责任意识,加强集体行动的制度约束,确保了小区治理过程的有序性。

三是通过建立信息公开机制,提升居民法治能力。小区智慧平台的搭建和小区重大事项公开机制的建立,为小区居民深入了解小区、参与治理小区提供了一个公开的渠道,让居民在参与中习得以法治思维和法治手段解决矛盾纠纷的意识和能力。居民依法管理小区事务不仅是一个权利实践的过程,而且是一个找回主体的过程。居民通过不断学法、懂法、用法、护法,培育和锻炼自己的权利意识和法治意识,在实践中完善居民契约性自治体系,强化了小区治理的规范性。

(二)激发居民参与治理的自主性

居民自主性的缺失,是以往小区治理失序和失范的重要原因之一。长期以来,基于我国特殊历史背景和城市基层形态的离散性,小区治理始终遵循行政主导模式,以便更加快速地调配行政资源、开展社会动员。然而行政主导模式下,居民参与小区自治的合法性身份因行政权力的侵蚀而被边缘化,社会组织与居民主体的能动性难以激发,居民自治因"无权"而"原地打转",其结果就是小区最终陷入"主体缺位—秩序混乱—治理瘫痪"的恶性循环,治理乱象难以破解。湖里区的小区治理创新,坚持用制度强化小区自治的合法性依据,破除小区居民参与治理的权力梗阻,为小区多元主体能够有空间、有渠道、有规则、有动力地参与小区的共建共治共享提供制度支撑,从而引导居民自主参与小区治理,提升基层自治组织和个人自主性,推动小区居民自治由"空转"向"自转"迈进。

一方面,创新小区治理运作机制,强化各主体的参与自主性。第一,建立梯长制运行的相关制度安排,广泛推行小区梯长制,发挥贤能的模范引领作用,在楼栋中构筑一个微型公共空间和人际关系网,既有助于化解人与人之间的冷漠关系、构建熟人社区,又有利于增强居民的归属感、参与感和认同感,能够激活社区居民的自治潜力;第二,在区级层面制定出台《湖里区推进小区律师和小区调解员工作实施方案》《关于加快推进小区医生工作的意见》等文件,在小区内部自主制定《小区志愿者章程》等协约,发挥正式制度和民间约定对居民的引导作用,鼓励小区党员和热心人士担任小区教师、小区医生、小区调解员、小区律师等,汇集居民智慧和力量,有效促进了小区治理走向自主化和规范化;第三,鼓励条件成熟的小区成立业主监事会、小区议事会、老人协会等社会组织,拓展和完善小区社会组织的服务功能,推动不同形式的社会组织开展自治活动,培育了小区社会资本,盘活了小区治理的内生资源,一定程度上替代了小区业委会的组织功能,提升了小区居民自我管理、自我服务的能力。

另一方面,强调用项目制推进小区治理,让居民参与落到实处。湖里区全力打造小额"以奖代补"项目,让小区居民充分参与项目的申报、实施、验收和监管等全流程;项目申报主要由小区党支部和业委会联名发起;项目实施由小区居民成立小组具体落实,并由小区党支部和共建理事会负责监督;项目完成后需在小区进行公示。通过项目制推进小区治理,做到了建设方案确定前问需于民,形成共识;改造中问计于民,达成共建;改造后问效于民,实现共评,既促进了小区与行政部门的有效互动和无缝对接,又降低了小区社会组织与个体的行政化倾向,还赋予了居民更多决策权和资源分配权,有助于回归人民群众主体地位,拓宽居民参与基层公共事务决策的渠道,强化小区的自治活力。

(三)构建共建共治共享的治理格局

"共建共治共享"治理格局是党的十九大报告提出的指导新时代社会

治理的重要理念,而基层社会则是社会治理的重点、重心和难点。传统基层治理固然重视基层工作,但是由于缺乏有效的制度供给,各治理主体之间关系不明、权责界限不分,治理格局失序。实践中,湖里区的小区治理模式通过良性的运作机制推动各方意见表达、倾听各方主体声音、发挥各主体作用,破解小区治理主体关系松散、结构失灵、治理失序的难题,打造"共建共治共享"小区治理格局。

　　一是建立意见表达机制。传统的基层治理意见表达呈现出一种"中心—边缘"的意见表达结构,处于基层治理中心的群体的意见表达得到放纵,而边缘化群体的意见表达受到排挤和忽视。[①] 小区居民诉求表达、心理干预、矛盾调处、权益保障机制的形成,确保了即使处于小区治理边缘的群体也能实现公平、畅通的意见表达,使得居民问题能反映、矛盾能化解、权益有保障。二是推进民主决策机制。以小区居民福祉为目标的民主决策机制的建立,由党支部、业委会、物业公司、居民小组和社会组织等为重要成员的小区共建理事会的成立,以及多方联动和"民情协商"工作法的确立,赋能了小区治理主体,密切了各主体间的关系,优化了治理主体结构,推动了小区事务的"依法决策"、民主决策。三是强化全民监督机制。以保障居民权利为依归,覆盖小区治理所有主体的综合监督与评估机制的形成,实现对各主体开展规范化的程序监督、灵活的群众监督和面向小区全体的公开监督,督促各主体履行义务和承诺,既保障了居民对小区治理的主导权,又使小区治理的每一个决策都能落到实处、执行顺畅,进而理顺小区治理的秩序。

　　如此,通过制度安排用"小区人"做好"小区事",湖里区协调好小区各主体的功能、发挥好各主体的作用、维护好各主体的利益,让居民个人积极性得到施展,使各主体能够相互照应、各展所长,产生协同效应,再造了小区治理的政治基础,有力推动了党建引领下的"共建共治共享"小区治理格局的形成。

---

　　① 张康之,张乾友.论意见表达体系的形成与演变[J].社会科学战线,2009(10):174-184.

四、工具创新，培育小区共同体意识

从公共生活的角度看，现代人同原始状态的人的最大区别就在于现代人具有共同体意识，这是一种能体现公共性的价值理念及行为准则。[①] 共同体意识并不会天然产生，它诞生于公共生活的实践。对处在公共生活最微观场域的小区居民而言，共同体意识则蕴含于小区公共生活的过程。然而，当前小区中个人与组织的形态与行为都发生了剧烈的变化：居民生活的个体化、小区自治组织特征淡化甚至消失、小区共同体意识缺乏，基层治理陷入困境。良好的小区治理格局、和谐的小区氛围离不开小区居民的共同参与。只有充分激活小区的共同体意识，引导小区的公共生活参与，才能使得小区治理更有活力。为此，湖里区通过工具创新，突出社会化工具的整合作用，协调了小区的服务供给和多元利益；利用技术性工具的赋权功能，强化居民参与公共事务的自觉性，激活了小区公共精神，从而厚植小区治理的文化土壤，培育了小区共同体意识。

（一）社会化工具：发挥小区社会组织整合功能

"非对称的治理结构"是以往湖里区基层社区治理的突出特征，此种治理结构的行政色彩十分浓厚，公共部门集中了大量资源，拥有强大的资源汲取和社会动员能力，能够在短期内迅速改善社区治理状况并提供基本公共服务。[②] 但是这种"强政府、弱社会"治理模式虽然能够贯彻政府意

---

① 齐卫平，陈朋.现代国家治理与协商民主的耦合及其共进发展[J].华东师范大学学报（哲学社会科学版），2014(4):49-55,153.
② 周雪光.运动型治理机制：中国国家治理的制度逻辑再思考[J].开放时代，2012(9):105-125.

图,但无形中影响了小区居民的自治意愿、能力和参与意识,客观上降低了小区治理的效能。① 湖里区早期的小区治理由于缺乏社会化参与机制,主要依靠基层政府、社区的行政式干预,不仅侵蚀了小区治理的基层自治组织基础,强化了行政权力的层级化下沉,更虚化了基层自治组织对利益诉求的吸收消化机制,使得居民的自治意愿和能力难以得到培育,最后往往是政府干预越强,基层自治能力越弱。

为此,湖里区充分发挥社会化工具在基层治理中的有效性,通过"简政放权",将原本属于街道、社区的权力应放尽放,将公共部门对决策、资源和任务的实质性控制权赋予小区内社会组织,发挥社会组织在接近广大小区群众,集合公共意愿,整合集体利益,引导、规范和约束小区居民的价值观念和个人行为等方面的作用,减少居民越轨行为的发生,从而推动小区真正实现自我管理、自我服务。这既保护了小区多样性,又增加了居民的公共理性,巩固了基层秩序②;既再造了小区治理的自组织化路径,又充分调动了小区内部不同主体的力量。

具体来说,湖里区通过赋权社会组织,明确了社会组织在小区治理中应当承担的公共服务、利益协调等职能。社会组织作为湖里区小区多元主体中的重要一方,具有公益性和公共性特征,是构建基层社会秩序的重要力量,是确保小区和谐有序的力量源泉。

一方面社会组织能够利用其与行政、市场力量的资源互补特征,以及与小区居民之间存在的亲和力优势,承接政府在某一特定领域的服务供给职能,与政府部门共同建立、完善小区公共服务体系,帮助小区补齐短板、平衡供需,化解小区不同主体间的需求冲突,为小区的治理注入新动能。例如小区律师和小区调解员的形成,承接了原本司法部门的司法援助和纠纷化解等职能,既帮助小区建立了科学的规章制度体系,又能将小

---

① 唐越.提升城市居民的"幸福指数":"四位一体"小区治理道路之探索[J].东南大学学报(哲学社会科学版),2018(S1):133-137.

② 尹浩.社区微治理的实践逻辑与价值取向[J].内蒙古社会科学(汉文版),2017(4):160-166.

区居民间的矛盾纠纷化解在小区内部,营造和谐的共同体氛围,可以说是"枫桥经验"在小区层面的典型表现。

另一方面,社会组织具有强大的组织活力和动员能力,对小区居民的价值观念和个人行为具有范导和约束作用,能较好地将原子化的个体纳入各种类型的社会组织之中,将居民个体利益整合到组织的共同目标中来,培养居民的合作精神。例如"红色业委会"、共建理事会的成立,能够把居民分散的利益诉求以集中的、制度化的、理性的、和平的方式反馈给社区、街道和政府职能部门,同时利用"协商议事平台"在小区各主体之间架设起沟通的桥梁,有效协调主体间权力和利益关系,合理解决居民诉求。质言之,小区社会组织公共服务和利益协调功能的发挥,对在原子化的小区共同体中发展出"半熟人社会"和"半陌生人社会"的某些特征有聚合作用,有力推进了小区共同体建设。[①]

(二)技术性工具:激活小区公共精神

与农村社区的"熟人社会"状态截然不同,城市社区中人与人、人与组织、组织与组织之间的关系日渐疏离,呈现出一种"陌生人"的社会环境,容易导致居民对于公共事务缺乏关注度和参与热情,甚至漠不关心[②],对小区缺乏归属感和认同感,难以建构起小区公共精神。因此,疏通交互共享的信息渠道,破除"陌生人"困局,打破居民之间的隔阂,是激活小区公共精神,强化小区居民对公共事务的关注和对公共利益的认同,从而培育小区共同体意识的重要前提。

湖里区大力推进小区信息化的建设,通过技术赋权小区居民的公共参与,对解决公共精神缺失问题有着独到的优势。所谓技术赋权就是个体

---

① 刘开君,卢芳霞.再组织化与基层社会治理创新:以"枫桥经验"为分析案例[J].中共浙江省委党校学报,2019(5):98-104.

② 刘伟,翁俊芳.半嵌入性互动治理的形成逻辑与主要类型:以 H 街道四个社区的业委会与物业管理运作为例[J].理论与改革,2021(1):50-61,151-152.

通过掌握特定的技术,对所处环境的某些方面产生控制力和影响力。① 具体到实践情境,则意味着个体或者群体借助技术开展特定实践活动,并在彼此间的对话与交往过程中相互学习,从而在参与过程中提升个体或群体的能力。② 具体来说,湖里区主要做到了以下几点:

首先,疏通信息共享渠道,破除小区"陌生人"困局。湖里区通过打造与实体社区相对应的虚拟社区和以数字化、感知化、互联化、智能化为特征的智慧小区,推广党建 e 家、小区微信、电子地图等移动信息平台,实现了小区局域信息共享,使居民足不出户即可随时随地通过移动终端进行互动,进而在各治理主体与小区居民之间做到无缝连接,破除居民自治的"信息孤岛",突破了以往因信息不对称、居民认可度不高、参与度不够、邻里间不熟悉、不"通气"所导致的小区治理困局。

其次,搭建在线议事平台,培育小区公共精神。"新朋友圈""议事圈"等渠道的打通,强化了小区居民获取治理相关信息的能力,赋予居民以更多的知情权、选择权,提升了居民的话语能力、参与能力③;推行"电子支付""电子投票"等可溯源的现代信息管理手段,强化了居民对小区公共资产的监管能力和对公共事务的决定权力,促进小区治理透明良性运作。在这个过程中,小区居民通过线上参与、互动、沟通、协商,实现了自己身份上的转变:从小区治理的相对人角色变成了相对人与参与者双重角色。同时,居民们还在参与过程中学到了如何在规则框架下采取理性的集体行动维护秩序,学到了如何遵循民主法治的途径,以互动协商方式依法治

① ZIMMERMAN M A. Taking aim on empowerment research: on the distinction between individual and psychological conceptions[J]. American journal of community psychology,1990,18(1):169-177.

② PRESTBY J E,WANDERSMAN A,FLORIN P,et al. Benefits,costs,incentive management and participation in voluntary organizations: a means to understanding and promoting empowerment[J]. American journal of community psychology,1990,18(1):117-149.

③ 张瑞瑞.科技如何赋权?:科技赋权的特征、途径与内容[J].云南行政学院学报,2020(4):103-109.

理小区,强化了公共意识、利他意识和自治意识,培育了小区公共精神。

最后,推进小区服务智能化,引导小区共同体建设。通过党建引领小区治理信息平台整合智慧党建、小区互动、物业管理、公共服务等功能,以信息化手段加强了小区党支部、业委会、物业公司等主体的管理和服务能力,让小区治理更加人性化、智能化,提升居民的满意度与归属感。同时,通过小区智能化建设,搭建一个集移动互联网、公共服务、小区治理于一体的交互式平台,既帮助各治理主体及时了解社情民意、提供精细化服务、解决小区问题,又将小区居民的需求和利益连接起来,形成居民间共同的利益基础,推动居民为实现公共利益开展共同行动,强化居民对小区事务参与的积极性,激活了小区内生资源,实现了小区治理群策群力、信息公开、过程透明、决策民主、治理高效。湖里区的小区治理通过技术赋权强化居民公共参与,开展协商活动,组织志愿活动,增强小区居民自治的能力和信心,使居民彼此间联系的纽带更加紧实,引导小区从"熟人共同体"向"情感共同体"和"自治共同体"依次递进发展。[①]

五、结语

基层治理是国家治理现代化的重要组成部分。湖里区将基层治理的前沿阵地下探到小区,通过组织建设,以党建引领小区各项治理工作,破除了基层党建虚置困局,发挥了支部的引领作用,推动了治理资源的下沉,重塑了多元主体共治的小区治理架构;借助制度形塑,营造了良好的小区治理场域,激发了居民参与治理的自主性,推动了共建共治共享格局的形成;通过社会化和技术化工具创新,强化了小区社会组织的利益协调功能,培育了居民的公共精神和小区共同体意识。通过组织、制度、工具

---

① 吴兴智,田耀华.生活化治理:构建城市民主发展的微观逻辑[J].中共天津市委党校学报,2017(4):46-53.

"三位一体"建设,湖里区实现了小区的"善治",是深具创新意蕴的变革,也是新时期基层治理可能的新进路。未来,基层治理的形势仍会不断变化,只有牢固树立以人民为中心的治理理念,坚持组织建设、制度形塑与工具创新相结合,才能发挥党的引领作用和群众的自主性,才能始终保持基层公共事务的有效治理和基层社会的可持续发展。

中共中央、国务院《关于加强基层治理体系和治理能力现代化建设的意见》

（2021 年 4 月 28 日）

　　基层治理是国家治理的基石，统筹推进乡镇（街道）和城乡社区治理，是实现国家治理体系和治理能力现代化的基础工程。为深入贯彻党的十九大和十九届二中、三中、四中、五中全会精神，夯实国家治理根基，现就加强基层治理体系和治理能力现代化建设提出如下意见。

一、总体要求

　　（一）指导思想。以习近平新时代中国特色社会主义思想为指导，坚持和加强党的全面领导，坚持以人民为中心，以增进人民福祉为出发点和落脚点，以加强基层党组织建设、增强基层党组织政治功能和组织力为关键，以加强基层政权建设和健全基层群众自治制度为重点，以改革创新和制度建设、能力建设为抓手，建立健全基层治理体制机制，推动政府治理同社会调节、居民自治良性互动，提高基层治理社会化、法治化、智能化、专业化水平。

　　（二）工作原则。坚持党对基层治理的全面领导，把党的领导贯穿基层治理全过程、各方面。坚持全周期管理理念，强化系统治理、依法治理、综合治理、源头治理。坚持因地制宜，分类指导、分层推进、分步实施，向基层放权赋能，减轻基层负担。坚持共建共治共享，建设人人有责、人人尽责、人人享有的基层治理共同体。

（三）主要目标。力争用 5 年左右时间，建立起党组织统一领导、政府依法履责、各类组织积极协同、群众广泛参与，自治、法治、德治相结合的基层治理体系，健全常态化管理和应急管理动态衔接的基层治理机制，构建网格化管理、精细化服务、信息化支撑、开放共享的基层管理服务平台；党建引领基层治理机制全面完善，基层政权坚强有力，基层群众自治充满活力，基层公共服务精准高效，党的执政基础更加坚实，基层治理体系和治理能力现代化水平明显提高。在此基础上力争再用 10 年时间，基本实现基层治理体系和治理能力现代化，中国特色基层治理制度优势充分展现。

二、完善党全面领导基层治理制度

（一）加强党的基层组织建设，健全基层治理党的领导体制。把抓基层、打基础作为长远之计和固本之举，把基层党组织建设成为领导基层治理的坚强战斗堡垒，使党建引领基层治理的作用得到强化和巩固。加强乡镇（街道）、村（社区）党组织对基层各类组织和各项工作的统一领导，以提升组织力为重点，健全在基层治理中坚持和加强党的领导的有关制度，涉及基层治理重要事项、重大问题都要由党组织研究讨论后按程序决定。积极推行村（社区）党组织书记通过法定程序担任村（居）民委员会主任、村（社区）"两委"班子成员交叉任职。注重把党组织推荐的优秀人选通过一定程序明确为各类组织负责人，确保依法把党的领导和党的建设有关要求写入各类组织章程。创新党组织设置和活动方式，不断扩大党的组织覆盖和工作覆盖，持续整顿软弱涣散基层党组织。推动全面从严治党向基层延伸,加强日常监督,持续整治群众身边的不正之风和腐败问题。

（二）构建党委领导、党政统筹、简约高效的乡镇（街道）管理体制。深化基层机构改革,统筹党政机构设置、职能配置和编制资源,设置综合性内设机构。除党中央明确要求实行派驻体制的机构外,县直部门设在乡镇（街道）的机构原则上实行属地管理。继续实行派驻体制的,要纳入乡镇（街道）统一指挥协调。

（三）完善党建引领的社会参与制度。坚持党建带群建,更好履行组织、宣传、凝聚、服务群众职责。统筹基层党组织和群团组织资源配置,支持群团组织承担公共服务职能。培育扶持基层公益性、服务性、互助性社会组织。支持党组织健全、管理规范的社会组织优先承接政府转移职能和服务项目。搭建区域化党建平台,推行机关企事业单位与乡镇（街道）、村（社区）党组织联建共建,组织党员、干部下沉参与基层治理、有效服务群众。

三、加强基层政权治理能力建设

（一）增强乡镇（街道）行政执行能力。加强乡镇（街道）党（工）委对基层政权建设的领导。依法赋予乡镇（街道）综合管理权、统筹协调权和应急处置权,强化其对涉及本区域重大决策、重大规划、重大项目的参与权和建议权。根据本地实际情况,依法赋予乡镇（街道）行政执法权,整合现有执法力量和资源。推行乡镇（街道）行政执法公示制度,实行"双随机、一公开"监管模式。优化乡镇（街道）行政区划设置,确保管理服务有效覆盖常住人口。

（二）增强乡镇（街道）为民服务能力。市、县级政府要规范乡镇（街道）政务服务、公共服务、公共安全等事项,将直接面向群众、乡镇（街道）能够承接的服务事项依法下放。乡镇要围绕全面推进乡村振兴、巩固拓展脱贫攻坚成果等任务,做好农业产业发展、人居环境建设及留守儿童、留守妇女、留守老人关爱服务等工作。街道要做好市政市容管理、物业管理、流动人口服务管理、社会组织培育引导等工作。加强基层医疗卫生机构和乡村卫生健康人才队伍建设。优化乡镇(街道)政务服务流程,全面推进一窗式受理、一站式办理,加快推行市域通办,逐步推行跨区域办理。

(三)增强乡镇(街道)议事协商能力。完善基层民主协商制度,县级党委和政府围绕涉及群众切身利益的事项确定乡镇(街道)协商重点,由乡镇(街道)党(工)委主导开展议事协商,完善座谈会、听证会等协商方式,注重发挥人大代表、政协委员作用。探索建立社会公众列席乡镇(街道)有关会议制度。

(四)增强乡镇(街道)应急管理能力。强化乡镇(街道)属地责任和相应职权,构建多方参与的社会动员响应体系。健全基层应急管理组织体系,细化乡镇(街道)应急预案,做好风险研判、预警、应对等工作。建立统一指挥的应急管理队伍,加强应急物资储备保障。每年组织开展综合应急演练。市、县级政府要指导乡镇(街道)做好应急准备工作,强化应急状态下对乡镇(街道)人、财、物支持。

(五)增强乡镇(街道)平安建设能力。坚持和发展新时代"枫桥经验",加强乡镇(街道)综治中心规范化建设,发挥其整合社会治理资源、创新社会治理方式的平台作用。完善基层社会治安防控体系,健全防范涉黑涉恶长效机制。健全乡镇(街道)矛盾纠纷一站式、多元化解决机制和心理疏导服务机制。

四、健全基层群众自治制度

(一)加强村(居)民委员会规范化建设。坚持党组织领导基层群众性自治组织的制度,建立基层群众性自治组织法人备案制度,加强集体资产管理。规范撤销村民委员会改设社区居民委员会的条件和程序,合理确定村(社区)规模,不盲目求大。发挥村(居)民委员会下设的人民调解、治安保卫、公共卫生等委员会作用,村民委员会应设妇女和儿童工作等委员会,社区居民委员会可增设环境和物业管理等委员会,并做好相关工作。完善村(居)民委员会成员履职承诺和述职制度。

(二)健全村(居)民自治机制。强化党组织领导把关作用,规范村(居)民委员会换届选举,全面落实村(社区)"两委"班子成员资格联审机制,坚决防止政治上的"两面人",受过刑事处罚、存在"村霸"和涉黑涉恶及涉及宗族恶势力等问题人员,非法宗教与邪教的组织者、实施者、参与者等进入村(社区)"两委"班子。在基层公共事务和公益事业中广泛实行群众自我管理、自我服务、自我教育、自我监督,拓宽群众反映意见和建议的渠道。聚焦群众关心的民生实事和重要事项,定期开展民主协商。完善党务、村(居)务、财务公开制度,及时公开权力事项,接受群众监督。强化基层纪检监察组织与村(居)务监督委员会的沟通协作、有效衔接,形成监督合力。

(三)增强村(社区)组织动员能力。健全村(社区)"两委"班子成员联系群众机制,经常性开展入户走访。加强群防群治、联防联治机制建设,完善应急预案。在应急状态下,由村(社区)"两委"统筹调配本区域各类资源和力量,组织开展应急工作。改进网格化管理服务,依托村(社区)统一划分综合网格,明确网格管理服务事项。

(四)优化村(社区)服务格局。市、县级政府要规范村(社区)公共服务和代办政务服务事项,由基层党组织主导整合资源为群众提供服务。推进城乡社区综合服务设施建设,依托其开展就业、养老、医疗、托幼等服务,加强对困难群体和特殊人群关爱照护,做好传染病、慢性病防控等工作。加强综合服务、兜底服务能力建设。完善支持社区服务业发展政策,采取项目示范等方式,实施政府购买社区服务,鼓励社区服务机构与市场主体、社会力量合作。开展"新时代新社区新生活"服务质量提升活动,推进社区服务标准化。

五、推进基层法治和德治建设

（一）推进基层治理法治建设。提升基层党员、干部法治素养，引导群众积极参与、依法支持和配合基层治理。完善基层公共法律服务体系，加强和规范村（居）法律顾问工作。乡镇（街道）指导村（社区）依法制定村规民约、居民公约，健全备案和履行机制，确保符合法律法规和公序良俗。

（二）加强思想道德建设。培育践行社会主义核心价值观，推动习近平新时代中国特色社会主义思想进社区、进农村、进家庭。健全村（社区）道德评议机制，开展道德模范评选表彰活动，注重发挥家庭家教家风在基层治理中的重要作用。组织开展科学常识、卫生防疫知识、应急知识普及和诚信宣传教育，深入开展爱国卫生运动，遏制各类陈规陋习，抵制封建迷信活动。

（三）发展公益慈善事业。完善社会力量参与基层治理激励政策，创新社区与社会组织、社会工作者、社区志愿者、社会慈善资源的联动机制，支持建立乡镇（街道）购买社会工作服务机制和设立社区基金会等协作载体，吸纳社会力量参加基层应急救援。完善基层志愿服务制度，大力开展邻里互助服务和互动交流活动，更好满足群众需求。

六、加强基层智慧治理能力建设

（一）做好规划建设。市、县级政府要将乡镇（街道）、村（社区）纳入信息化建设规划，统筹推进智慧城市、智慧社区基础设施、系统平台和应用终端建设，强化系统集成、数据融合和网络安全保障。健全基层智慧治理标准体系，推广智能感知等技术。

（二）整合数据资源。实施"互联网＋基层治理"行动,完善乡镇（街道）、村（社区）地理信息等基础数据,共建全国基层治理数据库,推动基层治理数据资源共享,根据需要向基层开放使用。完善乡镇（街道）与部门政务信息系统数据资源共享交换机制。推进村（社区）数据资源建设,实行村（社区）数据综合采集,实现一次采集、多方利用。

（三）拓展应用场景。加快全国一体化政务服务平台建设,推动各地政务服务平台向乡镇（街道）延伸,建设开发智慧社区信息系统和简便应用软件,提高基层治理数字化智能化水平,提升政策宣传、民情沟通、便民服务效能,让数据多跑路、群众少跑腿。充分考虑老年人习惯,推行适老化和无障碍信息服务,保留必要的线下办事服务渠道。

七、加强组织保障

（一）压实各级党委和政府责任。各级党委和政府要加强对基层治理的组织领导,完善议事协调机制,强化统筹协调,定期研究基层治理工作,整体谋划城乡社区建设、治理和服务,及时帮助基层解决困难和问题。加强对基层治理工作成效的评估,评估结果作为市、县级党政领导班子和领导干部考核,以及党委书记抓基层党建述职评议考核的重要内容。市、县级党委和政府要发挥一线指挥部作用,乡镇（街道）要提高抓落实能力。组织、政法、民政等部门要及时向党委和政府提出政策建议。

（二）改进基层考核评价。市、县级党委和政府要规范乡镇（街道）、村（社区）权责事项,并为权责事项以外委托工作提供相应支持。未经党委和政府统一部署,各职能部门不得将自身权责事项派交乡镇（街道）、村（社区）承担。完善考核评价体系和激励办法,加强对乡镇（街道）、村（社区）的综合考核,严格控制考核总量和频次。统筹规范面向基层的督查检查,清理规范工作台账、报表以及"一票否决"、签订责任状、出具证明事项、创建示范等项目,切实减轻基层负担。做好容错纠错工作,保护基层干部干事创业的积极性。

(三)保障基层治理投入。完善乡镇(街道)经费保障机制,进一步深化乡镇(街道)国库集中支付制度改革。编制城乡社区服务体系建设规划,将综合服务设施建设纳入国土空间规划,优化以党群服务中心为基本阵地的城乡社区综合服务设施布局。各省(自治区、直辖市)要明确乡镇(街道)、村(社区)的办公、服务、活动、应急等功能面积标准,按照有关规定采取盘活现有资源或新建等方式,支持建设完善基层阵地。

(四)加强基层治理队伍建设。充实基层治理骨干力量,加强基层党务工作者队伍建设。各级党委要专门制定培养规划,探索建立基层干部分级培训制度,建好用好城乡基层干部培训基地和在线培训平台,加强对基层治理人才的培养使用。推进编制资源向乡镇(街道)倾斜,鼓励从上往下跨层级调剂使用行政和事业编制。严格执行乡镇(街道)干部任期调整、最低服务年限等规定,落实乡镇机关事业单位工作人员乡镇工作补贴政策。建立健全村(社区)党组织书记后备人才库,实行村(社区)党组织书记县级党委组织部门备案管理。研究制定加强城乡社区工作者队伍建设政策措施,市、县级政府要综合考虑服务居民数量等因素制定社区工作者配备标准;健全社区工作者职业体系,建立岗位薪酬制度并完善动态调整机制,落实社会保险待遇,探索将专职网格员纳入社区工作者管理。加强城乡社区服务人才队伍建设,引导高校毕业生等从事社区工作。

(五)推进基层治理创新。加快基层治理研究基地和智库建设,加强中国特色社会主义基层治理理论研究。以市(地、州、盟)为单位开展基层治理示范工作,加强基层治理平台建设,鼓励基层治理改革创新。认真总结新冠肺炎疫情防控经验,补齐补足社区防控短板,切实巩固社区防控阵地。完善基层治理法律法规,适时修订《中华人民共和国城市居民委员会组织法》《中华人民共和国村民委员会组织法》,研究制定社区服务条例。

(六)营造基层治理良好氛围。选树表彰基层治理先进典型,推动创建全国和谐社区。做好基层治理调查统计工作,建立基层治理群众满意度调查制度。组织开展基层治理专题宣传。

后 记

    本书筹划之时正值己亥年末、庚子年初。其时,一场突如其来的新型冠状病毒肺炎肆虐中华大地。疫情防控突显了小区治理在城市基层社会治理中的重要性。无论是人员的排查隔离,还是居民的生活保障与秩序维护,小区都处在城市疫情防控的最前端。打赢疫情防控这场全员投入的人民战争,不仅在医院,也在小区。

    小区作为城市社会治理的基点,是城市居民获得感、幸福感、安全感的最直接来源。民众对于城市住宅小区的诉求,已不再是传统社会对建筑物遮风避雨等基本功能的满足,良好的环境、便捷的交通、优质的服务都日渐成为现代城市小区治理的应有之义。但是,治理领导核心缺失、自治组织组建运行困难、小区业主与物业矛盾突出等成为现代城市小区治理的普遍窘境。探索改善小区治理的良方,突破小区治理的"瓶颈",让小区治理高效运转起来,已然成为现代城市基层社会治理的重要命题。

    湖里区作为厦门经济特区的发祥地,充分展示了其作为改革开放先行先试试验区独有的改革探索精神。自2017年开始,时任湖里区委书记林建率领班子开启了小区治理创新的探索,以"支部建在小区上"为切入点,通过强化基层党建引领的方式,开创了城市基层社会治理创新的"湖里模式"。继任的龚建阳书记和吴新奎书记继续将小区治理创新引向深入。多年来,厦门湖里的小区治理创新实践呈现出缤纷多样的局面,出现了很多创新做法,形成了许多可供借鉴的实践经验,已经成为国内较有代表性且具有较大影响力的城市基层社会治理创新样板,成为各地争相前来学习的典范。

摆在读者面前的这本书,正是我们在收集、梳理、总结湖里区小区治理创新实践经验方面所做的积极努力。这本书希望呈现给读者的是系统全面的内容体系、跨学科的研究视角,以及具有较强可操作性的实践经验。此外,还将小区治理的基本理论与湖里区的典型案例有机结合,旨在提升理论的可理解度与可感知度。我们希望在向读者展示湖里区小区治理创新实践整体图景的同时,也能够对从事城市基层社会治理的读者在实践和理论上有所启示。

本书从最初的基础调研、资料收集、大纲构思,到各章撰稿、统稿及最终定稿,都得到湖里区委林建、胡鹏程等领导的关心指导,以及市委组织部黄玉玲和湖里区委组织部,区民政局,区社科联,区小区办章再耕、文国清、杨飞鹏、彭芳兰等领导的支持帮助。在调研过程中,小区办、社区和小区有关人员提供了大量鲜活的第一手资料。厦门大学公共事务学院硕士研究生李佩姿、谢巧燕、房庆云、彭世钦、盛艳梅、刘育宛和本书作者一起参与了广泛的调研。集美大学杨贵华,厦门大学公共事务学院高和荣、卓越、魏丽艳、林雪霏、庄玉乙、聂爱霞等教授提供了宝贵的意见和建议。所有这一切都为我们顺利完成本书写作任务奠定了基础,创造了良好的条件。本书的出版过程,得到了市社科联和社科院的大力支持,厦大出版社章木良编辑也为本书的出版付出了辛勤劳动。在此,我们谨表最衷心的感谢。

本书由厦门大学朱仁显教授拟定写作大纲,并对全书书稿进行统稿、修改和审定。各章撰稿人为:朱仁显(导言);王钰棋(第一章);罗家旺(第二章);邬家峰(第三、四章);王佳慧(第五章);李克义(第六章);马健裕(第七章);樊山峰(第八章)。虽然我们在编写过程中尽可能吸收了湖里区小区治理创新的实践案例、举措和经验,以及学术界各位专家的学术成果,但限于编写者的研究水平和掌握材料的能力,难免存在不足、疏漏或错误,恳请理论界、实务界领导和专家批评赐教。

2021年恰逢厦门特区设立40周年,40岁对一个人来说是不惑之年,对一个城市来说,正是芳华,有必要对其走过的实践历程进行反思而达至"不惑"。本书回望厦门湖里区城市小区治理创新实践历程,提炼出具有特色的湖里区小区治理经验,希望发挥抛砖引玉的作用,让更多的理论研究者和改革实践者研究总结拓展城市小区治理的"湖里模式"。我们期待着未来的湖里在城市小区治理领域,有更多的创新性改革行动,有更为丰硕的改革成果,探寻出更多可资借鉴的实践经验。

厦门大学公共事务学院

朱仁显

2021 年 12 月 31 日

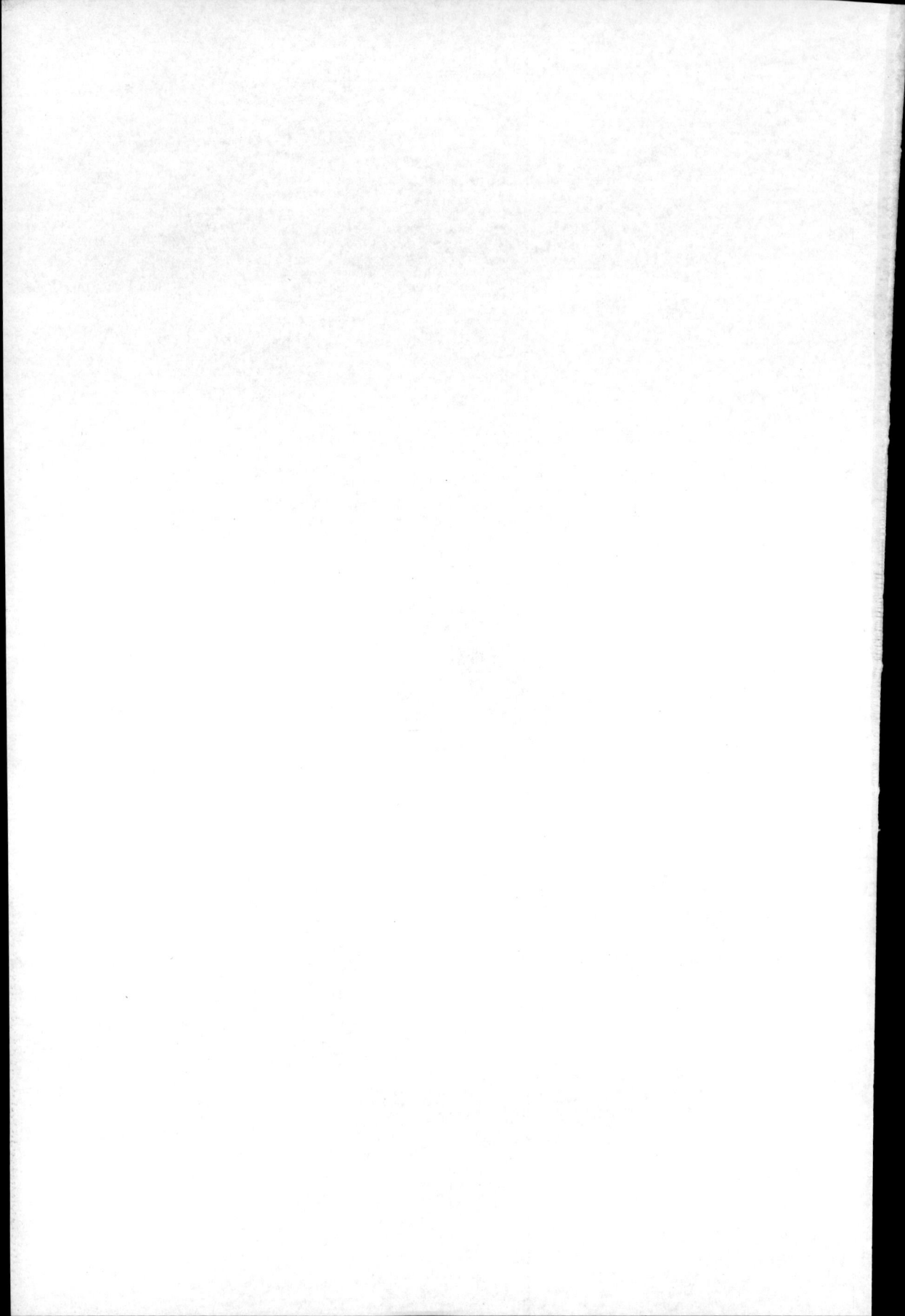